Hogan
Überzeugen

Aus dem Programm Verlag Hans Huber
Psychologie Sachbuch

Wissenschaftlicher Beirat:
Prof. Dr. Dieter Frey, München
Prof. Dr. Kurt Pawlik, Hamburg
Prof. Dr. Meinrad Perrez, Freiburg (CH)
Prof. Dr. Franz Petermann, Bremen
Prof. Dr. Hans Spada, Freiburg i. Br.

D1729929

Weitere Bücher über menschliche Kommunikation im Verlag Hans Huber – eine Auswahl:

Robert B. Cialdini
Die Psychologie des Überzeugens
Ein Lehrbuch für alle, die ihren Mitmenschen und sich selbst auf die Schliche kommen wollen
Aus dem Englischen übersetzt von Matthias Wengenroth
367 Seiten (ISBN 978-3-456-84478-7)

Paul Watzlawick / John H. Weakland / Richard Fisch
Lösungen
Zur Theorie und Praxis menschlichen Wandels
Mit einem Geleitwort von Milton H. Erickson
198 Seiten (ISBN 978-3-456-83566-2)

Paul Watzlawick / Janet H. Beavin / Don D. Jackson
Menschliche Kommunikation
Formen, Störungen, Paradoxien
271 Seiten (ISBN 978-3-456-84463-3)

Informationen über unsere Neuerscheinungen finden Sie im Internet unter:
www.verlag-hanshuber.com

Kevin Hogan

Überzeugen

Aus dem Englischen übersetzt von Irmela Erckenbrecht

Verlag Hans Huber

Die Originalausgabe ist unter dem Titel: The Psychology of Persuasion erschienen.
Copyright © 1996 by Kevin Hogan
First published in the United States of America
By Pelican Publishing Company, Inc.
German language edition licensed to Verlag Hans Huber for sale troughout the world.

Lektorat: Monika Eginger, Susann Seinig
Herstellung: Daniel Berger
Druckvorstufe: Irmela Erckenbrecht, Nörten-Hardenberg
Umschlag: Atelier Mühlberg, Basel
Druck und buchbinderische Verarbeitung: AZ Druck und Datentechnik GmbH, Kempten
Printed in Germany

Bibliografische Information der Deutschen Bibliothek
Die Deutsche Bibliothek verzeichnet diese Publikation in der Deutschen Nationalbibliografie; detaillierte
bibliografische Daten sind im Internet über http://dnd.d-nb.de abrufbar.

Anregungen und Zuschriften bitte an:
Verlag Hans Huber
Hogrefe AG
Länggass-Strasse 76
CH-3000 Bern 9
Tel: 0041 (0)31 300 4500
Fax: 0041 (0)31 300 4593

1. Auflage 2007
© 2007 by Verlag Hans Huber, Hogrefe AG, Bern
ISBN 978-3-456-84467-1

Inhalt

Für Katie und Jessica,
die beiden großen Lieben meines Lebens

Danksagung

Danke all den Zehntausenden von Kindern und Jugendlichen, die mir zugehört haben, als ich von den Gefahren durch Drogen und Alkohol sowie den Vorteilen eines zielorientierten, positiven Lebensstils zu ihnen sprach. Danke für alles, was ihr mich damit zum Thema Überzeugungskraft gelehrt habt.

Danke, Harry und Carol Swicker sowie Dr. Charles Hogan und seiner wunderbaren Frau Frances. Danke für eure Liebe.

Danke, Jessica Lynn Hogan, dass du mich immer wieder daran erinnerst, wie wichtig es ist, einander zu lieben und zu umarmen.

Danke, Katie Hogan, dass du mir Jessica geschenkt hast. Danke, dass du dieses mit viel Herzblut geschriebene Werk getippt und durchgesehen hast, obwohl wir in der Zeit auch manch anderes zusammen hätten tun können. Danke für all deine Unterstützung.

Danke, Pelican Publishing für den Glauben an dieses Projekt und die Bereitschaft, mein Buch zu veröffentlichen.

Danke, Großer Schöpfer, dass du unserem Leben Richtung verleihst und uns Menschen die Chance gibst, miteinander zu kommunizieren.

Wie Überzeugung gelingt

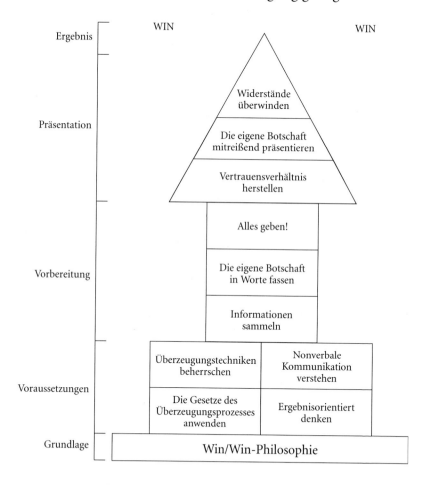

Ergebnis — WIN WIN

Präsentation
- Widerstände überwinden
- Die eigene Botschaft mitreißend präsentieren
- Vertrauensverhältnis herstellen

Alles geben!

Vorbereitung
- Die eigene Botschaft in Worte fassen
- Informationen sammeln

Voraussetzungen
- Überzeugungstechniken beherrschen
- Nonverbale Kommunikation verstehen
- Die Gesetze des Überzeugungsprozesses anwenden
- Ergebnisorientiert denken

Grundlage — Win/Win-Philosophie

Einführung

Etwa ein Dutzend Expertinnen und Experten zum Thema Motivation waren eines Morgens versammelt und warteten auf den weltberühmten Bestsellerautor und Psychologen Dr. Denis Waitley. Ich freute mich sehr, dass man mich eingeladen hatte, an dem Frühstückstreffen mit Dr. Waitley teilzunehmen. Am gleichen Abend noch sollte er in unserer Stadt einen seiner hervorragenden Vorträge halten.

Wenig später lauschten wir Dr. Waitleys Ausführungen über das von ihm entwickelte neue Trainingskonzept, das bald landesweit in US-amerikanischen Firmen eingesetzt werden sollte. Ich war beeindruckt und sehr angetan von seinem «Winner's Edge»-Programm.

Als Dr. Waitley und seine charmante Frau, die ihn zu dem Treffen begleitete, danach an einem Glas Orangensaft nippten, begann einer der Anwesenden, das Programm auf eine Art und Weise schlecht zu machen, die uns anderen äußerst peinlich war. Doch Dr. Waitley lächelte nur und hörte ihm interessiert und aufmerksam zu. Als das Treffen zu Ende ging, stand der Betreffende auf. Dr. Waitley erhob sich ebenfalls und sagte: «John, ich möchte Ihnen danken, dass Sie heute gekommen sind und mir Ihre Meinung mitgeteilt haben. Sie stehen auf der Gewinnerseite, John.»

John verabschiedete sich lächelnd.

Mindestens drei Menschen verließen den Raum an diesem Morgen mit einem besseren Gefühl, als sie ihn betreten hatten:

1. John, dessen Selbstachtung gestärkt war.
2. Dr. Waitley, der sich sagen konnte, dass er mit einem frustrierten Geschäftsmann Mitgefühl gezeigt hatte.
3. Ich, der ich eine weitere Dimension des Begriffes «WIN/WIN-Philosophie» kennen gelernt hatte.

Die WIN/WIN-Philosophie ist nicht bloß eine idealistische Vorstellung. Es ist ein Lebensstil, der sich ganz einfach auf den eigenen Alltag übertragen lässt. In materieller Hinsicht hatte Dr. Waitley durch seine wohlwollende Haltung John gegenüber wenig zu gewinnen. Ihre Wege werden sich aller Wahrscheinlichkeit nach nie wieder kreuzen. In der fraglichen Situation war Dr. Waitley einfach er selbst gewesen. Er war stets von dem Wunsch beseelt, dass sein Gegenüber etwas Positives aus der Situation mitnahm, auch wenn für ihn daraus kein materieller Vorteil erwuchs. Sein «Gewinn» war die persönliche Genugtuung, sich freundlich und fair verhalten zu haben. Genau darum geht es bei der WIN/WIN-Philosophie. Es handelt sich um eine Grundüberzeugung, die an sich einen hohen Wert darstellt. Eines meiner Ziele besteht darin, Menschen dabei zu helfen, das eigene Denken an der WIN/WIN-Philosophie auszurichten.

Den Umgang mit anderen Menschen beherrschen jedoch heute leider meist andere Verhaltensweisen, die dafür sorgen, dass mindestens einer der Beteiligten sich in der Situation als Verlierer fühlt.

Thema meines Buches ist die Fähigkeit, andere erfolgreich zu überzeugen. Auf seine Mitmenschen Einfluss zu nehmen kann gut oder schlecht sein – es kommt dabei ganz auf die Machtverhältnisse an.

Mir geht es um die psychologischen Vorgänge rund um den Überzeugungsprozess. Wir werden uns anschauen, wie dieser Prozess genau vonstatten geht – und natürlich auch, wie man auf der Grundlage dieses Wissens selbst am überzeugendsten auftreten kann. Dabei werden wir Erkenntnisse der Psychotherapie, Psychologie, Verkaufspsychologie, Motivationsforschung und anderer Wissensgebiete einbeziehen.

Ziel dieses Buches ist es, Ihnen Fähigkeiten zu vermitteln, die Sie sowohl im Privatleben als auch im beruflichen Umfeld erfolgreich einsetzen können. Die Fähigkeit, überzeugend kommunizieren zu können, ist für den Erfolg jedes Menschen wesentlich.

Meine Hoffnung ist, dass Sie zum «Meister der Überzeugungskunst» werden und die erlernten Fähigkeiten so einsetzen, dass Sie ein interessanteres, erfüllteres und stärker von Liebe geprägtes Leben führen können. Ich wünsche mir sehr, dass Sie nach der Lektüre dieses Buches die Beziehungen finden werden, nach denen Sie suchen, und dass Sie Ihre persönlichen Träume verwirklichen können.

Bei der näheren Beschäftigung mit der Überzeugungskunst werden Sie sehr viel mehr entdecken als bloße Techniken dafür, wie Sie andere dazu bekommen, das zu tun, was Sie von ihnen wollen. Sie werden herausfinden, wie man echte zwischenmenschliche Beziehungen aufbaut und die Bedürfnisse anderer stets im Auge behält, so dass Sie anderen schließlich besser und wirksamer helfen können, als Sie dies selbst bisher für möglich gehalten haben.

Falls Sie im Verkauf tätig sind, werden Ihre Verkaufszahlen drastisch ansteigen. Falls Sie in einer Partnerschaft leben, wird sich das Band zwischen Ihnen enorm vertiefen. Falls Sie ängstlich und zaghaft sind, werden Sie lernen, Ängste in Energie und Vorsicht in Zuversicht umzuwandeln.

Wichtig ist sich klarzumachen, dass dieses Buch die wirksamsten Werkzeuge, Strategien und Techniken beschreibt, die Sie brauchen, um andere in Ihrem Sinne zu beeinflussen. Diese Werkzeuge, Strategien und Techniken werden von zwielichtigen Politikern, millionenschweren Fernsehpredigern und anderen Machtmenschen ebenso eingesetzt wie von den besten Lehrern, erfolgreichsten Geschäftsleuten und glücklichsten Ehepartnern dieser Welt. Der einzige Unterschied liegt in den ethischen Grundsätzen, nach denen sie angewendet werden. Bei ethischen Fragen geht es nicht um schwarz oder weiß. Was für den einen schwarz ist, erscheint dem anderen grau, und was der eine als grau empfindet, hält ein anderer für weiß. Wirksame Überzeugungstechniken lassen sich leicht missbrauchen und zu Zwecken der Manipulation einsetzen. Sie können dazu benutzt werden, Schaden anzurichten und Bösem Vorschub zu leisten. Genau die gleichen Techniken können aber auch dazu eingesetzt werden, phänomenal Gutes zu bewirken. Es liegt in Ihrer eigenen Verantwortung, die gewonnenen Fähigkeiten auf ethisch vertretbare Weise anzuwenden. (An späterer Stelle werden wir noch einmal ausführlich auf Fragen der Ethik eingehen.)

Mein größter Wunsch ist es, dass Sie die Fähigkeit, andere zu überzeugen, umsichtig und klug zum Einsatz bringen. Unter dieser Grundvoraussetzung wollen wir mit ganz praktischen Überlegungen dazu beginnen, wie Sie verbesserte Strategien der Überzeugung in Ihrem Privatleben und Ihrem beruflichen Umfeld einsetzen könnten. Sie werden bald feststellen, dass die Fähigkeit, andere erfolgreich zu überzeugen, an jedem Tag Hunderte von Malen ins Spiel kommen kann. Möge das Bemühen um ein tieferes Verständnis dafür, warum wir etwas tun und wie wir andere dazu bewegen, etwas zu tun, für Sie zu einer faszinierenden Entdeckungsreise werden.

Teil I
Wie Überzeugung gelingt

Wie Überzeugung gelingt

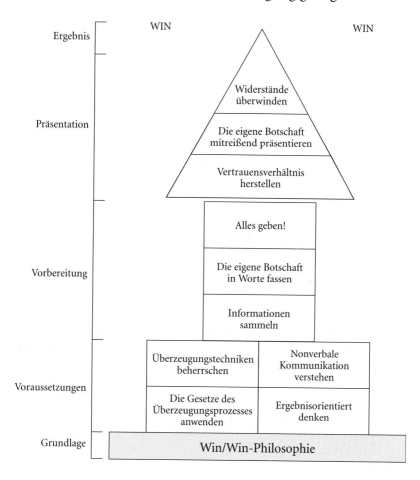

Ergebnis — WIN   WIN

Präsentation
- Widerstände überwinden
- Die eigene Botschaft mitreißend präsentieren
- Vertrauensverhältnis herstellen

Vorbereitung
- Alles geben!
- Die eigene Botschaft in Worte fassen
- Informationen sammeln

Voraussetzungen
- Überzeugungstechniken beherrschen
- Nonverbale Kommunikation verstehen
- Die Gesetze des Überzeugungsprozesses anwenden
- Ergebnisorientiert denken

Grundlage
- Win/Win-Philosophie

1 Die Macht des Einflusses

Jeder Mensch lebt davon, etwas zu verkaufen. – Robert Louis Stevenson

Wenn es ein Geheimnis des Erfolgs gibt, liegt es in der Fähigkeit, die Sichtweise eines anderen einzunehmen und die Dinge nicht nur aus dem eigenen, sondern auch aus dem Blickwinkel des anderen betrachten zu können. – Henry Ford

Die Fähigkeit, mit anderen Menschen gut umgehen zu können, ist eine ebenso käufliche Ware wie Zucker oder Kaffee, und ich würde für diese Fähigkeit mehr bezahlen als für jede andere. – John D. Rockefeller

Ohne jene Menschen, die über die Jahrtausende die Kunst des Überzeugens beherrscht und wirkungsvoll eingesetzt haben, sähe die Welt heute ganz anders aus. Mag sein, dass Sie nicht gleich die ganze Welt verändern wollen – doch bei der Lektüre dieses Buches werden Sie die Techniken und Strategien der Menschen kennen lernen, die genau dies getan haben.

Würden Sie Ihr eigenes Leben gern stärker unter Kontrolle haben? Möchten Sie in einer Diskussion Ihre Sichtweise der Dinge überzeugend vortragen können? Wäre es nicht schön, wenn Sie Ihre Partnerin oder Ihren Partner dazu bewegen könnten, öfter mit Ihnen auszugehen? Die Verdopplung der eigenen Verkaufszahlen ist das Versprechen vieler teurer Marketingseminare. Möchten Sie wissen, wie die wahren Verkaufskünstler solche erstaunlichen Ergebnisse erzielen?

Ehe wir weitergehen, sollten wir definieren, was erfolgreiches Überzeugen bedeutet und welche Lerneffekte Sie von diesem Buch erwarten können.

Beim Überzeugen geht es um die Fähigkeit, andere zu bestimmten Werten und Einstellungen zu bewegen, indem man mit Hilfe ganz bestimmter Strategien auf ihr Denken und Handeln Einfluss nimmt. Dieses Buch befasst sich damit, wie erfolgreiches Überzeugens genau vonstatten geht und wie man die dafür notwendigen Techniken und Strategien in seinem täglichen Leben zum Einsatz bringen kann.

Was genau vor sich geht, wenn wir jemanden überzeugen oder uns überzeugen lassen, können wir besser verstehen, wenn wir uns vor Augen halten, dass es uns allen grundsätzlich darum geht, angenehme Gefühle zu verspüren und Schmerz zu vermeiden. Ob wir uns für ein Leben im Kloster entscheiden oder eine verbrecherische Laufbahn einschlagen – so gut wie alle unsere Verhaltensweisen sind letztlich darauf zurückzuführen, dass wir auf verschiedene Formen von Reizen reagieren, die uns unseren Zielen näher bringen oder unsere Ängste vergessen lassen. Wenn Sie diese einfache Grundvoraussetzung begriffen haben, werden Sie die anderen in diesem Buch dargestellten Zusammenhänge umso klarer sehen.

So simpel dieser Hinweis erscheinen mag, gibt es noch etwas anderes, das Ihnen helfen wird, dieses Buch besser zu verstehen: Schlagen Sie immer, wenn Sie über einen Begriff stolpern, den Sie noch nicht kennen oder dessen Bedeutung Ihnen unklar ist, im Glossar am Ende des Buches oder in einem Lexikon nach. Es ist äußerst schwer, Neues zu lernen, wenn man sich nicht sicher ist, wie die benutzten Begriffe definiert werden und zu verstehen sind.

Der letzte Hinweis dafür, wie Sie aus der Lektüre dieses Buches das Beste machen können, besteht in dem Ratschlag, in jedem Fall die praktischen Übungen durchzuführen, damit Sie die neuen Erkenntnisse gleich in Ihr Unterbewusstes integrieren können. Wenn Sie wirklich lernen wollen, wie Sie andere erfolgreich überzeugen können, werden Sie auch ausreichend motiviert sein, die Übungen auszuführen. Wenn Sie nur darüber lesen wollen, wie Einflussnahme funktioniert, und diese Informationen nicht praktisch nutzen wollen, ist das etwas anderes. Wissen ist nur dann Macht, wenn es auch angewendet wird.

Die Fähigkeit, das Verhalten eines anderen Menschen oder einer ganzen Menschengruppe zu beeinflussen, war seit Anbeginn der Zeit ein wichtiges Element der menschlichen Kultur. Die größten Umwälzungen in der Geschichte der Menschheit sind stets von Menschen in Gang gesetzt worden, die in der Überzeugungskunst besondere Meisterschaft besaßen. Sie alle waren in der Lage, bei anderen die Gewissheit zu erwecken, dass sich ihr Leben erheblich verbessern würde, wenn sie auf eine bestimmte Weise handeln oder ihre Wertvorstellungen verändern würden.

In der Bibel gibt es die bekannte Geschichte eines Mannes, der ein gesamtes Volk dazu bewegen konnte, sich aus der Versklavung zu erheben und aus Ägypten zu fliehen. Die Israeliten wussten, dass sie im Grunde keine Chance hatten. Dem Heer des Pharaos zu entkommen, war so gut wie unmöglich, und selbst wenn es ihnen gelingen sollte, in die Wüste zu entfliehen, war das Überleben dort unendlich schwer. Sie besaßen keine Waffen, nur spärliche Essensvorräte und wenige Habseligkeiten. All dies wissend, sagte ihnen Moses, Gott habe ihm befohlen, sie aus Ägypten fortzuführen, vierzig Jahre in der Wüste zu bleiben und dann in das Gelobte Land zu ziehen.

Aber Moses musste das Volk Israel nicht nur davon überzeugen, mit ihm Ägypten zu verlassen, er musste ihnen auch glaubhaft machen, dass Gott zu ihm gesprochen hatte. Und als dies geschafft war, musste er in ihnen die Zuversicht erwecken, dass sie den langen Marsch nach Palästina überleben würden. Wie hätte das Schicksal des Volkes Israel ausgesehen, wenn es Moses nicht gelungen wäre, Tausende dazu zu bringen, ihm zu vertrauen und ihm zu folgen? Was besaß Moses, was andere biblische Führer nicht hatten? Schließlich hörte das Volk auf Moses, während es in vielen anderen Geschichten die von Gott gesandten Boten schlichtweg ignorierte.

In einem sehr viel später entstandenen Teil der Bibel hören wir von einem Nachkommen des gleichen Volkes Israel. Dieser Mann reiste in alle größeren Städte der damals bekannten Welt, um die Geschichte eines anderen Mannes zu erzählen. Dieser Mann, sagte er, habe den Tod überwunden, weil er der Sohn Gottes gewesen sei. Wer sollte so etwas glauben? Geschichten über Heilsbringer und Weltenretter waren damals an jeder Straßenecke zum Dutzend billiger zu haben. Was machte diesen Mann so überzeugend? Bis heute sind nahezu eine Milliarde Menschen durch die Schriften des Apostels Paulus dazu gebracht worden, an den Mann zu glauben, von dem er damals predigte und den er zu seinen eigenen Lebzeiten nie persönlich getroffen hatte. Ob Sie selbst dem christlichen Glauben anhängen oder nicht, spielt keine Rolle, wenn es darum geht, sich den enormen Einfluss des ehemaligen Christenverfolgers vor Augen zu führen. In einem späteren Kapitel wollen wir noch genauer darauf eingehen, *wie* es Paulus *genau* gelang, so viele Menschen von *seiner* Art des Denkens zu überzeugen.

1800 Jahre später hörte man einen Mann sagen: «Wenn es mir gelingt, andere zu überzeugen, kann ich das Universum bewegen.» Bedauerlicherweise hatte dieser Mann mit einem großen Nachteil zu kämpfen: Seine Haut war schwarz, und er war das Eigentum eines anderen Mannes. Die Wahrscheinlichkeit, dass er irgendjemanden von irgendetwas würde überzeugen können, war äußerst gering – außer vielleicht davon, dass er für sein aufrührerisches Geschwätz die Peitsche verdient habe. Mit wenigen Ausnahmen achtete in der Mitte des 19. Jahrhunderts in den USA niemand auf das Gefasel eines Schwarzen. Kurz nach seiner Flucht aus den Südstaaten wurde er jedoch zum bekanntesten Aktivisten Amerikas. Seine mitreißenden Reden und sein Mut, das Unmögliche zu wagen, brachten viele Weiße dazu, sich der Idee der Sklavenbefreiung anzuschließen. Sein Denken nahm Einfluss auf das politische Establishment des 19. Jahrhunderts, sogar auf Präsident Abraham Lincoln, der in seiner «Emancipation Proclamation» schrieb, alle

Menschen sollten von nun an frei sein. Der Name dieses einflussreichen Mannes war Frederick Douglass.

Ganz gewiss war Douglass nicht der erste Sklave, der sich nach Freiheit sehnte. Und er war auch nicht der erste, der versuchte, sich gegen die Sklaverei aufzulehnen. Was also machte ihn so erfolgreich? Welche Fähigkeiten und Eigenschaften besaß und nutzte er, um sich wirksam für die Freiheit aller Amerikanerinnen und Amerikaner einzusetzen? Douglass war der Inbegriff dessen, was ich einen «Meister der Überzeugungskunst» nenne. Durch seine Reden ließ er vor den geistigen Augen seiner Zuhörer lebhafte Bilder entstehen. Es gelang ihm, andere mit den eigenen Wertvorstellungen anzustecken, und er war in der Lage, ihre Sicht der Dinge ein für allemal zu verändern. In dem konsequenten Einsatz für seine Grundüberzeugungen, seine Ambitionen und seine Ziele war er durch nichts zu stoppen. Und nachdem er der Sklaverei einmal entflohen war, überwog das Glück der Freiheit den drohenden Schmerz einer möglichen Gefangennahme und Verurteilung. Glück und Schmerz können, wie wir sehen, die eigene Motivation sehr stark beeinflussen.

Geschichten über berühmte Meister der Überzeugungskunst gibt es viele. Moses, Lao-Tse, Buddha, Jesus von Nazareth, Martin Luther, Thomas Jefferson, Benjamin Franklin, Frederick Douglass, Abraham Lincoln, John F. Kennedy, Martin Luther King, Golda Meir, Mutter Teresa, Margaret Thatcher, Mary Kas Ash und viele andere waren Menschen mit Visionen, denen es gelang, die Welt zu verändern. Dafür war natürlich mehr nötig als ihre besondere Vision. Es war ihre Fähigkeit, andere dazu zu bewegen, an ihre Vision zu glauben.

Die Techniken und Strategien, die diese herausragenden Persönlichkeiten einsetzten, sind die gleichen, die heutige Verkäufer, Manager, Unternehmer, Redner, religiöse und politische Führer sowie Aktivisten kennen müssen, um andere von ihren Ideen überzeugen zu können.

Denken Sie an Anthony Robbins, den Autor der Bücher «Das Power Prinzip» und «Grenzenlose Energie». Es war sein Glaube an sich selbst und seine Fähigkeit, anderen zu helfen, die es ihm ermöglichten, eine Anhängerschaft zu gewinnen, die beschloss, all die Prinzipien zu befolgen, die Robbins über die Jahre von den Erfolgen großer Meister der Überzeugungskunst ableiten konnte.

Denken Sie an Bill Clinton, der es schaffte, trotz aller Affären und Ungereimtheiten zum Präsidenten der USA gewählt zu werden. Die einige Jahre zuvor gegen Gary Hart erhobenen Vorwürfe waren viel geringer als die, mit denen sich Clinton konfrontiert sah, doch mangelte es Hart an der Fähigkeit, die Wähler so zu beeinflussen, dass sie ihre Werte und

Grundüberzeugungen neu ausrichteten. Clinton besaß diese Fähigkeit. Von allen Fähigkeiten, die bei der zwischenmenschlichen Kommunikation zum Tragen kommen, ist die Überzeugungskraft sicherlich die wichtigste.

Um in Ihrem beruflichen oder privaten Umfeld Erfolg zu haben, brauchen Sie nicht die Ausstrahlung eines Anthony Robbins, eines Bill Clinton, eines John F. Kennedy oder eines Martin Luther King zu besitzen. Sie müssen nur verstehen, welche Techniken und Strategien diese großen Kommunikatoren eingesetzt haben. Ein wenig Übung vorausgesetzt, ist es erstaunlicherweise gar nicht so schwer, diese Techniken und Strategien zu erlernen.

Natürlich hat die Macht des Einflusses auch eine große Schattenseite. Immer wieder gibt es auch Meister der Manipulation. Adolf Hitler, Saddam Hussein und viele andere setzten die Mittel der Einflussnahme für ihre verwerflichen Zwecke ein. Es ist eine traurige Wahrheit, dass die Techniken und Strategien des erfolgreichen Überzeugens sowohl von Menschen mit guten Absichten als auch von solchen mit schlechten Absichten verwendet werden können. Einfluss lässt sich zum Nutzen oder zum Schaden der Gesellschaft ausüben – und natürlich gibt es viele Nuancen dazwischen.

Hitler gelang es, eine Vision von Deutschland zu vermitteln, die das Land rein und strahlend aussehen ließ. Alle, die dieser Vision widersprachen, geißelte er als Ausgeburt des Bösen. Millionen von Menschen glaubten an seine Vision und richteten die eigenen Werte und Grundüberzeugungen an seinen Worten aus. Die kritischen Fähigkeiten der Massen blieben ungenutzt oder wurden brutal unterdrückt. Die Katastrophe, die daraus folgte, ist Geschichte.

Saddam Hussein, bis an die Zähne bewaffnet und in seinem Land mit nahezu unbegrenzter Macht ausgestattet, glaubte, er habe das Recht, Kuwait als Teil des Irak «zurück» zu erobern. Auch diesem Diktator folgten die Massen und glaubten ihm, dass es nur darum ginge, sich etwas zu nehmen, das ohnehin ihnen gehörte.

Als Präsident Bush den Irak unter Androhung kriegerischer Auseinandersetzungen aufforderte, sich aus Kuwait zurückzuziehen, unternahm Saddam nichts. Die USA hatte ihm in den 1980er Jahren teilweise selbst zu seiner Macht verholfen, da sie den Irak als «Gegengewicht» gegen den Iran im Mittleren Osten aufbauen wollten. Saddam wusste, dass die USA den Irak möglicherweise angreifen, ihn persönlich aber nicht entmachten würden, da sonst der Iran die Kontrolle über den Mittleren Osten übernehmen könnte. Auch wenn er sich in manch anderer Hinsicht verkalkulierte, sollte er, was seine persönliche Macht betraf, über viele Jahre Recht behalten.

Diese wenigen Beispiele machen deutlich, welch große Rolle Wertvorstellungen und Grundüberzeugungen beim Überzeugen spielen. Ihre eigenen Werte bestimmen darüber, wie Sie die neu gewonnenen Fähigkeiten einsetzen werden. Nach der Lektüre dieses Buches werden Sie verstehen, wie der Prozess des Überzeugens vonstatten geht. Sie werden Manipulation ebenso wie ethisch vertretbare Überzeugungstaktiken auf Anhieb erkennen. Es wird schwerer werden, Sie zu übervorteilen. Ihr Selbstbewusstsein wird wachsen. Und Sie werden glücklicher sein, da Sie merken werden, dass Sie Ihr eigenes Schicksal stärker in die Hand nehmen können, anstatt nur eine Figur im Schachspiel anderer Menschen zu sein.

Die Fähigkeit, andere Menschen beeinflussen und vom eigenen Denken überzeugen zu können, ist häufig die einzige noch fehlende Zutat in einem persönlichen Erfolgsrezept. Viele Menschen setzen sich ehrgeizige Ziele, engagieren sich sehr, geben sich große Mühe und arbeiten in jeder Hinsicht rechtschaffen am eigenen Erfolg, und doch gelingt es ihnen nie ganz, ihre Ziele zu erreichen und ihre Träume zu verwirklichen. Der Grund dafür liegt darin, dass sie es bisher versäumten, die Fähigkeiten zu entwickeln, die sie brauchen, um anderen ihre Produkte, Dienstleistungen und/oder Ideen zu «verkaufen».

Einige der ehrlichsten Menschen, die man kennt, sind völlig unfähig, andere von dem zu überzeugen, woran sie glauben. Ja, es kann sein, dass sie nicht einmal in der Lage sind, ihre Partnerin oder ihren Partner dazu zu bewegen, am Abend mit ihnen essen zu gehen! Besonders integere Menschen agieren nicht nur oft ungeschickt, wenn es darum geht, andere von etwas zu überzeugen, sie wirken im Kommunikationsprozess auch leicht unbeholfen.

Natürlich gibt es viele Schlüssel zum Erfolg, doch die Fähigkeit, andere erfolgreich zu überzeugen, ist der wichtigste Schlüssel zu Wohlstand, Liebe und Glück.

Um andere Menschen überzeugen zu können, müssen Sie bestimmte kommunikative Fähigkeiten erlernen. Ohne herausragende kommunikative Kompetenz ist es eher unwahrscheinlich, dass Sie entscheidend befördert werden, mittelmäßige Verkaufszahlen hinter sich lassen und befriedigende zwischenmenschliche Beziehungen führen. Wenn Sie gut kommunizieren können, werden andere Sie mögen und respektieren und Dinge für Sie tun, die sie für andere nicht tun würden.

Die Macht des Einflusses ist dafür verantwortlich, dass manche Menschen auf der Leiter des Lebens in Quantensprüngen nach oben kommen. Wie Tausende vor Ihnen können auch Sie solche Sprünge machen. Gehen ist eine ganz einfache, grundlegende menschliche Fähigkeit, und doch können nur wenige Kleinkinder gleich beim ersten Versuch mehrere Meter am Stück gehen. Auch Fahrradfahren ist einfach, doch ist kaum ein Mensch in der Lage, sich gleich auf Anhieb längere Zeit auf einem Fahrrad zu halten. Wenn Sie lernen, andere zu überzeugen, ist es ganz ähnlich. Es ist einfach, aber es braucht Zeit, Mühe und viel Übung. Wenn Sie die dazu nötigen Fähigkeiten jedoch erst einmal verinnerlicht haben, werden Sie merken, dass sie ganz einfach anzuwenden sind, und werden bald regelmäßig darauf zurückgreifen, ohne noch groß darüber nachzudenken. Sie werden zu einem Teil Ihrer Persönlichkeit werden.

Bei der Beschäftigung mit den psychologischen Vorgängen rund um den Überzeugungsprozess werden Sie neue Einsichten darüber gewinnen, wie Menschen denken, was sie wollen und wie Sie ihnen helfen können. Nur indem wir anderen helfen, können wir wirklich erfolgreich sein.

Zig Ziglar, der große «Meister der Überzeugungskunst», betont immer wieder: «Sie können im Leben alles bekommen, was Sie wollen, wenn Sie genug anderen Leuten helfen, das zu bekommen, was sie wollen.» Denis Waitley spricht in diesem Zusammenhang vom «doppelten Gewinn», Stephen Covey von «WIN/WIN»-Situationen. Wie Sie die dahinter stehende Philosophie genau benennen, ist unerheblich. Wichtig ist nur, dass Sie sie zu einem festen Bestandteil Ihres Lebens machen.

Im Laufe dieses Buches werde ich immer wieder darauf hinweisen, wie die verschiedenen Überzeugungstaktiken von Menschen eingesetzt werden, die nicht an die WIN/WIN-Philosophie glauben. Das sind die Manipulatoren und Schwindler, vor denen man sich in Acht nehmen muss. Nach der Lektüre werden Sie umso besser in der Lage sein, sich selbst, Ihre Familie und Ihr Unternehmen gegen solche Taktiken zu schützen. Wer weiß, mit welchen Mitteln Betrüger arbeiten, wird sich selbst nicht mehr so einfach hinters Licht führen lassen. Ihre mit Hilfe dieses Buches gewonnenen Erkenntnisse werden wie ein Röntgengerät wirken, das es Ihnen ermöglicht, die Rhetorik dieser Menschen zu durchschauen und auf Anhieb zu erkennen, was jemand wirklich im Schilde führt.

Nach und nach werden Sie alle Elemente kennen lernen, die im Prozess des Überzeugens eine Rolle spielen. Sie werden lernen, diese Elemente zu erkennen, wenn Sie anderen zuhören, und wie Sie selbst sie einsetzen können, wenn Sie andere in Ihrem Sinne bewegen wollen. Dabei geht es jedoch nicht bloß um eine Liste von Techniken und Regeln dafür, wie Sie etwas sagen müssen, um andere auf Ihre Seite zu ziehen. Zum Überzeugen gehört sehr viel mehr als das.

Wenn man Ihnen einen Hammer geben und Sie auffordern würde, ein Haus zu bauen, stünden Sie vor großen Problemen. Sie hätten keine anderen Werkzeuge, keine Pläne, kein Grundstück, keine Materialien, keine Farbe – und wissen Sie was? Das Haus würde nie gebaut werden. In diesem Buch finden Sie alle nötigen Werkzeuge, Pläne, Worte, Bilder, Strategien, Taktiken und mehr. Sie werden erfahren, wie Ihr kommunikatives Verhalten den Prozess des Überzeugens beeinflussen kann. Sie werden hören, welche Folgen Ihre Körperhaltung und der räumliche Abstand, den Sie zu anderen halten, auf diesen Prozess haben können. Sie werden lernen, wie wichtig es ist, Menschen zu berühren, wenn man versucht, sie zu beeinflussen. Was Sie über sich selbst und Ihre Ideen glauben, ist für den Prozess des Überzeugens wesentlich. Sie werden begreifen, warum dies so ist und wie Sie auf Grund dieser Tatsache Ihre Vorteile weiter ausbauen können.

Dieses Buch wird Ihr Leben verändern. Es wird Sie in die Lage versetzen, positivere Beziehungen zu anderen aufzubauen. Vor allem werden Sie leichter herausfinden können, wie Sie gleichzeitig die Bedürfnisse anderer Menschen und Ihre eigenen Bedürfnisse befriedigen können. Indem Sie die in diesem Buch vorgestellten Ideen und Strategien bewusst einsetzen, werden sich alle zwischenmenschlichen Beziehungen, an denen Sie beteiligt sind, vertiefen und harmonisieren.

Schon jetzt möchte ich Sie darauf hinweisen, dass ich Sie in den meisten Kapiteln bitten werde, sich an vergangene kommunikative Erfahrungen zu erinnern. Nehmen Sie sich, wenn Sie über die Gesetze und Techniken des Überzeugens lesen, jeden einzelnen Punkt zu Herzen und denken Sie gründlich darüber nach. Versuchen Sie, sich mindestens an eine Situation zu erinnern, in der die betreffende Technik oder Strategie in Ihrem Entscheidungsprozess eine Rolle spielte. Die Bedeutung dieser gedanklichen «Extra-Arbeit» kann nicht genug betont werden. Sie werden rasch merken, wie wichtig es ist, dieses Buch nicht einfach nur durchzulesen. Nach kürzester Zeit werden Sie darin einen vollständigen Werkzeugkasten mit Gebrauchsanweisung und Batterien erkennen. Die Werkzeuge sind äußerst nützlich. Viele können das Leben verändern. Aber sie können nur Wirkung zeigen, wenn sie täglich eingesetzt werden. Heute ist der Tag, an dem Sie damit beginnen sollten!

In den nun folgenden Kapiteln werden Sie die neun Gesetze des Überzeugens kennen lernen und verstehen, wie sie im Einzelnen funktionieren. Sie werden entdecken, wie überzeugend wirkende Menschen denken.

Die damit verbundenen Erkenntnisse werden Sie faszinieren, und vielleicht werden Sie sich fragen, warum Sie all diese Chancen nicht schon vorher genutzt haben. Natürlich werden wir auch darüber sprechen, wie Sie die gewonnenen Erkenntnisse praktisch in Ihrem Alltag umsetzen können. Bei jedem Thema sollten Sie versuchen, sich möglichst genau zu erinnern, wann die betreffenden Gesetze, Prozesse oder Strategien in Ihrer Kommunikation eine Rolle spielten und welche Folgen sie hatten.

Denken Sie beim Lesen auch immer daran, wie die Medien die beschriebenen Strategien und Techniken einsetzen, um Sie dazu zu bekommen, ihre Produkte zu kaufen. Wie werden die Gesetze des Überzeugens in der Werbung eingesetzt? Mit welchen Mitteln der verbalen und nonverbalen Kommunikation versuchen Ihre Kinder, Sie zu beeinflussen? Welche Überzeugungstricks wendet Ihre Partnerin oder Ihr Partner an? Und wie versuchen Sie umgekehrt, die Mitglieder Ihrer Familie dazu zu bekommen, sich in Ihrem Sinne zu verhalten oder zu entscheiden? Wie können Sie jedes einzelne Gesetz des Überzeugens so einsetzen, dass Ihr Leben leidenschaftlicher, befriedigender und selbstbestimmter wird?

Aus Ihrem Alltag kennen Sie sicher das Gefühl, «fremdgesteuert» zu werden. Mit Hilfe dieses Buches werden Sie lernen, in Ihrem Leben selbst das Steuer zu übernehmen und Ihre eigenen Geschicke sicher und souverän zu lenken. Lesen Sie weiter und sehen Sie, wie sich Ihr Leben mit jedem Tag weiter verbessern wird!

Die Strategien der «Meister der Überzeugungskunst» werden Ihnen helfen, vielen Menschen Freude zu bringen. Richtig eingesetzt, wird die Überzeugungskunst es Ihnen erlauben, nicht nur Ihr eigenes Leben, sondern auch das Leben all der Menschen, mit denen Sie täglich zusammenkommen, positiv zu verändern.

Wie Überzeugung gelingt

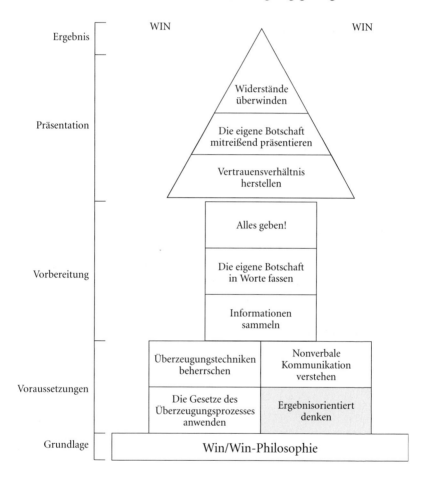

2 Ergebnisorientiertes Denken

Verglichen mit dem, was wir alles sein könnten, befinden wir uns noch im Dämmerschlaf. – Prof. William James, Harvard

Das große Ziel der Bildung ist nicht Wissen, sondern Handeln. – Herbert Spencer

Anthony Robbins sagt: «Menschen kaufen keine Produkte, sondern Stimmungen.» Was genau meint er damit?

Die Überlegung, in welcher Stimmung sich der andere befindet, spielt im Überzeugungsprozess eine wichtige Rolle. Fast noch wichtiger ist es allerdings zu wissen, welche Stimmung er sich *wünscht*. Wenn Sie dies herausfinden, können Sie ihn überzeugen, indem Sie ihm aufzeigen, wie er dort hingelangen kann.

Denken Sie an all die Heimtrainer, die in den letzten Jahren in Millionen von Privatwohnungen zu begehrten Einrichtungsgegenständen geworden sind. Wie kommt es, dass Menschen auf der ganzen Welt ihre Wohnzimmer und Hobbykeller mit diesen meist ebenso hässlichen wie sperrigen Geräten voll stellen? Warum machen sie nicht einfach Skilanglauf, anstatt Hunderte oder gar Tausende von Euros für Geräte auszugeben, mit deren Hilfe sie die Bewegungsabläufe beim Skilanglauf imitieren können? Warum machen sie keinen Waldlauf, anstatt auf einem Laufband zu joggen? Warum steigen sie nicht Treppen, anstatt sich einen teuren Stepper zu kaufen?

Der erste Anreiz zum Kauf entsteht beim Betrachten der Werbung: Eine junge, schlanke Frau oder ein ebenso schlanker, muskulöser Mann trainieren mit scheinbarer Leichtigkeit und strahlender Miene an einem der Geräte. Die Botschaft lautet: «Kauf dir das Gerät, und du wirst ebenso gut drauf sein wie ich.» Zwischen diesem ersten Anreiz und dem tatsächlichen Kauf ist jedoch noch jede Menge Überzeugungsarbeit zu leisten, und es gibt viele Hindernisse zu überwinden. Am Ende des Kapitels werden wir uns genauer anschauen, wie dies vonstatten geht.

Halten Sie ein Notizbuch oder etwa zehn Blätter Papier und einen Stift bereit, um die zu diesem Kapitel gehörenden Übungen durchführen zu können. Es ist wichtig, dass Sie alle Übungen abschließen, ehe Sie zum nächsten Kapitel übergehen.

Ob Sie tatsächlich Ihre Überzeugungskraft stärken oder am Ende einfach nur besser kommunizieren wollen – wesentlich ist, dass Sie sich die Denkweise eines «Meisters der Überzeugungskunst» aneignen. Auch wenn Sie mit Hilfe dieses Buches nur Ihre Beziehungen verbessern oder sich zu Hause und im Beruf besser durchsetzen wollen, werden Sie an den Übungen Spaß haben und bald erkennen, wie wichtig sie für Ihr Fortkommen gewesen sind.

Die meisten Menschen reagieren mit ihrem Verhalten nur auf Geschehnisse. Etwas wird von außen an sie herangetragen, und sie reagieren darauf. Bald darauf geschieht etwas Neues, und sie reagieren wieder. Dieses Kapitel wird Ihnen zeigen, wie Sie auf Ihre Umwelt Einfluss nehmen können, anstatt mit dem eigenen Verhalten immer nur kontern zu müssen. Das ergebnisorientierte Denken wird Ihnen helfen klarer zu sehen, was Sie wollen und wie Sie es erreichen können.

Wenn Sie in den Urlaub fahren, entscheiden Sie, wohin Sie fahren und wie Sie dort hinkommen. Außerdem wappnen Sie sich für mögliche Pannen: Sie sorgen dafür, dass das Reserverad Luft hat, nehmen eine Gasflasche und eine Taschenlampe mit, usw. All dies sind Beispiele für ergebnisorientiertes Denken.

Wissen ist nicht von sich aus schon Macht. Es ist erst die Fähigkeit, das Wissen anzuwenden und danach zu handeln, durch die Wissen zur Macht wird. Um andere von Ihrem Denken zu überzeugen, müssen Sie sich das ergebnisorientierte Denkens zu eigen machen.

Ergebnisorientiertes Denken beruht auf der Fähigkeit, die Folgen eines Prozesses abzusehen, ehe man den Prozess selbst in Gang setzt. Dazu gehört auch die Fähigkeit, Ziele zu setzen und diese während des gesamten Überzeugungsprozesses im Auge zu behalten. Natürlich spielt das ergebnisorientierte Denken nicht nur beim Überzeugen eine Rolle. Wie bereits erwähnt, greifen die meisten von uns darauf zurück, wenn wir einen Urlaub planen. In anderen Situationen setzen wir es allerdings eher selten ein – und leider noch seltener, wenn wir mit anderen Menschen kommunizieren.

Spitzensportler auf der ganzen Welt nutzen das ergebnisorientierte Denken, um in ihrem Sport Höchstleistungen zu erzielen. Die besten Golfer visualisieren einen Schlag, ehe sie ihn ausführen. Die besten Baseballer sehen, wie der Schläger den Ball trifft, ehe sie mit ihm zum Schlag ausholen. Die besten Fußballer führen in Gedanken Hunderte von Schüssen aus, ehe sie das Spielfeld betreten.

Ähnlich machen es die besten Händler und Verkäufer: Sie stellen sich vor, wie der Deal abgeschlossen wird, ehe sie mit ihrem Kunden zusammentreffen. Auch Sie werden diese Fähigkeit erlernen.

Lassen Sie uns mit der Aneignung des ergebnisorientierten Denkens auf der «Makroebene» beginnen. Überlegen wir gemeinsam, wo Sie im Leben stehen. Die meisten Menschen lassen sich treiben wie Blätter im Wind, weil sie nicht wissen, was sie wollen und welche langfristigen Ziele sie anstreben. Mit Hilfe der nachfolgenden einfachen Übungen werden Sie kein haltloses Blatt im Wind mehr sein, sondern eine biegsame Weide, die sich in den Stürmen des Lebens wiegt und doch immer fest im Boden verwurzelt bleibt – sich geschmeidig biegend, aber niemals brechend. Stellen Sie sich vor, wie eine solche Weide zu werden. Kein Mensch und kein Ereignis werden in der Lage sein, Sie von der Stelle zu bewegen, ohne dass Sie sich bewegen *wollen*.

Nehmen Sie sich etwa zwanzig Minuten Zeit und beantworten Sie schriftlich in Ihrem Notizbuch die folgende Frage:

– Welche Träume haben Sie für Ihr Leben, wenn Sie an zwischenmenschliche Beziehungen, Einkommen, Reisen, Karriere und materielle Besitztümer denken?

Wenn Sie mit der Liste Ihrer Träume fertig sind, gehen Sie bitte zu den folgenden Schritten über:

1. Legen Sie ein leeres Blatt Papier neben Ihre Liste. Schreiben Sie zu jedem Traum ein, zwei Sätze dazu, warum Sie ihn verwirklichen wollen. Wenn Ihnen zu einem Traum keine Begründung einfällt, gehen Sie zum nächsten über. Verbringen Sie fünf bis zehn Minuten mit dieser Übung. Beginnen Sie jetzt.

2. Streichen Sie alle Träume durch, für die Sie keine Begründung finden konnten. Diese Träume werden vorerst im Hintergrund bleiben und in dieser Übung keine Rolle mehr spielen. Schreiben Sie «ein Jahr», «fünf Jahre», «zehn Jahre» oder «zwanzig Jahre» neben die verbliebenen Träume, je nachdem, in welchem Zeitraum der jeweilige Traum *nach Ihrer optimistischen Einschätzung* zu verwirklichen ist. Nehmen Sie sich dafür fünf Minuten Zeit. Beginnen Sie jetzt.

3. Notieren Sie auf einem dritten Blatt zu jedem Traum in ein bis zwei Sätzen, was Sie an seiner Verwirklichung hindern könnte. (Beispiele: 10 Kilo abnehmen/zu viele Süßigkeiten. 500 Euro mehr im Monat verdienen/nicht bereit zu längerer Wochenarbeitszeit. Haus kaufen/Angst vor Überforderung.) Nehmen Sie sich dafür fünf Minuten Zeit. Beginnen Sie jetzt.

4. Unterteilen Sie ein viertes Blatt in vier Kästen. Tragen Sie oben jeweils einen der vier wichtigsten Träume ein, für deren Verwirklichung Sie «ein Jahr» veranschlagt haben. Zum Beispiel:
10 Kilo abnehmen
20 Bücher lesen

500 Euro im Monat mehr verdienen
Mehr Zeit mit der Familie verbringen

5. Notieren Sie in jedem Kasten all die Gründe, warum Sie Ihr Ziel oder Ihren Traum unbedingt verwirklichen wollen. Schreiben Sie ein paar Worte dazu, wie schlecht Sie sich fühlen würden, wenn es Ihnen nicht gelingen sollte, und wie gut es Ihnen ginge, wenn es klappen würde. Halten Sie schließlich im unteren Teil jeden Kastens fest, was Sie täglich tun wollen, um Ihrem Ziel näher zu kommen. Beginnen Sie jetzt. Lassen Sie sich dafür so viel Zeit wie nötig.

Dieses bewährte System zum Formulieren eigener Ziele wird in dieser oder ähnlicher Form von so großen Vordenkern wie Anthony Robbins, Zig Ziglar, W. Clement Stone, Napoleon Hill und vielen anderen angewendet, denen es um die Konzentration darauf geht, dem eigenen Leben Richtung zu geben, und die wissen, was sie wollen.

Machen Sie sich klar, dass Sie eine Landkarte brauchen, um in Ihrem Leben die gewünschte Richtung zu finden. Wenn Sie wissen, wohin Sie unterwegs sind, ist es sehr viel einfacher, den richtigen Weg zu finden. Wie wollen Sie andere von Ihrem Denken überzeugen, wenn Sie selbst nicht wissen, *was* Sie denken und worin Ihre Ziele bestehen. Indem Sie dem eigenen Leben Richtung verleihen, gewinnen Sie an Selbstvertrauen. Sie haben *Gründe* dafür, am Leben zu sein. Ihr Leben ist erfüllt, und Sie strahlen Zufriedenheit aus. Genau darauf achten Menschen, wenn es darum geht, Einstellungen und Werte anderer Menschen zu übernehmen. Das ergebnisorientierte Denken gibt Ihrem Leben Sinn und Ziel.

Und so können Sie das ergebnisorientierte Denken zum Einsatz bringen, wenn Sie andere überzeugen wollen: Beantworten Sie nacheinander die folgenden Fragen. Denken Sie an ein bevorstehendes Ereignis, ein Treffen oder eine Situation, in der Sie hoffen, jemand anderen von Ihrem Denken überzeugen zu können. Sobald Sie etwas Konkretes im Sinn haben, führen Sie die auf die Fragen folgende, einfache Übung aus.

1. Was genau will ich erreichen?
2. Was will die andere Person? (Falls Sie dies nicht genau wissen: Was *könnte* sie wollen?)
3. Welches Minimalergebnis könnte ich gerade noch akzeptieren?
4. Welche Probleme könnten sich im Laufe des Überzeugungsprozesses ergeben?
5. Wie kann ich mit diesen Problemen umgehen, ja sie möglicherweise sogar zum Positiven wenden?
6. Wie kann ich die Sache zum Abschluss bringen?

Alle «Meister der Überzeugungskunst» nutzen diese Fragen, ob sie sich dessen bewusst sind oder nicht. Stellen Sie sich vor, Sie wären Immobilienmakler und wollten ein gerade erst auf den Markt gekommenes Haus verkaufen. Mit Hilfe der obigen Fragen können wir Ihren Denkprozess mit verfolgen:

1. *Was genau will ich erreichen?* Sie wollen eine möglichst hohe Kommission erzielen. Pro 1000 Euro Kaufpreis würden Sie 30 Euro Kommission erhalten. Sie wollen das Haus zu einem Preis von 99.000 Euro verkaufen. Sie wollen es noch heute verkaufen oder zumindest heute noch einen Vorvertrag abschließen.

2. *Was will die andere Person?* (Falls Sie dies nicht genau wissen: Was *könnte* sie wollen?) Der Kunde will sicher sein, dass er keinen Fehler macht. Er will wissen, dass er in dem Haus, das er kauft, glücklich sein wird. Er will nicht unter Druck gesetzt werden. Er will einen niedrigeren Preis bezahlen, wahrscheinlich um 93.000 Euro.

3. *Welches Minimalergebnis könnte ich gerade noch akzeptieren?* Unter 94.900 Euro möchten Sie nicht abschließen.

4. *Welche Probleme könnten sich ergeben?* Es könnte sein, dass der Kunde keine Finanzierung bekommt. Es könnte sein, dass er sich einen Tag, eine Woche oder gar noch länger Bedenkzeit ausbedingt. Er könnte ein unabhängiges Gutachten verlangen, was den gesamten Prozess enorm verzögern würde. Er könnte an dem Haus einen Mangel finden.

5. *Wie könnte ich auf diese Probleme reagieren, ja sie möglicherweise sogar zum Positiven wenden?* A. Wenn der Kunde aufgrund finanzieller Schwierigkeiten keinen ausreichenden Kredit bekommt, liegt dies außerhalb Ihres Einflussbereiches. B. Wenn er Bedenkzeit braucht, können Sie ihn daran erinnern, wie schnell das letzte Haus, das er sich angeschaut hat, verkauft worden ist. Weisen Sie am besten in dem Moment darauf hin, in dem er sich von dem Haus besonders angetan zeigt. C. Wenn er ein Gutachten verlangt, schließen Sie einen Vorvertrag vorbehaltlich eines positiven Gutachtens ab. Sorgen Sie dafür, dass der Vorvertrag heute noch unterschriftsreif ist! D. Wenn der Kunde einen Mangel findet, wenden Sie dies positiv, indem Sie es zum Grund für einen Preisnachlass erklären und beim Kaufpreis 1000 bis 2000 Euro heruntergehen.

6. *Wie kann ich die Sache zum Abschluss bringen?* Sie beenden die Verhandlungen in dem Moment, in dem die emotionale Beteiligung des Kunden am höchsten ist, klopfen den höchst genannten Kaufpreis fest und betonen die Dringlichkeit einer Entscheidung.

Vor kurzem war ich bei unserem örtlichem Toyota-Händler, um einen neuen Camry zu erstehen. Anhand meiner Antworten auf die sechs Fragen können Sie sehen, wie ich das ergebnisorientierte Denken für mich nutzte.

1. *Was genau will ich erreichen?* Ich will einen neuen Toyota Camry kaufen, allerdings nur mit einer ganz bestimmten Ausstattung. Ich will dafür einen Rabatt von zehn Prozent aushandeln.

2. *Was will die andere Person?* (Falls Sie dies nicht genau wissen: Was *könnte* sie wollen?) Eigentlich kann mir der Verkäufer nicht mehr als fünf Prozent Rabatt einräumen, wenn er eine ordentliche Kommission verdienen will. Trotzdem will er das Auto verkaufen. Sein Chef drängt ihn, mindestens zehn bis fünfzehn Verkäufe pro Monat zum Abschluss zu bringen, um seinerseits vom Hersteller bestimmte Rabatte zu bekommen. Jeder Verkauf ist deshalb für ihn ein Erfolg.

3. *Welches Minimalergebnis könnte ich gerade noch akzeptieren?* Acht Prozent Rabatt wären für mich gerade noch hinnehmbar.

4. *Welche Probleme könnten sich ergeben?* Es könnte sein, dass mich der Verkäufer stundenlang auf die Zustimmung seines Chefs zu meinem Angebot warten lässt. Es könnte auch sein, dass mein Angebot abgelehnt wird.

5. *Wie kann ich auf diese Probleme reagieren, ja sie möglicherweise sogar zum Positiven wenden?* A. Wenn sie mich allzu lange warten lassen, kann ich das Ganze beschleunigen, indem ich ein Ultimatum stelle. B. Wenn sie zwei Gebote ablehnen, gebe ich ein drittes ab und sage dem Verkäufer, dass dies mein letztes Wort ist. Schließlich gibt es in gar nicht allzu großer Entfernung noch einen weiteren Toyota-Händler. Ich werde dem Verkäufer sagen, dass wir, wenn er auf mein Angebot eingeht, ganz schnell handelseinig werden können und er sich um seine anderen Kunden kümmern kann. Auf diese Weise hätte er die Chance, am gleichen Tag noch ein weiteres Auto zu verkaufen. Ich werde nicht nachgeben!

6. *Wie kann ich die Sache zum Abschluss bringen?* Ich werde mich strikt an mein Angebot und an mein Ultimatum halten.

Ich hielt mich an meine eigenen Vorgaben und bekam den Wagen zu einem Rabatt von zehn Prozent!

Von vornherein ein festes Ergebnis anzupeilen, kann in solchen Fällen eine Menge Geld sparen. Halten Sie deshalb immer, wenn Sie wissen, dass Ihnen eine Situation bevorsteht, in der Sie jemand anderen überzeugen wollen, Ihre Antworten auf die oben genannten sechs Fragen schriftlich fest. Auf diese Weise sind Sie auf die Begegnung bestens vorbereitet und wissen, woran Sie sich orientieren können. Die meisten Menschen denken nämlich leider nicht nach, ehe sie sich in eine Situation begeben, in der ihre Überzeugungskraft gefragt ist.

Wie lange wird es dauern, ehe Ihnen das ergebnisorientierte Denken in Fleisch und Blut übergegangen ist? Wenn Sie die sechs Fragen mindestens einmal täglich auf eine konkrete Situation anwenden, werden Sie Ihre Fähigkeit, das ergebnisorientierte Denken für Ihre Zwecke zu nutzen, innerhalb von drei bis vier Wochen enorm verbessert haben. Wie beim Erlernen anderer Fähigkeiten, z. B. dem Auto- oder Fahrradfahren, wird es Ihnen anfangs noch ungewohnt erscheinen. Im Laufe der Zeit aber werden Sie an Sicherheit gewinnen und immer häufiger ganz von selbst darauf zurückgreifen. Am Ende brauchen Sie das ergebnisorientierte Denken gar nicht bewusst einzusetzen. Es wird ganz von selbst in allen kommunikativen Situationen Ihr Denken bestimmen.

Alle erfolgreichen Manager, Unternehmer und Topverkäufer setzen das ergebnisorientierte Denken ein. Schauen wir uns nun einmal an, wie sich das ergebnisorientierte Denken in einer Firma umsetzen lässt, die ihre Produkte verkaufen will.

Körperliche Fitness wird, wie bereits erwähnt, nie aus der Mode kommen. Jeder möchte gut aussehen und sich fit fühlen. Dennoch werden die meisten Menschen sich nicht aus dem Haus bemühen, um Sport zu treiben. In dem Wissen, dass die große Mehrheit in ihrer Freizeit lieber bequem zu Hause auf dem Sofa hockt, wollen wir einmal sehen, ob wir das ergebnisorientierte Denken dazu nutzen können, unsere teuren Langlauf-Trainingsgeräte zu verkaufen.

1. *Was genau wollen wir (die Firma) erreichen?* Wir wollen ohne großen Aufwand einen hübschen Gewinn erzielen.

2. *Was will der Kunde?* Er will attraktiv aussehen. Er will sich fit fühlen. Er möchte beim anderen Geschlecht gut ankommen. Er will länger leben. Kurz: Er will mit sich zufrieden und «begehrenswert» sein.

3. *Welches Minimalergebnis könnten wir gerade noch akzeptieren?* Obgleich unsere Herstellungskosten gering sind, ist es uns wichtig, ein hohes Preisniveau zu halten. Um zusätzliche Kaufanreize zu schaffen, können wir Gratis-Zugaben anbieten. Mit dem Preis für das Produkt selbst können wir jedoch nicht heruntergehen.

4. *Welche Probleme könnten sich ergeben?* A. Es könnte sein, dass die Kunden das Produkt zurückgeben wollen, weil sich herausstellt, dass sie sich doch nicht zum Training aufraffen können. B. Nicht markengebundene Konkurrenzprodukte könnten zu einem deutlich niedrigeren Preis angeboten werden.

5. *Wie könnten wir auf diese Probleme reagieren, ja sie möglicherweise sogar zum Positiven wenden?* Als Erstes bieten wir eine an keinerlei Bedingungen geknüpfte 30-Tage-Rückgabefrist mit «Geld zurück-Garantie». Wer das Produkt zurückgeben will, wird sich dies gut überlegen, da es fast 30 Kilogramm wiegt. Die Versuchung, es trotzdem zu behalten und es «vielleicht» irgendwann einmal zu benutzen, wird in den meisten Fällen größer sein. Außerdem erklären wir den Leuten vorsorglich, wie sie sich nach den ersten Trainingseinheiten fühlen werden. Wir sagen ihnen, dass sie anfangs möglicherweise bereuen werden, das Gerät gekauft zu haben, nach einer Weile, wenn erste Ergebnisse zu sehen und zu fühlen sind, über den Kauf jedoch sehr froh sein werden. B. Die Billigkonkurrenz hat keinen so hohen Werbe-Etat wie wir. Unsere täglichen Anzeigen in Zeitungen und Werbespots im Fernsehen machen den Namen unserer Produkte bekannt. Wenn jemand den Preis in Frage stellt, antworten wir einfach, unsere Qualität sei die beste. «Wenn Sie das Gerät kaufen und zu Hause das Gegenteil feststellen, können Sie es ja jederzeit zurückbringen.»

6. *Wie können wir die Sache zum Abschluss bringen?* Wir werden immer zu unseren Produkten stehen und alle Garantievereinbarungen einhalten, damit unsere Kunden zufrieden sind. Schließlich wissen wir, dass Mundpropaganda die beste Werbung ist. Gleichzeitig werden wir die Kunden von vornherein darauf vorbereiten, dass sie den Kauf möglicherweise zumindest vorübergehend bereuen könnten.

Der komplizierte Sachverhalt ist hier natürlich etwas vereinfacht dargestellt. Dennoch kann er den Ausgangspunkt des ergebnisorientierten Denkens verdeutlichen, und genau darum geht es hier.

Versuchen Sie, von nun an das ergebnisorientierte Denken konsequent für sich zu nutzen. Ob Sie heute in Ihr Lieblingsrestaurant gehen oder einen Hauskauf in Erwägung ziehen – die Methode wirkt mit großer Sicherheit.

Schlüssel-Stichwörter: Ergebnisorientiertes Denken

I. Legen Sie Ihre Ziele fest

II. Nutzen Sie mit Hilfe der folgenden sechs Fragen das ergebnisorientierte Denken zum Erreichen Ihrer Ziele:

1. Was genau will ich erreichen?
2. Was will die andere Person? (Falls Sie dies nicht genau wissen: Was *könnte* sie wollen?)

3. Welches Minimalergebnis könnte ich gerade noch akzeptieren?
4. Welche Probleme könnten sich ergeben?
5. Wie könnte ich auf diese Probleme reagieren, ja sie möglicherweise sogar zum Positiven wenden?
6. Wie kann ich die Sache zum Abschluss bringen?

Wie Überzeugung gelingt

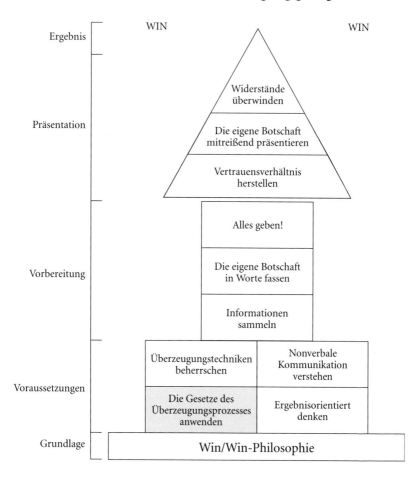

3 Die Gesetze des Überzeugungsprozesses

Meinungen werden letztlich vom Gefühl, nicht vom Intellekt bestimmt. – Herbert Spencer

Willst du jemanden für deine Sache gewinnen, überzeuge ihn zuerst von deiner aufrichtigen Freundschaft. – Abraham Lincoln

Um vollauf verstehen zu können, was genau geschieht, wenn ein Mensch den anderen überzeugt, müssen wir uns zunächst einige Prinzipien vor Augen halten, die dabei eine Rolle spielen. Das Verständnis dieser Prinzipien ist die Voraussetzung eines jeden erfolgreichen Überzeugungsprozesses.

In jeder Kultur etablieren sich sozial akzeptierte Reaktionen auf bestimmte kommunikative Situationen. Diese Tatsache ermöglicht es, Verhaltensweisen vorauszusagen und andere aufgrund dieser Voraussagen zu bestimmten Handlungen oder Denkweisen zu bewegen. Leider ermöglicht sie es aber auch, andere zu manipulieren, bzw. macht uns dafür anfällig, von skrupellosen Zeitgenossen manipuliert zu werden. In den folgenden Abschnitten wollen wir neun Prinzipien beschreiben, die bei der Kommunikation im privaten ebenso wie im beruflichen Umfeld immer wieder zum Tragen kommen. Diese Prinzipien nenne ich die «Gesetze des Überzeugungsprozesses».

Auf die Beschreibung eines Gesetzes folgen jeweils ganz konkrete Beispiele für entsprechende Verhaltensweisen. Diese Beispiele sollen zeigen, welche Wirkung das Gesetz auf so gut wie alle von uns haben kann.

Denken Sie über jedes Gesetz ausführlich nach und versuchen Sie, sich an ein kürzlich zurückliegendes Gespräch oder eine Situation zu erinnern, in der das Gesetz für Ihr Leben Bedeutung hatte. Auf diese Weise gelingt es Ihnen besser, die allgemeinen Informationen in diesem Buch auf Ihre persönliche Erfahrung zu beziehen. Sie werden erkennen, wo Sie unfair manipuliert worden sind. Sie werden merken, wie jemand Sie an Ihren ethischen Überzeugungen «gepackt» hat. Am wichtigsten aber: Sie werden verstehen, wie Ihr Verhalten in der Vergangenheit sich auf die Menschen in Ihrem Umfeld ausgewirkt hat. Die neun Gesetze bilden die

Grundlage für alles andere, was wir über die Überzeugungskunst noch lernen werden.

1. Das Gesetz der Gegenseitigkeit

«Wenn jemand uns etwas schenkt, reagieren wir mit dem Wunsch, etwas zurückzugeben.»

(Beachten Sie, dass in dem Gesetz nicht die Rede davon ist, dass jemand automatisch etwas zurückgibt. Es spricht nur von dem «Wunsch, etwas zurückzugeben».)

In gewissem Maße unterliegen wir alle dem Gesetz der Gegenseitigkeit.

– Jedes Jahr zu Weihnachten kaufen Millionen von Menschen Geschenke oder Grußkarten für Bekannte und Verwandte, denen sie von sich aus wahrscheinlich nie etwas schenken würden, nur weil sie wissen, dass die anderen ihnen etwas schenken oder eine Karte schicken werden und sie *nicht schlecht dastehen oder sich mies fühlen wollen!* Von früher Kindheit an werden wir alle dazu angehalten, etwas zurückzugeben, wenn wir etwas bekommen, und zwar möglichst etwas von gleichem Wert. Wie oft bekamen Sie schon zu Weihnachten ein Geschenk, das teurer war als das, was Sie für die betreffende Person erstanden hatten, und fühlten sich genötigt, noch etwas Zusätzliches zu kaufen, um den Unterschied auszugleichen? Eine solche Erfahrung ist auf jeden Fall ein Beispiel für das Gesetz der Gegenseitigkeit.

– Im Restaurant fühlen wir uns verpflichtet, Trinkgeld zu geben, weil uns jemand das Essen gebracht hat. Unsere Kultur erzieht uns dazu, Vertreterinnen und Vertretern bestimmter Berufsgruppen (Friseure, Taxifahrer, Kellner usw.) Trinkgeld zu geben. Warum? Wir tun es, weil unsere Kultur uns gelehrt hat, dass jeder Verstoß gegen diese Regel als unfreundlich oder unhöflich gewertet wird.

– In den USA kann bei der Steuererklärung ein Kästchen angekreuzt werden, wodurch man sich verpflichtet, einen bestimmten Betrag an den «General Campaign Fund» zu spenden, von dem ein Teil der Wahlkampfkosten der zugelassenen Parteien bestritten wird. Die allermeisten kreuzen dieses Kästchen an, weil sie meinen, die Steuerbehörde würde dies von ihnen erwarten und weil sie nicht unangenehm auffallen – und damit womöglich eine strengere Steuerprüfung provozieren – wollen. In Wirklichkeit interessiert sich die Finanzbehörde natürlich nicht für das Spendenverhalten der Steuerzahler. Steuererklärungen mit oder ohne Kreuz in dem entsprechenden Kästchen werden von den Computern nicht gesondert behandelt. Weil die meisten Menschen jedoch eine unterschwellige Angst vor dem Finanzamt haben, wird dem «General Campaign Fund» auch weiterhin nicht das Geld ausgehen.

–   Ein Ehemann fühlt sich genötigt, sich ebenfalls im Haushalt zu schaffen zu machen, wenn seine Frau mit Putzen beschäftigt ist. Die arme Frau schrubbt die Böden, kümmert sich um die Wäsche, räumt das Geschirr ein usw., während er sich im Fernsehen ein Fußballspiel anschaut und scheinbar gar nicht merkt, was um ihn herum vorgeht. Die ganze Zeit über aber plagen den Mann Schuldgefühle, obwohl er vielleicht selbst von einer schweren Arbeitswoche erschöpft ist. Wie so oft spielen *Schuldgefühle* beim Gesetz der Gegenseitigkeit eine Rolle.

–   Eine Vertreterin für Kosmetikprodukte verschenkt Gratisproben und kommt zehn Tage später wieder vorbei, «nur um mal zu hören, wie Ihnen die Proben gefallen haben und ob Sie vielleicht etwas bestellen möchten». Die meisten Cremes machen die Haut geschmeidig, und wenn sie dann auch noch einigermaßen angenehm duften, ist in der Regel wohl davon auszugehen, dass eine Frau, die zehn Tage lang etwas kostenlos benutzen durfte, der Vertreterin wenigstens *eines* ihrer Produkte abkaufen wird.

–   Die Nachbarin hat diese Woche die Kinder zur Schule gefahren. In der kommenden Woche werden Sie sich verpflichtet fühlen, sich zu revanchieren. Jeder Mensch führt eine Art «inneres Konto», auf dem er genau darüber Buch führt, wie oft er anderen einen Gefallen tut, ehe diese an der Reihe sind, Soll und Haben wieder auszugleichen. Bleibt dies aus, entsteht das Gefühl, von den anderen ausgenutzt zu werden, und es kommt über kurz oder lang zur Verweigerung.

–   Sie sind bei Freunden zum Abendessen eingeladen gewesen. Jetzt fühlen Sie sich verpflichtet, eine Gegeneinladung auszusprechen. Für mehrere Leute zu kochen und Gäste zu bewirten ist viel Arbeit. Wenn Sie jemand einlädt und Sie sich nicht revanchieren, wird dies die Beziehung unweigerlich belasten.

–   Eine Vertreterin für Enzyklopädien verspricht Ihnen ein kostenfreies Wörterbuch, wenn Sie ihr die Gelegenheit geben, Ihnen das teure Hauptprodukt vorzuführen. Sie tauscht einen preiswerten Artikel gegen die Zeit, die Sie ihr einräumen, so dass im Grunde für Sie keine Verpflichtung besteht, die Enzyklopädie zu kaufen. Zwar tut sie so, als sei das Wörterbuch ein selbstloses Geschenk. In Wirklichkeit aber ist es ein Tauschobjekt für Ihre Zeit, die schließlich mindestens ebenso wertvoll ist.

– Große Lebensmittelfirmen versenden gern kostenlose Warenproben. Wenn die Kunden das nächste Mal in den Supermarkt gehen, ist es sehr wahrscheinlich, dass sie das Produkt kaufen. Die meisten Menschen kaufen aus Gewohnheit häufig dieselben Lebensmittel. Durch die Probe wurde eine gewisse Vertrautheit hergestellt, und die Tatsache, dass sie nichts kostete, erzeugt ein Gefühl der Verpflichtung, wenigstens einmal auch etwas zu kaufen.

– Gemeinnützige Organisationen versenden häufig Postkarten oder Adressaufkleber in der Hoffnung, dass die Empfänger diese nutzen und ihnen «zum Ausgleich» eine Spende zukommen lassen. Sie spekulieren mit Recht darauf, dass es vielen Menschen unangenehm ist, diese an sich praktischen und oft auch hübschen, aber letztlich ungefragt zugesandten Dinge zu benutzen, ohne sich dafür revanchiert zu haben.

Wahrscheinlich fallen Ihnen noch viele andere Beispiele dafür ein, dass Sie sich genötigt oder gar gezwungen fühlten, etwas für andere zu tun, weil diese etwas für Sie getan haben. Dahinter steckt nicht unbedingt die «menschliche Natur», sondern in jedem Fall eine klassische Konditionierung aus der frühen Kindheit, über die sich hinwegzusetzen uns äußert schwer fällt. Gegenseitigkeit ist natürlich an sich nicht «schlecht». Dass langfristige und harmonische zwischenmenschliche Beziehungen auf Gegenseitigkeit aufbauen, ist völlig einleuchtend. Schwierig wird es nur, wenn das Gesetz der Gegenseitigkeit zur Manipulation benutzt wird.

Anderen Geschenke zu machen oder von ihnen Geschenke zu empfangen ist etwas sehr Schönes. Ebenso liegt aber auch auf der Hand, dass es uns grundsätzlich unangenehm ist, jemandem etwas zu «schulden» oder in der Position desjenigen zu sein, der noch etwas zurückzuzahlen hat. Wie geht es Ihnen, wenn Sie sich in dieser Position befinden? Wie fühlen Sie sich, wenn Ihnen jemand ein Geschenk gemacht hat? Haben Sie schon einmal erlebt, dass Ihnen jemand zu Weihnachten etwas geschenkt hat und Sie hatten nichts, was Sie hätten zurückschenken können?

2. Das Gesetz der Gegensätzlichkeit

«Die Unterschiede zwischen zwei Dingen nehmen wir sehr viel deutlicher wahr, wenn sie in enger zeitlicher oder räumlicher Nachbarschaft präsentiert werden.»

Weil es so wirksam ist, wird dieses Gesetz in Verkaufssituationen häufig eingesetzt.

– «Ehe wir uns die Wohnung für 120.000 Euro anschauen, sollten wir uns erst einmal die für 90.000 Euro ansehen», lautet die typische Aussage eines Immobilienmaklers. Liegen beide Wohnungen in einer gleich guten Gegend, hat die teurere mit Sicherheit mehrere Vorzüge, die dem Makler als Verkaufsargumente dienen können. Außerdem ist es dann die Wohnung, die die Kunden *zuletzt* zu sehen bekommen haben. Was man zuletzt gesehen oder gehört hat, bleibt einem nämlich sehr viel deutlicher in Erinnerung als das, was einem vorher gezeigt oder gesagt wurde. Ist die zweite Wohnung deutlich schöner als die erste, lässt die lebhafte Erinnerung daran die preiswertere Wohnung leicht minderwertig und daher weniger erstrebenswert erscheinen.

– Spendensammler nennen gern unrealistisch hohe Zahlen, um an sich ebenfalls recht ansehnliche Zuwendungen als nicht mehr ganz so hoch erscheinen zu lassen. Wenn sie z. B. erreichen wollen, dass jemand 50 Euro spendet, erwähnen sie, dass «manche Ihrer Nachbarn 200, andere 100 und wieder andere 50 Euro gegeben haben». Wer gesagt bekommt, dass die anderen teilweise 100 oder gar 200 Euro losgeworden sind, wird sich glücklich schätzen, mit «nur» 50 Euro vergleichsweise preiswert davon zu kommen. Würde es Ihnen nicht ähnlich gehen?

– Eine andere Technik erfahrener Spendensammler ist das «Geld gegen Zeit»- Argument. Nicht jeder hat Zeit, ehrenamtliche Arbeit für ein gemeinnütziges Projekt zu leisten, aber eine Spendenerklärung über 20 Euro ist rasch unterschrieben. Wer gefragt wird, ob er drei Stunden pro Woche für eine gute Sache aufbringen kann, aber eindeutig nicht die Zeit dafür (und möglicherweise auch nicht die Lust dazu) hat, meint, mit einer Spende von 20 Euro sehr gut weggekommen zu sein!

– Im Bekleidungsgeschäft wird man immer versuchen, Ihnen zuerst den teuren Anzug oder das teure Kostüm zu verkaufen und dann geeignete Accessoires wie Socken, Hemden, Blusen usw. dazu anzubieten. Verglichen mit den 400 Euro für den Anzug oder das Kostüm wirken Summen wie 20 oder 60 Euro für das passende «Zubehör» eher gering. Niemals dagegen würde man versuchen, Ihnen zuerst ein Hemd für 60 Euro zu verkaufen und Sie dann davon zu überzeugen, den passen Anzug oder das passende Kostüm gleich mit dazu zu nehmen! Doch was macht es hingegen schon für einen Sinn, sich einen 400 Euro teuren Anzug oder zu diesem Preis ein Kostüm zu leisten und dann keine passende Bluse oder Krawatte dazu zu nehmen?

– Kellnerinnen und Kellner nehmen in der Regel erst die Bestellung für das Hauptgericht auf und fragen erst später nach den Dessertwünschen. Im Vergleich zu dem teuren Hauptgericht, das man schon verzehrt hat, wirkt das Dessert billig.

– In Fastfood-Restaurants wird erst die Bestellung aufgenommen und dann gefragt: «Dazu noch ein paar Chocolate Chip Cookies?» Mit Hilfe dieser Methode erhöhen die Restaurants ihre Verkaufszahlen um bis zu 10 Prozent! Im Vergleich zu der Summe, die man bereits erreicht hat, ist das kleine Extra preiswert. Und natürlich fragt niemand: «Dazu noch einen gesunden Salat?» Nein, es geht um die süßen Kekse, die man wegen der guten Vorsätze, auf sein Gewicht zu achten, nicht von sich aus bestellt hätte. Es fällt uns viel leichter, einfach ja zu sagen als ausdrücklich eine Tüte Kekse zu verlangen. Warum? Weil wir Schuldgefühle haben, wenn wir etwas bestellen, von dem wir wissen, dass wir es lieber nicht essen sollten. Außerdem wurden wir aus Gründen der Höflichkeit schon in der Kindheit darauf geeicht, etwas, das uns angeboten wird, auch anzunehmen!

– Wenn Sie sich einmal für ein Sofa für 1000 Euro entschieden haben, ist es Ihnen sicherlich auch die 50 Euro für die zusätzliche Fleckenimprägnierung wert, oder? Der Verkäufer zumindest erklärt klipp und klar, dass der Schutz einer solchen wertvollen Investition nur vernünftig wäre. (Wahrscheinlich eher nicht erwähnen wird er dagegen, dass man entsprechende Imprägnierungsmittel überall zu einem Bruchteil dieses Preises kaufen und selbst aufsprühen kann!)

– Ähnlich ist es nach dem Kauf eines neuen Autos für 10.000 Euro. Was sind angesichts dieser Summe schon 300 Euro für den «Rundum-Rostschutz» oder 400 Euro für die erweiterte «Sorglos-Garantie»? (Was diese Garantie übrigens im Ernstfall wirklich bringt, ist ohnehin fraglich.)

– Ein teures Fortbildungsseminar über eine ganze Woche kostet bis zu 5000 Euro. Wie preisgünstig ist dagegen die «einmalige Gelegenheit», die auf CD aufgenommene Audio-Version des gleichen Seminars für «nur 495 Euro» bekommen zu können! Die gleiche Information für *weniger* als zehn Prozent der Kosten – diese Gegenüberstellung ist ein perfektes Beispiel für das Gesetz der Gegensätzlichkeit.

– Ein Kreditinstitut macht Ihnen beim Erwerb einer neuen Kreditkarte das «günstige» Angebot, für «nur» 30 Euro im Jahr *alle* Kreditkarten für den Fall eines Diebstahls zu registrieren und im Falle eines Unfalls mit nachfolgender Schwerbehinderung *alle* monatlichen Kosten zu übernehmen? Im Vergleich zu dem, was damit alles abgedeckt wird, scheint der Preis wirklich günstig zu sein.

Sicher fallen Ihnen noch viele andere Beispiele dafür ein, dass man Ihnen «für einen nur geringen Aufpreis» alle möglichen Extradinge angepriesen hat. Oder Sie denken an die Fälle, in denen man zwei auffallend ähnliche Produkte mit stark unterschiedlichen Preisen ausgezeichnet hat, um Sie dazu zu bewegen, das preiswertere Produkt zu nehmen, und Ihnen dabei ein gutes Gefühl zu geben.

Umgekehrt kommt das Gesetz der Gegensätzlichkeit aber auch zum Einsatz, um jemanden zum Kauf eines teureren Produkts anzuregen. Schließlich «kostet das Haus, dass Ihnen richtig gut gefällt, nur 10.000 Euro mehr als dieses hier, das zwar auch ganz okay ist ... Aber wäre es nicht drei Euro am Tag wert, sich für etwas zu entscheiden, was man *wirklich* will?» (Mit Zinsen kommen Ihnen diese «drei Euro am Tag» übrigens am Ende mit 30.000 Euro recht teuer zu stehen!)

3. Das Gesetz der Freundschaft

«Wenn jemand, von dem wir meinen, dass er es gut mit uns meint, uns um etwas bittet, sind wir stark geneigt, seine Bitte zu erfüllen.»

Wenn ein Freund sie um etwas bittet, sind Menschen zu vielem bereit. Wer dieses Gesetz zur Einflussnahme nutzen will, muss in der Lage sein, zu anderen freundschaftliche Beziehungen herstellen zu können.

Wie sich diese Fähigkeit entwickeln und kultivieren lässt, wollen wir in einem späteren Kapitel noch ausführlich besprechen. Lassen Sie uns hier erst einmal einige wenige Beispiele für das Gesetz der Freundschaft aufführen.

- Eines Winters koordinierte ich eine groß angelegte Kampagne zum Sammeln von Spendengeldern für eine bekannte gemeinnützige Organisation. Anstatt Hunderte von kreuz und quer durch die Stadt ziehenden Sammlern zu engagieren, heuerten wir fünfzehn Helfer an, die gezielt bei Einwohnern der verschiedenen Stadtviertel anriefen. Sie telefonierten so lange, bis sie genug Menschen gefunden hatten, die bereit waren, in ihrer Nachbarschaft als «Kontaktpersonen» zu fungieren. Alles, worum wir sie baten, war, eine Stunde lang von Tür zu Tür zu gehen und ihre Nachbarn um eine Spende zu bitten. Das Resultat war phänomenal. Eine große Mehrheit der «Kontaktpersonen» hielt ihr Versprechen. (Über das Gesetz der Konsequenz werden wir später noch mehr erfahren.) Und weil sie größtenteils mit Freunden und Bekannten zu tun hatten, gab es keinerlei Probleme mit der Glaubwürdigkeit. Das Spendenaufkommen war äußerst ansehnlich. Einem Freund eine Bitte abzuschlagen, fällt eben jedem schwer.

- «Meister der Überzeugungskunst» achten sorgfältig auf ihr Äußeres. Die meisten Menschen freunden sich am liebsten mit anderen an, die als attraktiv angesehen werden können. Zahlreiche Studien belegen, dass als körperlich attraktiv empfundene Menschen eher in der Lage sind, andere zum Spenden oder Kaufen zu bewegen und in der Regel auch höhere Verkaufszahlen erzielen. Zudem werden sie häufig als talentierter, netter, intelligenter und sogar ehrlicher eingeschätzt als durchschnittlich aussehende Zeitgenossen. Statistisch lässt sich nachweisen, dass sie außerdem tendenziell niedrigere Gefängnisstrafen und bessere Jobangebote bekommen sowie ein höheres Einkommen erzielen. Je stärker Sie also auf ein gepflegtes Äußeres achten, desto mehr Menschen werden auf sie zukommen, Sie mögen und mit Ihnen befreundet sein wollen.

- Freunde sind Menschen, die wir mögen, und häufig mögen wir *sie*, weil sie *uns* mögen. Je stärker wir anderen das Gefühl geben, dass wir ähnlich denken, fühlen und handeln wie sie, desto größer ist die Wahrscheinlichkeit, dass wir sie überzeugen können. (In Kapitel 10 werden wir auf diesen Aspekt noch ausführlicher eingehen.)

- Meine Großmutter sagte mir immer: «Mit Schmeicheleien kommst Du überall hin.» Sie hatte Recht. Wenn man einem anderen ernsthafte, ehrliche Komplimente machen kann, ist man auf dem Weg zur Freundschaft schon ein großes Stück vorangekommen.

4. Das Gesetz der Erwartungshaltung

«Wenn jemand, der uns wichtig ist, von uns erwartet, dass wir eine Aufgabe erfüllen oder zu einem bestimmten Ergebnis kommen, neigen wir dazu, seine Erwartung zu erfüllen, sei sie positiv oder negativ.»

– Anfang Januar 1991 wurden an alle israelischen Bürgerinnen und Bürger Gasmasken verteilt, um sie vor möglicherweise aus dem Irak abgefeuerten chemischen Waffen zu schützen. Als der Irak am 16. Januar 1991 dann seine SCUD-Raketen in Richtung Israel schoss, kamen Dutzende von Israelis in die Krankenhäuser und berichteten von Symptomen, wie sie in den Medien im Zusammenhang mit einem möglichen Angriff mit chemischen Waffen geschildert worden waren. Tatsächlich waren aber gar keine chemischen Waffen zum Einsatz gekommen. An diesem Beispiel zeigt sich, wie wirksam das Gesetz der Erwartungshaltung sein kann. Im Grunde handelte es sich bei dem Vorfall um einen negativen Placeboeffekt.

– Der Placeboeffekt lässt sich am besten an dem folgenden Beispiel illustrieren: Der Koreakrieg forderte Tausende von Todesopfern. Als die Morphiumvorräte zu Ende gingen, gab man schwer verletzten Soldaten Placebos wie Zuckerpillen oder ähnliches. Obgleich es dafür eigentlich keine medizinische Erklärung gab, erlebten etwa ein Viertel der betroffenen Soldaten nach Augenzeugenberichten eine spürbare Linderung ihrer Schmerzen.

– Wenn kleine Kinder hinfallen und sich ein «Aua» holen, hilft es meist schon, wenn die Eltern sie in den Arm nehmen und auf die Stelle pusten. Kinder haben (zumindest noch in diesem Alter!) die Illusion, dass ihre Eltern alles bewerkstelligen können.

5. Das Gesetz der Assoziation

«Produkte, Dienstleistungen oder Ideen, die uns von Menschen empfohlen werden, die uns sympathisch sind, bewerten wir eher positiv.»

Wenn wir die Menschen mögen, die für ein Produkt werben, entwickeln wir positive Assoziationen zu dem Produkt. Mit der tatsächlichen Qualität des Produkts hat dies eher wenig zu tun, zumal wir es beim ersten Mal vor allem deshalb kaufen, weil es z. B. von einer prominenten Persönlichkeit beworben wird. (Beim zweiten Mal ist dies etwas anderes, worauf wir später noch zu sprechen kommen werden.)

– Bill Cosby trug jahrelang zu den exzellenten Verkaufszahlen von Jell-O Pudding, Kodakfilmen und anderen Produkten bei. Bo Jackson brachte unzählige Menschen dazu, Sportschuhe von Nike zu kaufen. Ray Charles, Michael Jackson, Cindy Crawford und Michael J. Fox überzeugten Millionen davon, Diet Pepsi zu trinken. Michael Jordan empfahl seinen Fans so gut wie jedes denkbare Produkt und tat, als er eine Weile lang vom Basketball pausierte, im Alleingang mehr für die Popularität der US-amerikanischen Baseball-Amateurliga als je jemand zuvor.

– Autos an sich sind nicht gerade sexy. Aber ein gut aussehendes Model, das auf einer Messe die Vorzüge «ihres» Lieblingsautos preist, kann viele Zuschauer dazu animieren, genau dieses Auto ebenfalls zu kaufen. Von der Logik her gibt es keine Verbindung zwischen dem Model und dem Auto. Emotional und assoziativ hat sich jedoch eine wirksame Verbindung herausgebildet. Aufgrund dieser emotionalen und assoziativen Beziehungen kaufen Menschen Produkte. Die Logik dient bestenfalls dazu, solche Entscheidungen im Nachhinein zu rechtfertigen.

– Musik ist oft mit besonders vielen Assoziationen verbunden. Bis auf den heutigen Tag kommen meiner Mutter die Tränen, wenn sie das Lied «I'll Be Home for Christmas» hört. Ihr Bruder kam im zweiten Weltkrieg ums Leben, und sie hörte gerade dieses Lied im Radio, als sie die schreckliche Nachricht bekam. Häufig ist Musik mit romantischen Erinnerungen verbunden. Viele Paare haben ein Musikstück, das sie «unser Lied» nennen. Solche Stücke begleiten die Betroffenen oft jahrelang und lösen Erinnerungen und Gefühle aus, die sich, manchmal schon vor vielen Jahren, mit der Musik verbanden.

– Im Wahlkampf zitieren Kandidaten häufig angesehene Regierungschefs der Gegenpartei, um ihre eigenen Positionen zu unterstreichen. Gerade in Fernsehdebatten kommt diese raffinierte Taktik zur Anwendung. Auf diese Weise gelingt es den Kandidaten, auch bei den Anhängern der gegnerischen Partei positive Assoziationen zu wecken, die sie dann möglicherweise am Wahltag mit einem entsprechenden Kreuz quittieren.

– Die Warnungen Erwachsener vor Drogen, Alkohol und Zigaretten schlagen Jugendliche gern in den Wind. Wenn aber ihre eigenen Helden wie bestimmte Schauspieler oder Popstars Front gegen Drogen machen, hören sie schon eher zu. Der Wunsch, den eigenen Vorbildern nachzueifern, ist gerade bei Jugendlichen äußerst stark.

– «Bio» und «Umweltschutz» sind Schlagworte, die in den letzten Jahren immer stärker mit positiven Assoziationen verbunden wurden. Die Verbraucher legen mehr Wert darauf, gesunde Produkte zu kaufen, und werden umweltbewusster. Dafür greifen sie öfter einmal etwas tiefer ins Portemonnaie. Natürlich hat sich dies inzwischen auch bei den Herstellern herumgesprochen, die ihre Produkte verstärkt mit Umweltargumenten bewerben, ob es sich dabei um Zahnpasta, Windeln, Fertiggerichte, Autos oder Zeitungen handelt. Weil sie positive Assoziationen damit verbinden, «etwas für die Umwelt zu tun», wägen die Verbraucher heute bei der Kaufentscheidung andere Faktoren ab als früher.

– Das Gesetz der Assoziation kann natürlich auch anders herum funktionieren. Beobachten kann man dies, wenn Regierungen oder Konzerne sich nach Negativschlagzeilen in den Medien von Mitarbeitern trennen, denen sie die Verantwortung für die Versäumnisse zuschreiben. Indem sie mit den als unfähig empfundenen Mitarbeitern ein so genanntes «Bauernopfer» bringen und damit die negativen Assoziationen zerreißen, versuchen sie – oft mit Erfolg –, den eigenen Ruf zu retten.

6. Das Gesetz der Konsequenz

«Wenn wir mündlich oder schriftlich angekündigt haben, dass wir einen bestimmten Standpunkt einnehmen werden, neigen wir dazu, diesen Standpunkt zu verteidigen, und zwar unabhängig von seiner Richtigkeit selbst angesichts erdrückender Beweise für das Gegenteil.»

– Als George Bush senior 1988 im Wahlkampf erklärte: «Lest es von meinen Lippen ab: Keine neuen Steuern!», ahnte noch niemand, wie viel Popularität er einbüßen würde, als er wenig später als Präsident mehrere Gesetze zur Erhöhung von Steuern unterschrieb. Werden Menschen als inkonsequent wahrgenommen, leiden unser Vertrauen und unser Respekt.

– Umgekehrt war es, als Präsident George Bush senior am 15. Januar 1991 eine Erklärung zur Invasion Iraks in Kuwait abgab und ankündigte, dass er militärische Schritte erwäge. Die Ankündigung selbst löste in der Öffentlichkeit noch gemischte Reaktionen aus. Als der Präsident am 16. Januar dann aber genau das tat, was er angekündigt hatte, schoss die öffentliche Zustimmung in die Höhe.

– Denken Sie daran, wie viele Kirchen, Kirchenabspaltungen und Sekten es unter dem Dach des Christentums gibt. Trotz dieser Vielfalt und der umfangreichen Literatur für und wider die jeweiligen Standpunkte kommt es nur äußerst selten vor, dass jemand mehr als ein- oder höchstens zweimal im Leben das religiöse Lager wechselt; die meisten bleiben ihr ganzes Leben lang Mitglied ein und derselben Kirche. Wenn jemand oft genug gesagt hat: «Ich bin katholisch», ist es Teil der menschlichen Natur, dieser Aussage treu zu bleiben.

Spitzenverkäufer nutzen das Gesetz der Konsequenz auf sehr subtile Weise.

«Meister der Überzeugungskunst»: Glauben Sie, dass es für das Erzielen höherer Gewinne wichtig ist, die Kosten zu senken?
Möglicher Kunde: Natürlich.
«Meister der Überzeugungskunst»: Wenn unser Produkt Ihren Gewinn steigert, indem es Ihre Kosten senkt – würden Sie es dann kaufen wollen?

Der «Meister der Überzeugungskunst» stellte einem möglichen Kunden nicht einfach die zweite Frage, wie es viele andere getan hätten. Er fragt ihn, ob ihm bestimmte Werte wichtig sind. Erst nachdem der mögliche Kunde dem zugestimmt hat, bietet er ihm eine Lösung an, die nach dessen eigener, zuvor gegebener Aussage nur konsequent erscheinen kann.

Wie kann der mögliche Kunde da noch nein sagen? Sich inkonsequent zu zeigen, fällt immer schwer, selbst im Gespräch mit einem Verkäufer, den man gerade erst kennen gelernt hat. Die besten Verkäufer nutzen das Gesetz der Konsequenz deshalb bei so gut wie *allen* ihrer Präsentationen.

Natürlich kann die gleiche Strategie auch im häuslichen Umfeld zum Einsatz kommen.

«Meisterin der Überzeugungskunst»: Liebling, wäre es nicht vernünftig, einmal richtig gute Möbel zu kaufen, anstatt ständig Geld darauf zu verschwenden, billige Möbel zu ersetzen?
Ehemann: Hm? Ja.
«Meisterin der Überzeugungskunst»: Sollen wir uns in diesem Monat schon in richtig gute Möbel investieren oder noch einen Monat warten?

Nachdem das Anliegen erst einmal in so eleganter und unwiderstehlicher Form vorgetragen wurde, bleibt dem Ehemann praktisch nichts anderes übrig, als dem Kauf neuer Möbel zuzustimmen.

Menschen neigen also dazu, konsequent zu früheren Entscheidungen, Bekenntnissen und Aussagen zu stehen. Wie aber überzeugen wir sie angesichts dieser Tatsache davon, eine bisherige Anschauung aufzugeben und sich unserer Denkweise anzuschließen? Ihre Meinung ändern die meisten nur, wenn damit ein höherer Wert verbunden ist. (In einem späteren Kapitel werden wir noch ausführlich auf Werte eingehen.) Wer sich einmal als «X» definiert, braucht über «X» nicht mehr nachzudenken und keine Entscheidungen mehr zu treffen. Wer aber kritisch hinterfragt, wie sich jemand definiert, sorgt für Unruhe und erntet mit großer Sicherheit Widerspruch. Beim Überzeugen ist es daher wichtig, sein Gegenüber dazu zu bekommen, sich zu einem höheren Wert zu bekennen, und ihn erst dann zu bitten, sich auf die mit diesem Wert verbundenen Folgen einzulassen. Genau aus diesem Grund bringt der Verkäufer aus dem obigen Beispiel seinen möglichen Kunden zu der Aussage, dass es ihm wichtig sei, Kosten zu senken, ehe er ihn fragt: «Wenn mein Produkt Ihre Kosten senken könnte, würden Sie es kaufen?»

7. Das Gesetz der Knappheit

«Wenn wir das Gefühl haben, dass etwas, das wir haben wollen, knapp ist, schätzen wir seinen Wert höher ein, als wenn es im Überfluss vorhanden wäre.»

– Neulich ging ich in einen Elektroladen, um einen 31-Zoll-Fernseher zu kaufen. In erster Linie dachte ich an das Modell, das am Wochenende zuvor in der Zeitung annonciert worden war, wollte mich aber auch nach Alternativen umschauen. Nachdem ich mich für ein Modell entschieden hatte, holte ich einen Verkäufer. Er hatte beobachtet, wie ich etwa zwanzig Minuten lang verschiedene Fernseher verglichen hatte. Von allen 31-Zoll-Fernsehern hatte ich den preiswertesten ausgesucht. Der Verkäufer sagte, er wolle nachsehen, ob er noch am Lager sei. Als er mit dem Fernseher zurückkam, sagte er: «Es war genau noch einer da – Sie sind ein Glückspilz!» Tatsächlich schätzte ich mich glücklich, bezahlte gleich an Ort und Stelle und gab dem Verkäufer noch ein ordentliches Trinkgeld.

– In der Werbung kommt das Gesetz der Knappheit ständig zur Anwendung: «Solange der Vorrat reicht», «Superangebot nur in dieser Woche», «begrenzte Stückzahl» oder «limitierte Auflage» sind allesamt Aussagen, die Knappheit suggerieren.

– Ein Vertreter, der einen Besuchstermin vereinbaren will, könnte das Gesetz der Knappheit nutzen, indem er betont, wie voll sein Zeitplan sei, und damit zu verstehen gibt, dass ein Termin mit ihm eine echte Glückssache sei. («Am Freitag und am Montag bin ich schon vollständig belegt, aber am Dienstag um 13 Uhr 15 hätte ich noch eine Lücke von etwa zwanzig Minuten. Würde das bei Ihnen gehen?»)

– Ein Autoverkäufer könnte das Gesetz der Knappheit etwa folgendermaßen anwenden: «Was meinen Sie jetzt nach Ihrer Probefahrt? Würde Ihnen der Wagen mit Gangschaltung oder mit Automatik besser gefallen? In Silber? Hm, das ist das letzte Exemplar, das wir sowohl in Automatik als auch in Silber vorrätig haben. Ist das erst einmal weg, wird es Wochen dauern, bis wir das nächste in der Art hereinbekommen. Würden Sie denn in bar bezahlen oder den Wagen finanzieren? Wie wär's, wenn wir wenigstens kurz mit unserem Finanzierungsberater sprechen würden, weil er bald Feierabend hat?» Wie Sie sehen, lässt sich das Gesetz der Knappheit sowohl auf die Vorratslage als auch auf die zur Verfügung stehende Zeit beziehen. «Ein paar Wochen» klingen da schnell wie eine halbe Ewigkeit. Wollen Sie wirklich so lange auf Ihr Auto warten? Da wäre es doch sicher viel vernünftiger, gleich jetzt zum Finanzierungsberater zu gehen, zumal der wegen seines bevorstehenden Feierabends nicht mehr lange zur Verfügung stehen wird!

– Das Gesetz der Knappheit gilt natürlich auch im zwischenmenschlichen Bereich. Eine junge Dame, die an ihrem derzeitigen Freund nicht mehr viel Interesse zeigt, wird rasch aufwachen, wenn dieser Freund einer anderen jungen Dame Aufmerksamkeit erweist. Dass er ihr nicht selbstverständlich zur Verfügung steht, lässt den Freund plötzlich wieder in einem ganz anderen Licht erscheinen.

– Auch meine kleine Tochter hat das Gesetz der Knappheit bereits voll und ganz verstanden. In ihrem Kinderzimmer kann sie aus unzähligen Spielsachen, Büchern und Puppen auswählen. Aber Daddy sitzt im Wohnzimmer und liest ein völlig langweiliges Buch ganz ohne Bilder und Farben. Was meinen Sie, womit sie spielen will? Mit Daddys Buch natürlich! Beim Essen ist es ähnlich. Sie hat ihren eigenen Teller und ihre eigene Tasse. Aber das Essen auf Mommys Teller sieht viel verlockender aus, und sie weiß genau, wie sie ihre Mommy dazu bekommt, ihr etwas davon abzugeben.

Wie mit allen Gesetzen des Überzeugungsprozesses werden wir uns mit dem Gesetz der Knappheit noch einmal ausführlicher befassen, wenn es darum geht, konkrete Botschaften zu formulieren und mit bestimmten Taktiken und Strategien zu kombinieren.

8. Das Gesetz der Konformität

«Die meisten Menschen neigen zu Inhalten, Produkten und Dienstleistungen, die bei der Mehrheit der Menschen in ihrer Umgebung als akzeptabel gelten.»

Was das Gesetz der Konformität angeht, lassen sich die meisten Menschen einer von drei Kategorien zuordnen:
1. Konformisten
2. Nonkonforme Konformisten
3. Nonkonformisten

Konformisten machen etwa 85 Prozent aller Menschen aus. Sie sorgen sich darum, wie sie von anderen wahrgenommen werden, und wollen von ihnen akzeptiert werden. Viele von ihnen gehören großen, allgemein respektierten Gruppen und Organisationen an.

- Die Mitglieder der großen Kirchen, der großen Parteien und der üblichen Vereine sind mit großer Wahrscheinlichkeit Konformisten.

- Wie stark das Gesetz der Konformität wirkt, merken Sie, wenn bei einem Konzert jemand zu applaudieren beginnt. Der Drang, mit in den Applaus einzufallen, ist fast unwiderstehlich.

- Um Konformisten das Gefühl zu geben, dass sie eine richtige Kaufentscheidung treffen, werden häufig Briefe und Referenzen zufriedener Kunden oder beeindruckende Statistiken über die Kundenzufriedenheit ins Feld geführt. Zu wissen, dass andere das Produkt schätzen und erfolgreich einsetzen, ist für Konformisten bei der Kaufentscheidung ein wichtiges Argument. Viele von ihnen denken stärker an die möglichen Folgen einer falschen als an den Nutzen einer guten Entscheidung.

Der Wunsch, mit der Mehrheit mit zu schwimmen, ist bei vielen Menschen groß. Als «Meister der Überzeugungskunst» können Sie diese Tatsache auf vielfältige Weise nutzen.

Zu den *nonkonformen Konformisten* gehören etwa zehn Prozent der Bevölkerung. Sie rebellieren gegen herrschende gesellschaftliche Normen, schließen sich selbst aber wiederum zu klar definierten Gruppen zusammen, zu denen sie sich zugehörig fühlen können.

– Anhängerinnen und Anhänger von Greenpeace oder Menschenrechtsgruppen sind Beispiele für diese Kategorie.

Nonkonforme Konformisten setzen sich bewusst von den Regeln und Überzeugungen der Allgemeinbevölkerung ab, stellen aber eigene Regeln und Überzeugungen auf, denen sie freiwillig folgen, und verhalten sich am Ende innerhalb der eigenen Gruppe wiederum konform. *Nonkonformisten* dagegen lehnen es generell ab, sich anderen anzupassen. Aus diesem Grund schließen sie sich auch nur selten irgendwelchen Gruppen an. Künstlerinnen und Künstler sowie Unternehmerinnen und Unternehmer gehören oft in diese Kategorie. Sie wagen es, auch allein gegen den Strom zu schwimmen und überraschende Entscheidungen zu treffen. Manchmal haben sie gerade dadurch ungeheuren Erfolg, weil sie z. B. bei einer Wette auf einen Außenseiter setzen, der dann tatsächlich gewinnt, oder sich für ein innovatives Produkt stark machen, das sonst niemand produzieren und vertreiben will. Individualismus ist für diese Menschen ein hoher Wert.

Die allermeisten Menschen jedoch neigen in fast allen Lebensbereichen dazu, sich der Mehrheit anzuschließen, um akzeptiert zu werden. Strategien, die auf dem Gesetz der Konformität gründen, können deshalb im Überzeugungsprozess besonders wirksam sein.

9. Das Gesetz der Macht

«Macht über andere Menschen hat, wer größere Autorität, Fachkenntnis oder amtliche Befugnis besitzt.»

– Ärztinnen und Ärzte genießen traditionell ein hohes Ansehen. Ihre Aussagen gelten in der Regel als besonders glaubwürdig. Wie bereitwillig ihre Autorität z. B. von Pflegekräften anerkannt wird, dokumentiert z. B. Robert Cialdini in seinem Buch «Die Psychologie des Überzeugens»: Rief ein Arzt im Krankenhaus an und forderte die Pflegekräfte auf, ein bestimmtes Medikament auszugeben, folgten 95 Prozent der Pflegekräfte seiner Anweisung und gaben das Medikament aus, auch wenn es ein falsches Medikament war und die Krankenhausvorschriften dies eigentlich verboten.

- Lehrer und Professoren haben Macht über ihre Schüler und Studenten, weil sie über deren schulisches und akademisches Fortkommen bestimmen.

- Aber auch Angehörige anderer Berufe, z. B. Automechaniker, werden von ihren Kunden als mächtig empfunden. Die meisten Menschen verstehen nicht viel von Autos und sind darauf angewiesen, dass ihr fahrbarer Untersatz funktioniert. Das Wort des Automechanikers ist daher für sie Gesetz. Wenn er sagt, es müsse etwas repariert werden, willigen sie aller Wahrscheinlichkeit ein und lassen es reparieren.

- Auch das Finanzamt hat über uns eine große Macht. Jahr für Jahr zahlen wir freiwillig unsere Steuern, weil wir fürchten, sonst mit dem Staat in Konflikt zu geraten.

- Ähnliches gilt für Beamte in anderen offiziellen Dienststellen des Staates. Zwar können sie uns nicht festnehmen oder zwingen, etwas gegen unseren Willen zu tun. Aber sie können uns von einer Stelle zur anderen schicken, sich bei der Bearbeitung unserer Anträge Zeit lassen, und die Zusammenhänge, die wir nicht verstehen, unzureichend erklären. In ihrer Freizeit sind sie ganz normale Menschen. Erst ihr Amt verleiht ihnen ihre Machtfülle. Dabei verwalten und überwachen sie nur die aufgestellten Regeln. Wahre Macht haben eigentlich nur diejenigen, die diese Regeln aufstellen und verändern. Die Macht der Beamten ist eher eine «gefühlte Macht».

- Macht lässt sich natürlich auch mit Gewalt oder deren Androhung ausüben. Leider gibt es immer wieder Menschen, die Schwächeren Gewalt androhen oder antun, um zu bekommen, was sie wollen.

Umgibt sich ein «Meister der Überzeugungskunst» mit der Aura der Macht, wird er von anderen in der Regel besonders bereitwillig akzeptiert. Wie man eine solche Aura aufbaut, wollen wir später noch ausführlich besprechen. Je mächtiger jemand ist, desto wahrscheinlicher werden seine Anliegen von anderen anerkannt und akzeptiert.

Die neun Gesetze des Überzeugungsprozesses können für gute ebenso wie für schlechte Zwecke genutzt werden. Die ethische Grundhaltung eines Menschen bestimmt darüber, mit welcher Wahrscheinlichkeit er Ergebnisse anstrebt, die von beiden Seiten als Gewinn verbucht werden können

(«WIN/WIN-Philosophie»).Ziel dieses Buches ist es, Sie in alle maßgeblichen Gesetze, Techniken, Strategien und Taktiken des Überzeugens einzuführen. Der Autor verbindet damit die große Hoffnung, dass Sie diese Informationen zu ihrem eigenen Nutzen und zum Nutzen all der Menschen verwenden, mit denen Sie in Zukunft kommunizieren werden. Die Gesetze des Überzeugens bilden die Grundlage des Überzeugungsprozesses. Im nächsten Kapitel wollen wir uns anschauen, welche Techniken dabei zum Einsatz kommen können.

Die neun Gesetze des Überzeugungsprozesses

1. Das Gesetz der Gegenseitigkeit – *Wenn jemand uns etwas schenkt, reagieren wir mit dem Wunsch, etwas zurückzugeben.*
2. Das Gesetz der Gegensätzlichkeit – *Die Unterschiede zwischen zwei Dingen nehmen wir sehr viel deutlicher wahr, wenn sie in enger zeitlicher oder räumlicher Nachbarschaft präsentiert werden.*
3. Das Gesetz der Freundschaft – *Wenn jemand, von dem wir meinen, dass er es gut mit uns meint, uns um etwas bittet, sind wir stark geneigt, seine Bitte zu erfüllen.*
4. Das Gesetz der Erwartungshaltung – *Wenn jemand, der uns wichtig ist, von uns erwartet, dass wir eine Aufgabe erfüllen oder zu einem bestimmen Ergebnis kommen, neigen wir dazu, seine Erwartung zu erfüllen, sei sie positiv oder negativ.*
5. Das Gesetz der Assoziation – *Produkte, Dienstleistungen oder Ideen, die uns von Menschen empfohlen werden, die uns sympathisch sind, bewerten wir eher positiv.*
6. Das Gesetz der Konsequenz – *Wenn wir mündlich oder schriftlich angekündigt haben, dass wir einen bestimmten Standpunkt einnehmen werden, neigen wir dazu, diesen Standpunkt zu verteidigen, und zwar unabhängig von seiner Richtigkeit selbst angesichts erdrückender Beweise für das Gegenteil.*
7. Das Gesetz der Knappheit – *Wenn wir das Gefühl haben, dass etwas, das wir haben wollen, knapp ist, schätzen wir seinen Wert höher ein, als wenn es im Überfluss vorhanden wäre.*
8. Das Gesetz der Konformität – *Die meisten Menschen neigen zu Inhalten, Produkten und Dienstleistungen, die bei der Mehrheit der Menschen in ihrer Umgebung als akzeptabel gelten.*
9. Das Gesetz der Macht – *Macht über andere Menschen hat, wer größere Autorität, Fachkenntnisse oder amtliche Befugnisse besitzt.*

Wie Überzeugung gelingt

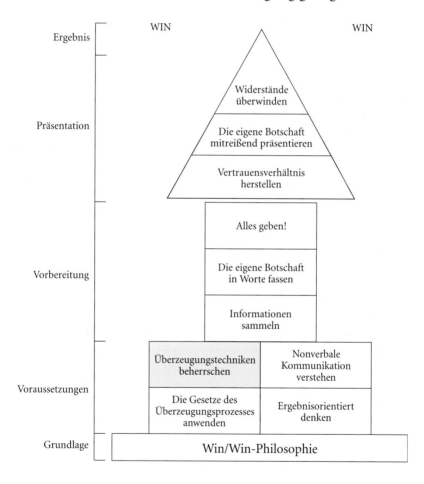

4 Überzeugungstechniken

Bei der Redekunst geht es nicht um Wahrheit, sondern um das Überzeugen. – Lord Macauley

Wer andere beeinflussen will, kann nur folgendes tun: Mit ihnen darüber reden, was sie wollen, und ihnen zeigen, wie sie es bekommen können. – Dale Carnegie

Der Pilot eines Flugzeugs manipuliert die Gesetze von Schwerkraft und Aerodynamik, um innerhalb weniger Stunden Menschen und Maschinen über große Strecken fortzubewegen.

Dieselben Gesetze nutzte auch Saddam Hussein für seine Zwecke, als er SCUD-Raketen gegen Israel und Saudi-Arabien feuerte. Das Ergebnis seines Handelns unterschied sich jedoch auf tragische Weise von dem eines typischen Passagierflugs mit einer bekannten Fluggesellschaft.

Aufgrund unserer Wertvorstellungen können wir sagen, dass Saddam Hussein Unrecht tat und die Macht, die er besaß, missbrauchte. Diese Wertvorstellungen sagen uns auch, dass es moralisch vertretbar war, Patriot-Raketen abzufeuern, um die SCUD-Raketen abzufangen. Ein ziviles Passagierflugzeug, eine SCUD-Rakete und eine Patriot-Rakete – sie alle drei machen sich die bereits erwähnten Gesetze von Schwerkraft und Aerodynamik zunutze.

Die Gesetze selbst sind weder gut noch böse. Sie existieren einfach als unabhängig gültige Konstanten. Erst die Art und Weise, wie Menschen sie manipulieren oder einsetzen, lässt sich als gut oder böse bewerten.

Die Gesetze des Überzeugungsprozesses beschreiben, wie Menschen unter bestimmten Umständen höchstwahrscheinlich reagieren. Wer Überzeugungstechniken einsetzt, manipuliert und nutzt die Gesetze des Überzeugungsprozesses.

Fragen gezielt einsetzen

Fragen sind wichtige Werkzeuge eines «Meisters der Überzeugungskunst». Sie werden gezielt eingesetzt, um Aussagen zu klären, Wertvorstellungen festzuklopfen, Einwände hervorzulocken und das Gespräch zu lenken. Fragen können auch dazu dienen, Ihr Gegenüber davon zu überzeugen, dass Ihre Zielvorstellungen richtig sind und erfüllt werden sollten.

Standpunkte klären

In der zwischenmenschlichen Kommunikation kommt es häufig vor, dass Standpunkte unklar bleiben. Viele Menschen teilen nicht von sich aus mit, was sie wollen und glauben. Um zu verstehen, wie man besser mit ihnen kommunizieren kann, ist es in solchen Situationen notwendig, ihren Standpunkt durch Nachfragen zu klären. Dies gilt für Verkaufsgespräche ebenso wie für Beziehungskonflikte oder berufliche Besprechungen. Lassen Sie uns dafür einige Beispiele näher ansehen.

Wenn Sie im Verkauf tätig sind, haben Sie die folgende Aussage sicher schon mehr als einmal gehört:

Möglicher Kunde: Wir müssen uns das noch einmal überlegen.

Als «Meister der Überzeugungskunst» haben Sie verschiedene Möglichkeiten, auf diese Aussage zu reagieren:

A: Was genau müssen Sie sich überlegen?

ODER

B: Habe ich irgendetwas nicht ausreichend erklärt?

ODER

C: Ich verstehe natürlich sehr gut, dass Sie ein paar Minuten allein beratschlagen wollen. Wissen Sie was? Ich gebe Ihnen etwas Zeit und hole mir eine Tasse Kaffee. Möchten Sie auch einen Kaffee? Oder vielleicht etwas anderes zu trinken?

ODER

D: Meinen Sie, dass Sie Geld sparen können, indem Sie die Entscheidung verschieben?

ODER

E: Vielleicht kann ich Ihnen dabei helfen? Damit ich Sie besser verstehe: Ist es das Geld oder liegt es an etwas anderem?

ODER

F: Vielleicht könnte ich Ihnen noch ein paar Informationen mitgeben, die Ihnen beim Überlegen helfen? Wo genau haben Sie denn noch Fragezeichen?

ODER

G: Gute Idee. Was wären denn Ihrer Meinung nach die Vor- und Nachteile bei einem solchen Kauf?

Jede dieser Möglichkeiten wird das Gespräch in eine leicht andere Richtung lenken. Lassen Sie uns dafür ein Beispiel weiter verfolgen. Beachten Sie dabei, wie der Verkäufer als «Meister der Überzeugungskunst» die Aussage: «Wir müssen uns das noch einmal überlegen», zu seinem Vorteil nutzt.

Kunde: Das Auto gefällt mir, aber ich muss mir das einfach noch mal überlegen.

Verkäufer: Das verstehe ich. Und ich gehe mal davon aus, dass Sie Ihre kostbare Zeit nicht darauf verschwenden würden, wenn Sie nicht das Gefühl hätten, dass es eventuell das Richtige für Sie wäre. Habe ich Recht?

Kunde: Das kann man so sagen.

Verkäufer: Wenn Sie so interessiert sind, kann ich auch davon ausgehen, dass Sie es sich gründlich überlegen werden?

Kunde: Natürlich. Worauf wollen Sie hinaus?

Verkäufer: Na ja, ich dachte, Sie würden das vielleicht nur sagen, um mich loszuwerden. Könnte das sein?

Kunde: Natürlich nicht.

Verkäufer: Zweifeln Sie an der Vertrauenswürdigkeit meiner Firma?

Kunde: Nein, nein, mit Ihrer Firma ist alles in Ordnung. Sonst wäre ich ja wohl auch nicht zu Ihnen gekommen.

Verkäufer: Zweifeln Sie vielleicht an *meiner* Vertrauenswürdigkeit?

Kunde: Natürlich nicht. Ich brauche nur etwas Zeit.

Verkäufer: Hm . . . Dann müssen Sie an der Zuverlässigkeit des Autos zweifeln. Ist es das?

Kunde: Nein, ich sagte Ihnen doch, ich brauche einfach noch ein bisschen Zeit. Das Auto ist in Ordnung. Deshalb habe ich es ja auch in die engere Wahl genommen.

Verkäufer: Dann muss es das Geld sein! Habe ich Recht?

Kunde: Nun, ja. Ich weiß nicht, ob wir uns die monatlichen Zahlungen wirklich leisten können. Das ist alles.

Verkäufer: Was meinen Sie denn, wie viel Sie im Monat tragen können?

Kunde: Na ja, mehr als 300 Euro im Monat können wir nicht abzahlen, und ich fürchte, bei diesem Auto würden wir darüber liegen.

Verkäufer: Es ist aber das Auto, das Sie wirklich wollen?

Kunde: Eigentlich schon. Aber die Zahlungen sind zu hoch.

Verkäufer: Und wenn wir die monatliche Belastung auf 325 pro Monat drücken würden, wäre das für Sie gerade noch machbar?

Kunde: Ja, wenn das möglich wäre ... Das müsste gehen.

Verkäufer: Dann gehen wir doch am besten mal in mein Büro ...

Haben Sie bemerkt, wie sich dieses Gespräch in weniger als drei Minuten von «Ich muss mir das noch mal überlegen» bis zu einem Autokauf entwickelte? Ist Ihnen aufgefallen, dass der Verkäufer dabei im Grunde nur Fragen stellte? Das Ergebnis des Gespräches stellt jedenfalls für beide Beteiligten einen Gewinn dar, ist also ein gutes Beispiel für die Umsetzung der WIN/WIN-Philosophie. Wäre der Käufer nicht in der Lage gewesen, die genannte Verpflichtung einzugehen, hätte er einfach gesagt: «Nein, das kann ich mir nicht leisten.»

Mit emotional besetzten Themen souverän umgehen

Mit Fragen lassen sich Gespräche sehr gut steuern und kontrollieren. Es gibt jedoch Situationen, in denen Fragen nicht zu dem gewünschten Einstellungswandel führen können. Das ist vor allem dann der Fall, wenn es sich um ein emotional besetztes Thema handelt. Normalerweise ist die Logik ein wichtiges Mittel der Überzeugung. Bei einer starken emotionalen Beteiligung reichen oft aber selbst präzise, logische Fragen nicht aus, um zu einer Veränderung des Standpunktes zu gelangen. Denken Sie noch einmal an die Gesetze des Überzeugungsprozesses.

Das Gesetz der Konsequenz lautet: «*Wenn wir mündlich oder schriftlich angekündigt haben, dass wir einen bestimmten Standpunkt einnehmen werden, neigen wir dazu, diesen Standpunkt zu verteidigen, und zwar unabhängig von seiner Richtigkeit selbst angesichts erdrückender Beweise für das Gegenteil.*»

Nehmen wir als Beispiel einen Mann, der immer eine ganz bestimmte Automarke kauft. Seiner Meinung nach ist diese Marke bei weitem die beste, wie er jedem, der es wissen will, wortreich erläutert. Selbst wenn man ihm schriftliche Beweise dafür vorlegt, dass sein Auto in der Pannen- und Reparaturstatistik deutlich schlechter abschneidet als vergleichbare Wagen anderer Marken, wird er irgendeinen Grund finden, die Statistik in Frage zu stellen, und weiterhin glauben, sein Auto sei das allerbeste.

Das Gesetz der Konformität besagt: *«Die meisten Menschen neigen zu Inhalten, Produkten und Dienstleistungen, die bei der Mehrheit der Menschen in ihrer Umgebung als akzeptabel gelten.»*
Wenn Sie als Schuhverkäufer versuchen, einer jungen Frau, die Reeboks und nichts anderes haben will, weil alle ihre Freundinnen Reeboks tragen, einen ganz anderen Sportschuh zu verkaufen, wird Ihnen dies schwerlich gelingen. Selbst wenn Sie beweisen könnten, dass der andere Schuh haltbarer, pflegeleichter und bequemer ist, würde es Ihnen nicht gelingen, die junge Frau umzustimmen. Auch wenn Sie selbst ganz sicher sind, dass Ihre Idee, Ihr Produkt oder Ihre Dienstleistung Ihrem Kunden helfen würde, müssen Sie an diesem Punkt lockerlassen. Selbst wenn es Ihnen gelänge, objektiv eine WIN/WIN-Situation zu schaffen, würde dies von Ihrem Gegenüber nicht so wahrgenommen.

Ein letzter Versuch, ihm zu helfen, wäre die Frage: «Was müsste ich tun, um Sie davon zu überzeugen, dass es Ihnen wirklich helfen würde, meinem Rat zu folgen?»

Antwortet Ihr Gegenüber: «Nichts», käme alles, was Sie jetzt noch unternehmen würden, einer ethisch nicht vertretbaren Manipulation gleich und würde eine Situation schaffen, in der beide Seiten nur verlieren können.

Als «Meister der Überzeugungskunst» sollten Sie die Gesetze des Überzeugungsprozesses und deren Folgen für das aktuelle Gespräch stets im Kopf haben. Die Gesetze des Überzeugungsprozesses sind universell und bleiben auf keinen von uns ohne Wirkung.

Jedes Gesetz kann zum Vorteil beider Beteiligten eingesetzt werden. Ihre Aufgabe als «Meister der Überzeugungskunst» besteht darin, möglichst in jeder zwischenmenschlichen Begegnung das mögliche WIN/WIN-Ergebnis zu finden und umzusetzen.

Eine klare Prioritätenliste

Wenn wir andere überzeugen wollen, ist es sehr hilfreich herauszufinden, welche Werte für uns selbst und welche Werte für die anderen Priorität besitzen. Die Unterscheidung ist wichtig, gehen wir doch oft viel zu schnell davon aus, jeder hätte die gleichen Werte wie wir selbst. Wenn wir aber nicht wirklich wissen, wo bei dem anderen die Prioritäten liegen, kann es schnell zu Missverständnissen kommen, und der Überzeugungsprozess kann nicht erfolgreich sein.

Beginnen wir also mit unseren eigenen Prioritäten. Dabei müssen wir zwischen Mittel und Zweck unterscheiden. Mittel sind z. B. ein eigenes Haus, Auto, Geldanlagen, Computer, Reisen, verheiratet sein, Kinder bekommen, Sport treiben, angeln gehen usw. Unter dem Stichwort «Zweck» listen wir die mit solchen Mitteln verbundenen Gefühle auf, z. B. Liebe, Spaß, Freude, Glück, Sicherheit, Leidenschaft, Freiheit, Abenteuer, Seelenfrieden, Erfolg, Gesundheit, Macht usw.

All dies sind positive Zwecke, doch gibt es natürlich auch unangenehme Gefühle, die man tunlichst vermeiden möchte. Auch hier gibt es ganz persönliche Prioritäten. Auf dieser Liste könnten z. B. stehen: Traurigkeit, Wut, Frustration, Demütigung, Langeweile, Angst, eingeschränkte Freiheit usw.

Überlegen Sie, welche Werte für Sie selbst wichtig sind. Schreiben Sie zunächst ohne Rücksicht auf mögliche Prioritäten alle positiven und negativen Zwecke auf, die Ihnen erstrebenswert bzw. nicht erstrebenswert erscheinen. Beginnen Sie jetzt damit.

Positive Zwecke («Was ich erreichen möchte»)

_____   _____
_____   _____
_____   _____
_____   _____
_____   _____

Negative Zwecke («Was ich vermeiden möchte»)

_____   _____
_____   _____
_____   _____
_____   _____
_____   _____

Nachdem Sie alles aufgelistet haben, was Ihnen dazu einfällt, können Sie darangehen, eine Rangfolge aufzustellen. Welcher der genannten Zwecke ist Ihnen am wichtigsten? Welcher ist ihnen am zweitwichtigsten? Welcher folgt dann in puncto Wichtigkeit? Fahren Sie so lange fort, bis Sie alle zuvor aufgeführten Zwecke in einer Prioritätenliste eingetragen haben.

Meine positive Prioritätenliste

1.   6.
2.   7.
3.   8.
4.   9.
5.   10.

(Beispiele: Liebe, Glück, Sicherheit, Abenteuer, Freiheit)

Anschließend stellen Sie nach dem gleichen Muster Ihre negative Prioritätenliste auf.

Meine negative Prioritätenlisten

1.   6.
2.   7.
3.   8.
4.   9.
5.   10.

(Beispiele: Niedergeschlagenheit, Angst, Langeweile, Krankheit)

(Wichtig ist, sich klarzumachen, dass diese Listen nicht für alle Ewigkeit in Stein gemeißelt sind. Werte und Prioritäten können sich wandeln. Auch bei mir haben sich im Laufe der Jahre sowohl meine positiven als auch meine negativen Prioritäten verändert. Solche Veränderungen geschehen natürlich langsam – bei den meisten sogar *sehr* langsam.)

Anthony Robbins, Autor des Bestsellers «Das Power-Prinzip», sagt, dass wir bestimmte Mittel (Produkte, Dienstleistungen usw.) wollen, weil wir uns davon das Erreichen bestimmter Zwecke (Zustände, Stimmungen usw.) erhoffen. Beim Überzeugen geht es deshalb darum, anderen Menschen zu zeigen, dass sie ihre positive Prioritätenliste am besten dann erfüllen, wenn sie unsere Produkte kaufen, für unsere Vereine spenden oder auf unsere Angebote eingehen.

Wie findet man heraus, welche Werte für andere Priorität besitzen? Man fragt sie danach!

– *Autoverkäufer:* Was ist Ihnen bei Ihrer Entscheidung für den Kauf eines bestimmten Autos am wichtigsten?

– *Enzyklopädievertreter:* Was wäre für Sie am wichtigsten daran, eine *Britannica* zu besitzen?

- *Spendensammler:* Was ist Ihnen am wichtigsten, wenn Sie einer gemeinnützigen Organisation Geld spenden?
- *Vorgesetzter:* Was gefällt Ihnen an Ihrer Arbeit am besten? Welche Aufgaben sind Ihnen am wichtigsten?
- *Ehemann:* Was ist dir in unserer Ehe am wichtigsten?
- *Freundin:* Was ist dir an unserer Freundschaft am wichtigsten?
- *Immobilienmakler:* Was ist Ihnen bei einem Hauskauf am wichtigsten? Was kommt gleich danach in puncto Wichtigkeit? Und wenn Sie sich vorstellen, dass Sie ein Haus besitzen, was spielt für Sie dabei die größte Rolle?

Wenn wir die Werte und Prioritäten einer anderen Person nicht kennen, müssen wir sie danach fragen. Kennen wir ihre Werte und Prioritäten, können wir die Person umso leichter in unserem Sinne beeinflussen. Genau hierin liegt jedoch ein Problem. Als «Meister der Überzeugungskunst» streben wir eine WIN/WIN-Lösung an und geben uns keinesfalls mit weniger zufrieden.

Stellen wir uns vor, ein junger Mann namens Bob würde gern eine Beziehung mit einer jungen Frau namens Janice eingehen. Stellen wir uns weiter vor, ganz oben auf Bobs Prioritätenliste stünden Abenteuer, Spaß und Freiheit. Wo Janices Prioritäten liegen, weiß Bob noch nicht. Schauen wir also, wie das Gespräch bei ihrer ersten Verabredung in einem vornehmen Restaurant verlaufen könnte:

Bob: Ich bin gerade aus Los Angeles zurück und fahre nächste Woche auf Geschäftsreise nach London. Da ist es wirklich ein Glück, dass wir uns heute Abend treffen konnten. Gefällt dir das Restaurant?

Janice: Es ist schön. Ich gehe nur selten so vornehm aus.

Bob: Eine so attraktive Frau wie du? Das kann ich mir kaum vorstellen! In Paris gibt es tolle Restaurants, direkt an der Seine. Das beste Essen, das ich je gegessen habe. Da würde ich dich gern einmal mit hinnehmen. Reist du viel?

Janice: Nein, eigentlich kaum. Ganz gelegentlich besuche ich mal meine Verwandten, vor allem meine Mutter und meine Tante. Mit Paris ist das natürlich nicht zu vergleichen.

Bob: Dann weißt du ja gar nicht, was du alles verpasst! Es gibt auf dieser Welt so viel zu sehen. Immer nur zu Hause herumzusitzen, das ist nicht mein Fall. Nach kurzer Zeit wird das doch langweilig. Was machst du denn so, wenn du Lust hast, etwas zu unternehmen?

Janice: Am liebsten lade ich ein paar Freunde zu einem gemütlichen Abend zu mir nach Hause ein. Wir setzen uns vor den Kamin, trinken Tee oder ein Glas Wein, spielen vielleicht auch mal ein Brettspiel wie Backgammon.

Diese beiden werden sich ganz bestimmt kein zweites Mal verabreden! Janices Prioritäten werden für Bob ein ewiges Rätsel bleiben, weil er sie nicht gefragt hat, ob Liebe, Freundschaft oder Sicherheit für sie wichtig sind. Falls Bob wirklich mehr gewollt hat als ein gemeinsames Abendessen, hätte er das Gespräch vielleicht wie folgt angehen sollen.

Bob: Ich bin gerade aus Los Angeles zurückgekommen und muss bald wieder auf Geschäftsreise gehen. Ich kann dir gar nicht sagen, wie sehr es mich freut, dass es heute Abend geklappt hat und du meine Einladung angenommen hast. Gefällt dir das Restaurant?

Janice: Es ist sehr schön. Ich gehe nur selten so vornehm aus.

Bob: Wie verbringst du denn am liebsten deine Abende?

Janice: Hm. Das hat mich noch niemand gefragt. Meinst du zu zweit oder mit mehreren Freunden?

Bob: Ganz egal. Wie du möchtest. Es geht darum, was *du* dir unter einem gelungenen Abend vorstellst!

Janice: Tja, ich glaube, ich würde ein paar Freunde zu mir nach Hause einladen. Wir würden vor dem Kamin sitzen und Tee, vielleicht auch ein Glas Wein trinken und uns in aller Ruhe unterhalten. Im Hintergrund würde leise Musik spielen, und draußen auf der Veranda wäre das Licht an, damit man durch das Fenster den Schnee fallen sehen kann. Der Weihnachtsbaum wäre erleuchtet, ansonsten wären nur Kerzen an, und ... Ich könnte immer weiter erzählen.

Bob: Weihnachten magst du also ganz besonders, hm?

Janice (lächelt): Das ist für mich die schönste Zeit des Jahres. Die Leute sind dann immer so freundlich. Überall ist positive Energie zu spüren. Verstehst du, was ich meine?

Bob: Ja, ich mag Weihnachten auch sehr. Letztes Jahr zu Weihnachten war ich in den Schweizer Alpen.

Janice: Hast du deine Familie nicht vermisst?

Bob: Doch. Aber eine Woche Skifahren war auch sehr schön.

Dass Bob und Janice aufgrund dieses Gespräches ein Hochzeitspaar werden, ist zwar auch eher unwahrscheinlich, doch weiß Bob jetzt immerhin sehr viel mehr über Janice als zu dem Zeitpunkt, als er zur Tür hereinkam. Er weiß, was ihr wichtig ist. Und der Bob in der zweiten Szene interessiert sich für Janice. In der ersten erzählt er eigentlich nur von sich selbst. Dass die zweite Szene sehr viel mehr dazu beitragen kann, eine freundschaftliche Beziehung aufzubauen und einen Anknüpfungspunkt für eine zweite Verabredung zu finden, braucht wohl nicht ausdrücklich betont zu werden.

Für den positiven Umgang mit anderen Menschen ist es wesentlich, dass wir verstehen, welche Werte und Prioritäten sie antreiben. Herausfinden können wir dies nur, indem wir sie danach fragen.

Bei allen Begegnungen, seien sie persönlicher oder beruflicher Natur, sollten deshalb Fragen nach den Werten der anderen eine Rolle spielen. Wer etwas verkaufen will, muss wissen, was seinen Kunden wichtig ist, ehe er versuchen kann, ihre Bedürfnisse mit bestimmten Produkten oder Dienstleistungen zu erfüllen. Denken Sie daran: Erst muss die Diagnose kommen, dann kann die Verschreibung folgen.

Bei alledem gilt: Wir sollten nicht versuchen, andere von unseren Ideen, unseren Produkten, unseren Dienstleistungen oder unseren Einstellungen zu überzeugen, wenn diese nicht in deren bestem Interesse sind.

Zauberwörter einsetzen

Die Sprache ist nur für einen kleinen Teil des Kommunikationsprozesses verantwortlich. Im nächsten Kapitel werden Sie sehen, welch große Bedeutung die nonverbale Kommunikation für zwischenmenschliche Begegnungen hat. Dennoch gibt es einige Wörter, die auf Menschen, die wir überzeugen wollen, eine besonders große Wirkung haben.

Namen

Das Wort mit der größten Bedeutung für uns ist sicherlich unser eigener Name. Schon als ganz kleine Babys hörten wir tausendfach unseren Vornamen und verbanden ihn mit angenehmer Aufmerksamkeit und Zuwendung. Auch unser Nachname ist äußerst wichtig für unsere Identität. Wenn Sie jemanden mit seinem Nachnamen ansprechen, vermitteln Sie Respekt. Der Gebrauch des Vornamens spricht eher die emotionale Ebene an.

Entsprechende Studien haben gezeigt, dass es am wirksamsten ist, den Namen gleich am Anfang oder am Ende eines Satzes zu nennen. Natürlich sollten Sie aber auch nicht in den (leider nicht selten zu beobachtenden) Fehler verfallen, den Namen Ihres Gegenübers in jedem Satz penetrant zu wiederholen; das wirkt leicht anbiedernd und aufdringlich.

Die folgenden Sätze zeigen, wie man Namen ganz natürlich in ein Gespräch einfließen lassen kann:

– «John, was meinst Du: Wollen wir heute Abend ausgehen?»

– «Wenn unsere neue Software Ihnen über 2000 Euro an Sekretariatsarbeiten einsparen könnte, würden Sie sie dann für Ihre Firma anschaffen wollen, Herr Schwartz?»

– «Herr Miller, könnten Sie bitte so freundlich sein und die Budget-Analyse etwas beschleunigt bearbeiten?»

– «In diesem Auto würden Sie eine prima Figur machen, meinen Sie nicht auch, Frau Braun?»

«Bitte» und «danke»

Auf der Liste der für den Überzeugungsprozess bedeutsamen Wörter folgen «bitte» und «danke» gleich an zweiter und dritter Stelle. Schon als Kinder haben wir gelernt, dass wir etwas bekommen, wenn wir «bitte» sagen, und dass wir uns bedanken sollten, wenn unsere Bitte erfüllt wurde. In der zwischenmenschlichen Kommunikation haben diese Wörter daher eine große Wirkung, signalisieren Freundlichkeit, Wertschätzung und Respekt.

Die folgenden Beispiele zeigen, wie man sie einsetzen kann.

– «Danke, dass Sie sich heute für mich Zeit genommen haben.»

– «Prüfen Sie unser Angebot bitte wohlwollend.»

– «Danke, dass Sie zu uns gekommen sind. Wir legen besonderen Wert darauf, auf die Wünsche unserer Kunden ganz individuell einzugehen. Wenn Sie Hilfe brauchen oder Fragen haben, wenden Sie sich bitte jederzeit an uns.»

– «Bitte, tun Sie Ihr Bestes!»

– «Lassen Sie mich Ihnen bitte helfen, Ihre finanzielle Situation zu klären, damit wir zu einem für beide Seiten vorteilhaften Vorschlag kommen können.»

«Weil»

An vierter Stelle der «Zauberwörter» beim Überzeugen steht «weil». Schon als Kinder hörten wir, dass Gebote und Verbote der Erwachsenen mit «weil» begründet wurden. Und gab es keine ausführliche Begründung, hieß es wenigstens: «*Weil* ich es sage.» «Weil» strahlte schon damals eine Autorität aus, der wir uns auch heute noch kaum entziehen können. Ellen Langer, Sozialpsychologin an der Harvard University, startete 1977 ein faszinierendes Experiment: Sie bat Menschen, die vor dem Kopiergerät einer Bibliothek Schlange standen, darum, sie vorzulassen. Fragte sie: «Entschuldigen Sie bitte, ich habe fünf Seiten. Würden Sie mich vielleicht vorlassen, *weil ich es eilig habe?*», ließen ihr 94 Prozent der Befragten den Vortritt.

Als sie die gleiche Bitte ohne die letzten fünf Wörter vorbrachte, taten ihr nur 60 Prozent den erbetenen Gefallen. Am faszinierendsten aber war: Als sie fragte: «Entschuldigen Sie bitte, ich habe fünf Seiten. Würden Sie mich bitte vorlassen, weil ich etwas kopieren muss?», gingen 93 Prozent der Befragten auf ihre Bitte ein, ohne eine eigentliche Begründung gehört zu haben! Setzen Sie das Wort also grundsätzlich ein. Es hat große Überzeugungskraft!

– «Sie sollten jetzt investieren, weil das bei Ihrem Verdienst am günstigsten ist.»

– «Es wird sich für Sie lohnen, in das größte Anzeigenformat zu investieren, weil Sie daraufhin die meisten Reaktionen bekommen werden.»

Anfangs wird es Sie bestimmt Mühe kosten, das Wort bewusst in Ihr Überzeugungsvokabular aufzunehmen. Die Zeit, die Sie dafür investieren, wird sich aber doppelt und dreifach auszahlen.

Über die bisher genannten hinaus, gibt es noch eine ganze Reihe von Wörtern, die im Überzeugungsprozess besondere Wirkung entfalten. Wer etwas verkaufen will, wird die folgende Liste besonders hilfreich finden.

32 Zauberwörter, die beim Verkaufen helfen

Vorteil	Prickelnd	Verbessert	Stolz
Sicher	Wohlverdient	Entdeckung	Einfach zu bedienen
Nutzen	Spaß	Investition	Wissenschaftlich bewiesen
Sicherheit	Garantie	Glück	Gesundheit
Komfort	Gratis	Freude	Gewinn
Vertrauen	Liebe	Entspannt	Neu
Zukunft	Richtig	Sicherheit	Wahrheit
Wertbeständig	Power	Vital	Sie/Du

Zeitdruck gezielt einsetzen

Manche Menschen lassen sich für ihre Entscheidungen extrem viel Zeit. In solchen Fällen kann es nötig sein, den Prozess zu beschleunigen. Denken Sie an das Gesetz der Knappheit: «*Wenn wir das Gefühl haben, dass etwas, das wir haben wollen, knapp ist, schätzen wir seinen Wert höher ein, als wenn es im Überfluss vorhanden wäre.*»

2000 Jahre lang haben die Kirchen sehr wirksam Zeitdruck ausgeübt. Sie ermahnten ihre Gläubigen, ein sittliches Leben zu führen, andere zum Glauben zu bekehren, Kirchentreue zu beweisen und ihrer Kirche eifrig Geld zu spenden, *weil* die Rückkehr des Messias nahe sei.

Auch viele gemeinnützige Organisationen lassen bei ihren Spendenaufrufen im Hintergrund die Uhren ticken. Wenn die Öffentlichkeit nicht sofort handeln und ihre Anliegen unterstützen würde, stürben Erwachsene, Kinder, Tiere, ja, vielleicht sogar die gesamte Umwelt. Nur eine sofortige Spende könne das Schlimmste verhindern, heißt es. Morgen könnte es zu spät sein – zumindest für *ein* Kinderleben.

Vor einigen Jahren kaufte ich die Encyclopedia Britannica. Jetzt erklärte mir ein Vertreter, ich sollte unbedingt *jetzt sofort* das Ergänzungsset kaufen, weil der Preis bald nach oben gehen würde. Mir reichte das als alleiniges Argument nicht aus. Hätte er mir beim sofortigen Kauf einen ordentlichen Rabatt und eine zinsfreie Finanzierung angeboten, hätte ich mich vielleicht überzeugen lassen.

Natürlich können Sie auch als Käufer die Technik des Zeitdrucks nutzen. Wenn Sie das Gefühl haben, dass ein gewisser Verhandlungsspielraum existiert, geben Sie Ihrem Gegenüber ausreichend Gelegenheit, mit dem Preis herunterzugehen. Je mehr Zeit der andere mit Ihnen verbracht hat, desto stärker wird sein Erfolgsdruck, und er gerät in Versuchung,

Ihnen das Produkt so preiswert wie möglich zu überlassen, um überhaupt noch einen Verkaufsabschluss vorweisen zu können.

Der auf das Führen erfolgreicher Verhandlungen spezialisierte Herb Cohen rät zu der Einstellung: «Sicher habe ich Interesse, aber so groß ist es nun auch wieder nicht.» Wenn Sie diese Haltung übernehmen und sich klar machen, dass von diesen konkreten Verhandlungen nicht Leben oder Tod abhängen, werden Sie gelassener auftreten und sich weniger unter Druck setzen lassen. Wenn Sie sich verabschieden und «nein» sagen können, sobald sich statt einer WIN/WIN-Situation eine LOSE/WIN-Situation abzuzeichnen beginnt, handeln Sie in jedem Fall richtig.

Wenn Sie als Vertreterin oder Vertreter viel mit Geschäftsleuten im Einzelhandel zu tun haben, hier noch ein kleiner Tipp: Von allen Tagen unter der Woche ist der Freitag im Einzelhandel am hektischsten. Legen Sie Ihren ersten Anruf deshalb auf einen Freitag und damit auf einen Tag, an dem Ladenbesitzer sehr beschäftigt sind und wenig Zeit haben, Ihr Produkt oder Ihre Dienstleistung am Telefon langwierig zu hinterfragen. Äußern Sie Ihr Verständnis dafür, dass sie jetzt wenig Zeit haben, und bieten Sie an, am Dienstag persönlich vorbeizukommen, um die Details zu erklären. Ihre Geschäftspartner werden dies sehr schätzen und zu Beginn der nächsten Woche mehr Zeit haben, sich mit Ihnen hinzusetzen und ausführlich zu sprechen.

Denken Sie daran: Zeitdruck kann positiv wie negativ wirken. Wer es von zwei Verhandlungspartnern am eiligsten hat, wird in der Regel bereitwilliger auf ungünstige Konditionen eingehen als jemand, der in Ruhe abwarten kann. Folglich kostet der Ein-Stunden-Service bei der Fotoentwicklung gut und gern 50 bis 100 Prozent mehr als die normale Entwicklung. Und wenn Sie Brillengläser gleich vor Ort schleifen lassen, wird dies für Sie sehr viel teurer als wenn sie ins Zentrallabor geschickt werden. Wird die Zeit zur knappen Ressource, müssen wir auch dafür bezahlen!

Stehen Sie bei Verhandlungen nicht unter Zeitdruck, haben Sie wenig zu verlieren. Sie brauchen sich keine Sorgen zu machen, weil der gesamte Druck auf der Gegenseite lastet.

Glaubwürdigkeit gewinnen

Immer wieder bin ich davon fasziniert, wie schnell an sich ehrliche und integere Menschen in schwierigen kommunikativen Situationen unaufrichtig wirken können. Natürlich ist häufig auch das Gegenteil der Fall:

Die Unehrlichen und Böswilligen werden als ehrlich und integer angesehen.

Wie kann das sein? Ob wir glaubwürdig erscheinen, entscheidet allein das Gefühl unseres Gegenübers. Erfüllen wir dessen Ansprüche nicht, werden wir nicht als glaubwürdig erachtet.

Das Gesetz des Überzeugungsprozesses, an das wir hier denken sollten, ist das Gesetz der Freundschaft: *«Wenn jemand, von dem wir meinen, dass er es gut mit uns meint, uns um etwas bittet, sind wir stark geneigt, seine Bitte zu erfüllen.»*

Wenn Sie Glaubwürdigkeit gewinnen wollen, lautet die erste Regel, niemandem mehr zu erzählen als er glauben kann. Ihr Produkt, Ihre Dienstleistung oder Ihre Idee ist vielleicht die beste, die es je gegeben hat, und vermag alle Probleme auf der Welt zu lösen. Wenn die anderen Ihnen dies aber nicht abnehmen können, werden sie nichts damit zu tun haben wollen. Sie werden denken, dass Sie übertreiben, und es wird zu einer LOSE/LOSE-Situation kommen.

Seien Sie deshalb bereit, auch die negativen Aspekte Ihres Angebots zu benennen. Auf diese Weise nehmen Sie den anderen bei dem Versuch, diese Aspekte selbst zu finden, den Wind aus den Segeln, und ermöglichen es ihnen, sich ganz auf die Vorteile zu konzentrieren. Sobald Sie den Eindruck erwecken, die eigenen Produkte, Dienstleistungen, Ideen und Meinungen objektiv zu sehen, haben Sie schon viel für Ihre Glaubwürdigkeit getan.

Die zweite Regel beim Gewinnen von Glaubwürdigkeit lautet, präzise Aussagen zu treffen. Anstatt pauschal zu behaupten, Sie hätten zehn Kilo abgenommen, sagen Sie lieber: «Ich habe 9,5 Kilo abgenommen.» Das klingt 100 Prozent glaubwürdig.

Wenn Ihre Computersoftware Ihrem Kunden 28 Prozent Ersparnis bringen kann, sagen Sie 28 Prozent und nicht 30 Prozent.

Produkte oder Dienstleistungen, die 500 Euro kosten, erwecken den Eindruck, der Preis sei noch verhandelbar. 497 Euro klingen schon viel endgültiger.

Ebenfalls viel Glaubwürdigkeit verleihen schriftliche Referenzen von Dritten. Alles, was *Sie* an Positivem über Ihr Produkt sagen, könnte von Eigeninteressen gefärbt sein. Wenn aber *andere*, die von einem Verkauf nicht profitieren, etwas Positives über Sie oder Ihr Produkt sagen, bedeutet dies für Ihre Glaubwürdigkeit eine enorme Unterstützung.

Die Tatsache, dass Sie bei einem erfolgreichen Verkauf etwas zu gewinnen haben, sollten Sie außerdem tunlichst herunterspielen. «Ob Sie mein Produkt kaufen oder nicht, macht für mich keinen großen Unterschied.

Wichtig ist, ob es für *Sie* einen Unterschied macht. Bringt es Ihnen keine Vorteile, sollten Sie es auch nicht kaufen. Es liegt völlig an *Ihnen*.» Aussagen wie diese sorgen dafür, dass Sie als professionell, kompetent und glaubwürdig angesehen werden.

Auch für alle, die nicht im Verkauf tätig sind, ist Glaubwürdigkeit ein wichtiger Aspekt ihrer Persönlichkeit. Sind Sie jemand, der zu seinem Wort steht? Sind Sie 100 Prozent zuverlässig und 100 Prozent konsequent, und das alles in 100 Prozent aller Situationen? Können Sie das, was Sie wollen, gut vermitteln? Werden Sie Ihren eigenen Worten gerecht? Streben Sie immer WIN/WIN-Lösungen an? Ist dies der Fall, werden Sie sowohl in beruflichen als auch in privaten Beziehungen glaubwürdig wirken.

Geheimnisse teilen

Fast jeder Mensch liebt Geheimnisse. Wenn Sie anderen Geheimnisse anvertrauen, werden diese auch Sie ins Vertrauen ziehen.

– «Eigentlich darf ich Ihnen das gar nicht sagen, aber . . .»

– «Versprechen Sie mir, dass Sie niemandem sagen, was ich Ihnen jetzt im Vertrauen verrate?»

– «Nur unter uns, ich glaube, Sie sollten wissen, dass . . .»

– «Eigentlich soll ich ja mit niemandem darüber sprechen, aber . . ..»

Aussagen wie diese zeigen, dass Sie Ihrem Gegenüber vertrauen. Vertrauen erzeugt Gegenvertrauen. Und ist erst einmal ein vertrauensvoller Grundstein gelegt, wird es sehr viel einfacher, Ihr Gegenüber zu überzeugen.

Zukunftsperspektive sichern

Gute Verkäufer kommen immer zum Abschluss. Sehr gute Verkäufer erschließen sich gleich auch eine Zukunftsperspektive, z. B.:

– «Werden Sie unser Produkt wieder kaufen, wenn es sich für Sie bewährt?»

– «Werden Sie weitere Dienste von uns in Anspruch nehmen, wenn Sie
mit unseren Leistungen zufrieden sind?»

Voraussetzung für eine solche Zukunftsperspektive ist, dass der Kunde Ihr
Produkt heute kauft – er könnte sonst ja keine Aussage darüber treffen,
ob er Ihr Produkt oder Ihre Dienstleistung im Erfolgsfall wieder kaufen
würde. Wenn Sie diese Technik eingesetzt haben und Ihr Kunde unter
dem Vorbehalt der Zufriedenheit zugesagt hat, im Bedarfsfall wieder auf
Sie zuzukommen, hat er logischerweise dem Versuch, Ihr Produkt oder
Ihre Dienstleistung wenigsten einmal auszuprobieren, bereits zugestimmt.

Viele fahren an diesem Punkt mit ihren Verkaufsbemühungen fort, obwohl der Kunde im Grunde bereits eingeschlagen hat. Das führt zu Verwirrung und erweckt den Eindruck, als geriete man in einen Rechtferti-
gungszwang. Stellen Sie das Gesagte also nicht in Frage. Ziehen Sie die
logische Konsequenz und füllen Sie den Vertrag oder das Bestellformular
aus.

Hypnotische Formulierungen benutzen

Der gezielte Einsatz wirksamer sprachlicher Mittel gehört zum wirksamsten Handwerkszeug im Überzeugungsprozess. Bei der therapeutischen
Hypnose geht es darum, den Klientinnen und Klienten zu helfen, sich zu
entspannen, und sie vorsichtig davon zu überzeugen, dass sie ihre selbst
gesetzten Ziele auch erreichen können.

Die therapeutische Hypnose zu erlernen, erfordert sehr viel Übung.
Einige hypnotische Formulierungen können aber auch Laien anwenden.
Haben Sie je bemerkt, dass besonders überzeugende Verkäuferinnen und
Verkäufer häufig so wenig aggressiv auftreten, dass man erstaunt ist, dass
sie überhaupt etwas verkaufen, und sich über ihre hervorragenden Ver-
kaufszahlen wundert?

«Nicht»

Von dem Wort «nicht» kann sich niemand ein Bild machen. Da es kein
Verb oder Nomen ist, ist es vor dem geistigen Auge nicht vorstellbar. Aus
diesem Grund können wir es ganz gezielt einsetzen, um andere zu beeinflussen. Hier einige Beispiele:

- «Denken Sie nicht, dass Sie heute schon kaufen müssen.»
- «Wenn du nicht willst, gehen wir heute eben nicht zum Essen aus.»
- «Du brauchst dich nicht jetzt zu entscheiden. Wenn dir das nicht recht ist, kannst du das auch noch später tun.»
- «Du brauchst mir beim Saubermachen nicht zu helfen.»
- «Ich weiß nicht, ob dieses Buch Ihr Leben völlig verändern wird.»
- «Entscheide dich nicht zu schnell.»

Schauen Sie sich jeden dieser Sätze noch einmal an und streichen Sie die Verneinung, dann erhalten Sie die Botschaft, die beim Unbewussten ankommt. Übrigens ist dies auch der Grund dafür, warum so viele Kinder nicht tun, was man ihnen sagt: Sie überhören schlicht die Verneinung. Das Gehirn überspringt das Wort «nicht», weil es kein Nomen oder Verb ist, das man sich bildlich vorstellen kann. Es verarbeitet zuerst den Rest der Botschaft und kehrt erst dann *eventuell* zu dem Wort «nicht» zurück, indem es die gesamte Botschaft verneint. Setzt man es gezielt sein, kann das Wort «nicht» deshalb äußerst wirksam sein.

In einem anderen Zusammenhang werden wir später auf das Wort «nicht» noch einmal zurückkommen. Bitte schreiben Sie jetzt sieben Sätze auf, mit denen Sie jemanden auffordern wollen, etwas zu tun, dies aber durch die Verneinung mit «nicht» abmildern. Gehen Sie erst dann zu den anderen Sprachbeispielen über.

«Vielleicht» und «Sie könnten/du könntest»

Die meisten Menschen wählen Formulierungen, die für den Überzeugungsprozess viel zu fordernd oder direkt sind. Dieser Fehler ist in unserer Kultur sehr häufig zu beobachten. Wir neigen dazu, unseren Partnern, Kindern und Mitarbeitern Befehle zu geben. Doch niemand erhält gern Befehle, deshalb entwickeln die meisten auch rasch eine Abwehrhaltung. «Vielleicht» und verwandte Wörter («eventuell», «unter Umständen» usw.) sowie der Konjunktiv helfen uns, andere auf sanftere und zugleich wirksamere Weise zu überzeugen.

- «Du könntest jetzt den Müll hinaustragen.»
- «Du könntest morgen den Rasen mähen.»

– «Sie könnten jetzt bitte die Akte vervollständigen.»

– «Du könntest heute Abend mit mir ausgehen.»

– «Sie könnten das Buch jetzt kaufen.»

– «Es könnte sein, dass Sie schon recht bald merken, was für ein gutes Gefühl es ist, mit diesem schönen neuen Auto zu fahren.»

– «Vielleicht haben Sie schon bemerkt, wie beliebt dieses Auto in letzter Zeit geworden ist.»

– «Es ist Ihnen vielleicht noch nicht aufgefallen, wie viele Leute sich heute schon ehrenamtlich engagieren.»

– «Vielleicht sollten Sie doch noch etwas mehr in Ihre Altersvorsorge investieren.»

– «Vielleicht bringst du mir etwas vom Einkaufen mit.»

– «Wenn Sie noch einmal über Ihre Zukunft nachdenken, wird Ihnen vielleicht klar werden, dass es sich lohnt, in diesen Fonds zu investieren.»

Lesen Sie jede dieser Aussagen noch einmal durch und streichen Sie «vielleicht» oder benutzen Sie anstelle des Konjunktivs den Indikativ. *Vielleicht* wird Ihnen dabei klar, dass alle Aussagen ohne diese beiden Aspekte wie Befehle klingen würden. Beachten Sie vor allem, wie sanft und freundlich diese Aussagen klingen, wenn sie durch Wörter wie «vielleicht» oder die Formulierung im Konjunktiv abgemildert werden.

Ehe Sie weitermachen, *könnten* Sie jeweils sieben Beispielsätze mit «vielleicht» oder den oben vorgegebenen Konjunktivformen von «können» aufschreiben. Dann *könnten* Sie sich dem nächsten Abschnitt zuwenden.

«Sie wissen ja …»

Wenn wir Menschen unterstellen, dass sie etwas wissen, von dem sie in Wirklichkeit keine Ahnung haben, werden sie uns nicht korrigieren, sondern uns in dem Glauben lassen, dass sie klüger oder bewusster sind als es in Wirklichkeit der Fall ist. Denken Sie einen Augenblick darüber nach.

Haben wir erst einmal verstanden, wie wichtig dieser Aspekt für das menschliche Verhalten ist, können wir ihn auf sehr elegante Weise in den

Überzeugungsprozess einbringen. Die folgenden Beispielsätze sollen dies illustrieren.

- *«Sie wissen ja,* dass Sie sich besser fühlen werden, sobald Sie mit dem Rauchen aufgehört haben.»
- *«Wahrscheinlich haben Sie sich insgeheim längst entschlossen,* die neue Küche zu kaufen.»
- *«Tief in deinem Herzen weißt du,* wie sehr ich dich liebe.»
- «Dass man mit diesem Programm erfolgreich abnehmen kann, *wissen Sie ja schon.»*
- *«Sie werden sehr bald merken,* wie klug diese Kaufentscheidung gewesen ist.»
- *«Ihnen wird bald klar werden,* dass Sie die richtige Entscheidung getroffen haben, als Sie sich unserer Organisation anschlossen.»
- *«Früher oder später werden Sie wissen,* dass dies das richtige Auto für Sie ist.»
- *«Früher oder später werden Sie* mit Ihrer Entscheidung *sehr zufrieden sein.»*
- *«Am Ende werden Sie wissen,* dass das für Sie genau richtig ist.»

Sicherlich haben Sie beim Lesen der Beispielsätze sehr rasch erkannt, wie wichtig diese Technik für den Überzeugungsprozess sein kann. Wahrscheinlich wissen Sie auch schon, dass ich Sie jetzt bitten werde, zu jeder der oben angeführten Formulierungen sieben Beispielsätze aufzuschreiben, damit Sie die Vorteile dieser Technik in Zukunft auch wirklich praktisch nutzen können. Am Ende werden Sie dann selber wissen, wann Sie zum nächsten Abschnitt übergehen können.

«Ich würde nie sagen . . .»

Niemand lässt sich gern sagen, was er tun oder lassen soll. Viel lieber glauben wir, wir hätten uns alle guten Ideen selbst ausgedacht. Wählen Sie deshalb Formulierungen, die über jeden Widerspruch erhaben sind, vor allem bei wichtigen oder kontroversen Themen.

– «*Ich würde nie sagen,* dass Sie aus Ihrer Partei austreten und lieber zu meiner Partei kommen sollten, *weil* ich Ihre Meinung respektiere und weiß, dass Sie die für Sie richtige Entscheidung treffen werden.»

– «*Ich würde nie sagen,* dass du dir einen neuen Job suchen sollst, *weil* du über deine Zukunft natürlich selbst entscheiden willst.»

– «*Ich könnte sagen,* dass du einen Fehler machst, *aber* ich werde es *nicht* tun. Du wirst das alles selbst herausfinden wollen.»

– «*Ich könnte Ihnen jetzt sagen,* dass ein Auto unserer Marke diesem Auto bei weitem überlegen ist, *aber* ich werde es *nicht* tun. Wenn Sie ein paar Jahre lang mit diesem Auto gefahren sind, werden Sie es schon selbst merken.»

Ich könnte Sie jetzt bitten, sieben Sätze nach dem oben aufgeführten Muster aufzuschreiben, um sich die Technik besser einzuprägen, aber ich bin sicher, dass Sie inzwischen wissen, wie wichtig diese praktischen Übungen sind, also halte ich mich zurück. Ich würde auch nicht sagen, dass Sie erst danach zum nächsten Abschnitt übergehen sollen, denn Sie werden selbst merken, wann Sie dazu bereit sind, mit dem Lesen fortzufahren.

Erst die Wahrheit, dann die Einflussnahme

Wahrheit ist das, was der Einzelne dafür hält. Das merken Sie ganz schnell, wenn Sie jemanden nach seinen politischen oder moralischen Standpunkten fragen, die er natürlich für wahr und unumstößlich hält. Die Menschen, mit denen Sie tagtäglich in Kontakt kommen, wollen, dass Sie ihnen die Wahrheit sagen. Dies ist nicht nur in Verkaufsverhandlungen, sondern eigentlich in jeder kommunikativen Situation wichtig. Und für die Wahrheit halten sie alles, was ihren eigenen Ansichten entspricht. Wenn Sie diesen Ansichten zustimmen, haben Sie ebenfalls Recht und sagen die Wahrheit. Ist aber erst einmal ein hoher Grad an Übereinstimmung hergestellt, ist es sehr viel einfacher, andere dazu zu bekommen, auch dem zuzustimmen, wovon Sie sie überzeugen wollen.

Der Schlüssel dazu besteht darin, erst eine Reihe von Aussagen zu treffen, zu denen der andere nur «Ja, ja, ja, ja» sagen oder denken kann, um dann im Anschluss das eigene Anliegen vorzubringen.

– «Die Steuern sind zu hoch!»

– «Das Haushaltsdefizit sprengt alle Rekorde!»

- «Die Kriminalität nimmt zu!»

- «Die Regierung schmeißt unser Geld zum Fenster hinaus!»

- «Wir haben die Nase voll von der derzeitigen Regierung!»
(Daher)
«Wählen Sie mich, und ich werde alles anders machen!»

- «Sie wollen das sichere Gefühl haben, im Alter sorglos leben zu können.»

- «Sie haben für Ihre Kinder Opfer gebracht.»

- «Sie haben in all den Jahren hart gearbeitet.»

- «Sie haben sich ein sorgloses Alter verdient.»
(Daher)
«Investieren Sie in unser Rentenprogramm, und Sie können dem Alter gelassen entgegensehen.»

- «Ich habe jeden Tag gearbeitet und nie geklagt.»

- «Ich mache die gesamte Hausarbeit.»

- «Ich kümmere mich um die Kinder.»

- «Ich regele die Finanzen.»
(Daher)
«Meinst du nicht, dass ich mir diese Woche Urlaub wirklich verdient habe?»

Die laut ausgesprochene oder nur gedanklich vollzogene «Ja, ja, ja, ja»-Reaktion bereitet genau den richtigen Boden für die Schlussfolgerung, die Sie anzubringen versuchen. Hat die betreffende Person erst einmal so oft ja gesagt, wird es ihr schwer fallen, plötzlich nein zu sagen.

Sie haben gesehen wie wichtig es für Sie ist, sieben Beispielsätze aufzuschreiben. Sie wissen, dass es nicht reicht, die Sätze einfach durchzulesen, sondern dass man sie selbst praktisch üben muss, um sie später praktisch anwenden zu können. Und Sie können schon jetzt ahnen, dass es Ihnen sehr viel besser gelingen wird, andere zu überzeugen, wenn Sie die in diesem Kapitel vorgestellten Techniken beherrschen. Daher wäre jetzt der richtige Zeitpunkt gekommen, sieben Beispiele für die Technik «Erst die Wahrheit, dann die Überzeugung» aufzuschreiben.

Weil diese Überzeugungstechniken so wirksam sind, möchte ich unbedingt noch einmal betonen, dass sie nur im Sinne der WIN/WIN-Philosophie eingesetzt werden sollen.

Schlüssel-Stichwörter: Überzeugungstechniken

  I. Fragen gezielt einsetzen
     A. Standpunkte klären
     B. Mit emotional besetzten Themen souverän umgehen
     C. Eine klare Prioritätenliste erstellen
 II. Zauberwörter benutzen
     A. Namen
     B. «Bitte» und «danke»
     C. «Weil»
 III. Zeitdruck gezielt einsetzen
 IV. Glaubwürdigkeit gewinnen
  V. Geheimnisse teilen
 VI. Zukunftsperspektive sichern
VII. Hypnotische Formulierungen einsetzen
     D. «Nicht»
     E. «Vielleicht» und «Sie könnten/du könntest»
     F. «Sie wissen ja …»
     G. «Ich würde nie sagen …»
     H. Erst die Wahrheit, dann die Einflussnahme

Wie Überzeugung gelingt

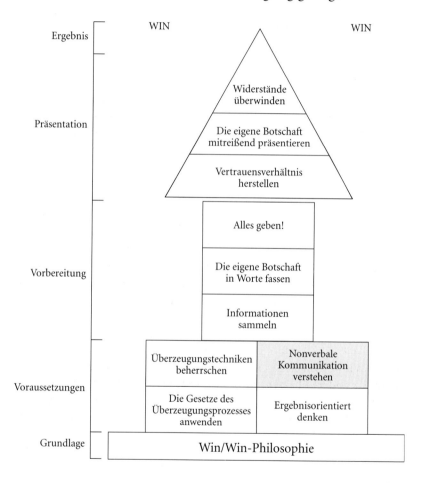

5 Die Bedeutung der nonverbalen Kommunikation

Taten sagen mehr als Worte. – Anonymus

Wir kommunizieren ständig. Selbst wenn wir stumm dasitzen, teilen wir uns den Menschen in unserer Umgebung mit. Die Art, wie wir sitzen, gehen, stehen, lächeln oder das Gesicht verziehen, sendet eine Botschaft aus. Einen Zustand des «Nicht-Kommunizierens» gibt es nicht. Wenn jemand sagt: «Mir reicht's, mit dir spreche ich nicht mehr!», kommuniziert er. Durch sein Verhalten vermittelt er seine Wut oder eine andere negative Emotion. Er meint vielleicht, er habe aufgehört zu kommunizieren, in Wirklichkeit aber kommuniziert er umso lauter und deutlicher! Allerdings setzt er dafür keine sprachlichen Mittel mehr ein. Diese Art zu kommunizieren nennt man deshalb «nonverbale» («nicht-sprachliche») Kommunikation.

Interessanterweise ist die nonverbale Kommunikation für den Überzeugungsprozess zwei- bis siebenmal bedeutsamer als die Worte, die wir dabei sprechen. Wenn wir unsere kommunikativen Fähigkeiten verbessern wollen, müssen wir dem nonverbalen also mindestens ebenso viel Aufmerksamkeit schenken wie dem verbalen Bereich.

In diesem Kapitel wollen wir uns vor allem mit den Auswirkungen nonverbaler Signale auf unsere Gesprächspartnerinnen und –partner befassen. Wir werden erfahren, wohin wir uns am besten setzen oder stellen, wenn wir andere überzeugen wollen, welche Körperhaltung wir einnehmen, wie wir uns bewegen und wie nahe wir anderen kommen sollen, um sie beeinflussen zu können. Auch über die Bedeutung unseres Äußeren wollen wir sprechen, und darüber, wann wir lächeln und wann wir lieber nicht lächeln sollen. Schließlich werden wir erfahren, wie wir dafür sorgen können, dass unsere verbale Botschaft mit unseren nonverbalen Signalen übereinstimmt.

Lassen Sie uns mit einer einfachen, aber wichtigen Übung beginnen. Lesen Sie jeden der folgenden Sätze laut vor und betonen Sie dabei jeweils das kursiv gedruckte Wort. Achten Sie auf die dadurch entstehenden Bedeutungsunterschiede.

1. *Er* schenkt John dieses Geld.
   (Er und kein anderer schenkt John das Geld.)
2. Er *schenkt* John dieses Geld.
   (Er leiht ihm das Geld nicht, sondern er *schenkt* es ihm.)
3. Er schenkt *John* dieses Geld.
   (John bekommt das Geld, nicht Kevin oder Fred.)
4. Er schenkt John *dieses* Geld.
   (Er schenkt ihm *dieses* Geld und kein anderes.)
5. Er schenkt John dieses *Geld*.
   (Er schenkt ihm keine Krawatte und keine Armbanduhr, sondern dieses *Geld*.)

Die Betonung eines Wortes kann den gesamten Schwerpunkt der Kommunikation verändern. Widerspricht die Betonung der eigentlichen verbalen Aussage, ist dies aller Wahrscheinlichkeit nach ironisch gemeint.

DU: Macht es dir Spaß?
ICH: Und wie! (Betont langsam und monoton)

Die Ironie wird sofort verstanden. Die durch den Tonfall vermittelte Botschaft ist viel wichtiger als die verbale. Wirken wir zur Unzeit ironisch, würgen wir damit nicht nur den Kommunikationsfluss ab, sondern schaden auch unserer Überzeugungskraft.

Eine 1967 von Mehrabian durchgeführte Studie maß den Einfluss von Tonfall und Mimik und stellte fest, dass die mimischen Signale einflussreicher waren. Aus dieser und anderen Studien leitete Mehrabian eine Formel ab, die den Einfluss der verschiedenen Faktoren in Zahlen fasst:

Wahrgenommene Einstellung =
7 Prozent verbal + 38 Prozent Tonfall + 55 Prozent Mimik

Zu bedenken ist, dass diese Prozentzahlen nicht unbedingt auf alle Arten der Interaktion zutreffen. Der wesentliche Punkt ist dennoch klar: Unser nonverbales Verhalten bestimmt zu 60 bis 90 Prozent darüber, welche Botschaft wir aussenden.

Ray Birdwhistell, ein Pionier auf dem Gebiet der Erforschung des nonverbalen Verhaltens, vertritt die Ansicht, dass in einem normalen Gespräch zwischen zwei Personen weniger als 35 Prozent der sozialen Bedeutung der Situation von den verbalen Komponenten transportiert werden. Mehr als 65 Prozent dagegen werden über die nonverbale Schiene herübergebracht.

In einer kommunikativen Situation, in der es ums Überzeugen geht, ist das gesprochene Wort nur für etwa 15 Prozent der Gesamtbotschaft verantwortlich. Stimme, Sprechgeschwindigkeit, Tonfall, Tonhöhe, Lautstärke und Betonung machen etwa 35 Prozent der Wirkung aus. Physiologische Aspekte, darunter Mimik, Körperhaltung, Gestik und Augenkontakt bilden die restlichen 50 Prozent. Ganz genaue Prozentzahlen lassen sich den drei Bereichen nicht zuordnen. Dies ist einer der Gründe dafür, warum wir beim Überzeugen und Einfluss nehmen von einer Kunst sprechen, nicht von einer exakten Wissenschaft.

Jegliche Kommunikation ist in einen ganz bestimmten Kontext eingebettet, von dem sie nicht getrennt gesehen werden kann. Am Telefon spielt die Sprache natürlich eine größere Rolle als bei einem Gespräch, bei dem man sich gegenübersitzt. Wenn Sie mit jemandem sprechen, der blind ist, sind Timbre, Tonfall und Satzmelodie weit wichtiger als Ihr Aussehen. Um erfolgreich agieren zu können, sollte man sich daher den jeweiligen Kontext bewusst machen. Eine Möglichkeit, den Kontext genauer unter die Lupe zu nehmen, finden wir unter dem Stichwort «Proxemik».

Proxemik

Edward Hall prägte den Begriff «Proxemik», um die Rolle von Distanz und räumlicher Anordnung in der zwischenmenschlichen Kommunikation beschreiben zu können. Unter «Distanz» versteht er, wie nahe oder weit die Kommunikationspartner voneinander entfernt sind. Mit «Anordnung» ist die Ausrichtung ihrer Körper gemeint.

Drei Aspekte der räumlichen Anordnung wollen wir uns etwas genauer anschauen:

1. *Unveränderliche Merkmale der räumlichen Anordnung* – damit sind unverrückbare Rahmenbedingungen wie Zimmergrundrisse oder Grundstücksgrenzen gemeint.
2. *Teilweise veränderliche Merkmale der räumlichen Anordnung* – darunter fällt die Anordnung beweglicher Gegenstände wie Tische, Stühle oder anderer Möbelstücke.
3. *Persönlicher Raum* – Dieser beschreibt den unsichtbaren Raum, den jede Person um sich herum in Anspruch nimmt.

Teilweise veränderliche Merkmale der räumlichen Anordnung nutzen

Wer über die unveränderlichen Merkmale der räumlichen Anordnung bestimmen kann, hat im Überzeugungsprozess einen großen Vorsprung. Im Sport spricht man in diesem Zusammenhang vom «Heimvorteil». Auf dem eigenen Terrain fühlt man sich sicherer und kann alles so arrangieren, dass man die besten Voraussetzungen hat.

Auch im Überzeugungsprozess spielt der Heimvorteil eine wichtige Rolle. Wenn Sie mit anderen in Ihrem eigenen Büro, in Ihrem Firmengebäude, in Ihrer Wohnung oder auf Ihrem Grundstück verhandeln, haben Sie ihnen etwas voraus und sollten den Vorteil, wenn möglich, auch wirklich nutzen. Sobald Sie sich auf dem Terrain des anderen befinden, sind Sie im Nachteil. Die Umgebung ist ungewohnt, Sie fühlen sich nicht so sicher, und die Chancen, dass Sie Ihr Ziel erreichen, stehen weniger gut.

Wer im Außendienst tätig ist, muss lernen sich anzupassen. Das ist leichter gesagt als getan. Um auch in «feindlichen» Umgebungen gelassen auftreten zu können, müssen Sie als Erstes beobachten, wie die anderen sich verhalten. Ist die Atmosphäre eher steif und angespannt, oder geben sich die anderen locker und entspannt? Passen Sie sich an Ihre Umgebung an wie ein Chamäleon.

Besitzt Ihr Gegenüber das Hausrecht, studieren Sie kurz und unauffällig Wände und Einrichtung. Vielleicht finden Sie Anzeichen dafür, worauf Ihre Gesprächspartnerin oder Ihr Gesprächspartner besonders stolz ist. Ob Sie dies kommentieren oder auch nicht, kommt ganz auf die Situation an. Falls Sie noch dabei sind, sich in der Überzeugungskunst zu üben, belassen Sie es bei der bewussten Wahrnehmung und halten Sie sich an den sachlichen Anlass Ihres Besuches. Falls Sie schon ein geübter Künstler sind, kommentieren Sie gemeinsame Interessen.

Auch wenn das Büro nicht Ihnen gehört, haben Sie möglicherweise noch Einfluss auf die Sitzordnung. Diese ist für den Überzeugungsprozess von größter Wichtigkeit.

Anordnungen am rechteckigen Tisch

Wenn Sie sich nur unterhalten wollen:

X	X	XX
X ☐	☐	☐
	X	
Gut	Gut	Lieber nicht

Wenn Sie zusammen arbeiten wollen:

X	X	XX
x □	□	□
	X	
Gut	Okay	Am besten

Anordnungen am quadratischen oder runden Tisch

Wenn Sie sich nur unterhalten wollen:

X	X
x □	□
	X
Gut	Lieber nicht

Wenn Sie zusammen arbeiten wollen:

X	X
x □	□
	X
Gut	Lieber nicht

In einer Bar mit . . .

	X / x □	X / □ / X	XX / □
einer/m Freund/in gleichen Geschlechts	Am besten	Okay	Gut*
einer/m Freund/in vom anderen Geschlecht	Am besten	Gut	Lieber nicht
einer/m intimen Freund/in	Gut	Okay	Am besten

*nur bei zwei Frauen

In einem Restaurant mit . . .

	X / x □	X / □ / X	XX / □
einer/m Freund/in gleichen Geschlechts	Lieber nicht	Am besten	Okay*
einer/m Freund/in vom anderen Geschlecht	Gut	Am besten	Lieber nicht
einer/m intimen Freund/in	Okay	Am besten	Gut

*nur bei zwei Frauen

Anordnung in einer Fünfergruppe

1, 3 und 5 sind dominante Vielredner; 2 und 4 eher zurückhaltend; 1 und/oder 5 besitzen besondere Fachkompetenz; 3 steht in der Gruppenhierarchie am höchsten, legt aber Wert auf einen dynamischen Gruppenprozess und möchte möglichst alle Gruppenmitglieder an der Entscheidungsfindung teilhaben lassen.

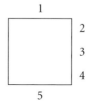

Diese Abbildungen sollen Ihnen einen Eindruck davon geben, wie man teilweise veränderliche Merkmale der räumlichen Anordnung für sich nutzen kann. Als «gut» oder «am besten» bezeichnete Anordnungen können den Erfolg des Überzeugungsprozesses merklich fördern. Fühlen sich die Beteiligten dagegen unwohl oder wählt man eine für das Gespräch oder die Zusammenarbeit eher ungünstige Sitzordnung, vermindert dies die Wahrscheinlichkeit einer WIN/WIN-Kommunikation.

Persönlicher Raum

Je stärker Sie sich darum bemühen, dass sich Ihre Gesprächspartnerinnen und –partner wohl fühlen, desto mehr werden diese Ihnen vertrauen. Dadurch erhöht sich die Chance, dass Sie den Überzeugungsprozess mit einem WIN/WIN-Ergebnis abschließen können.

Zwei Aspekte des persönlichen Raums sind in diesem Zusammenhang besonders wichtig: die Distanz zwischen den Beteiligten und die körperliche Berührung.

In seinem Buch «Die Sprache des Raumes» unterscheidet Edward Hall zwischen vier verschiedenen Distanzen bei der zwischenmenschlichen Kommunikation:

1. Intime Distanz: 0 bis 45 cm
2. Persönliche Distanz: 45 bis 120 cm
3. Soziale Distanz: 120 bis 360 cm
4. Öffentliche Distanz: ab 360 cm

Wenn Sie jemanden überzeugen möchten, den Sie persönlich noch nicht gut kennen, sollten Sie die «intime Distanz» von 0 bis 45 cm tunlichst meiden. Männer, die andere Männer überzeugen wollen, tun gut daran, innerhalb einer persönlichen bis sozialen Distanz von 90 bis 180 cm zu bleiben. Haben Sie es als Frau mit anderen Frauen zu tun, sollten Sie die «persönliche Distanz» von 45 bis 120 cm wählen. Auch für Frauen, die Männer überzeugen wollen, ist diese Distanz angebracht. Am kompliziertesten wird es, wenn Männer Frauen beeinflussen wollen. Die jeweils günstigste Distanz kann, je nach Situation und Feedback, von 60 bis 240 cm reichen.

Bedenken Sie auch in diesem Zusammenhang, dass es sich um allgemeine Richtlinien handelt. Natürlich gibt es individuelle Unterschiede. Die obigen Angaben sollen nur als Anhaltspunkt dienen.

Der zweite Aspekt ist die körperliche Berührung. Findet die Kommunikation zwischen einer/m Vorgesetzten und einer/m Angestellten bzw. zwischen Kolleg/innen im beruflichen Umfeld statt, sollten körperliche Berührungen in der Regel vermieden werden. Die Grenze zwischen einem freundlichen Tätscheln und sexueller Belästigung wird in solchen Situationen oft als fließend empfunden.

In persönlichen Beziehungen dagegen ist körperliche Berührung *sehr* wichtig. Das Gleiche gilt für den Überzeugungsprozess. Der richtige Einsatz körperlicher Berührungen kann deutlich zu einem positiven Ergebnis beitragen.

Überlegen wir zunächst, die Berührung welcher Körperpartien in solchen Situationen akzeptabel ist.

Mann überzeugt Mann	*Frau überzeugt Frau*
Hand	Hände
Schulter	Unterarm
Unterarm	Oberarm
Oberarm	Knie

Mann überzeugt Frau	*Frau überzeugt Mann*
Hände	nahezu der gesamte Körper
Unterarm	

Sich die obige Liste einzuprägen, kann äußerst hilfreich sein. Idealerweise setzen Sie eine körperliche Berührung unmittelbar vor Ihrem wichtigsten Argument ein. Nehmen Sie Zeigefinger und Mittelfinger und berühren Sie den Unterarm Ihres Gegenübers. Halten Sie die Berührung ein bis drei Sekunden lang, schauen Sie ihm in die Augen, bringen Sie Ihr Argument vor und bitten Sie um seine Zustimmung. Wenn Sie möchten, können Sie diese Art der Berührung gegen Ende des Gespräches ein weiteres Mal einsetzen, sollten dies aber nicht öfter tun, damit Sie nicht als aufdringlich empfunden werden. War die Berührung beim ersten Mal wirksam, wird die genaue Wiederholung aller Wahrscheinlichkeit nach eine positive Reaktion auf Ihr Angebot auslösen und zu einer WIN/WIN-Situation führen.

Strategische Platzierung

Das wirksamste nonverbale Mittel, das Sie bei einem größeren Publikum einsetzen können, ist die «strategische Platzierung». Kennen Sie den amerikanischen Talkmaster Johnny Carson? Mehr als 27 Jahre lang stand er beim anfänglichen Monolog seiner «Tonight Show» an ein und derselben Stelle auf der Bühne. Ein Stern auf dem Fußboden markierte die ideale Platzierung, an der er Abend für Abend mit seiner Show begann. Sah man die Show regelmäßig, wusste man genau, von welchem Punkt aus der witzige Monolog gehalten wurde, und stellte sich aufs Lachen ein, sobald Johnny Carson an diesem Punkt Aufstellung nahm. Schließlich tat der Talkmaster von diesem Teil der Bühne aus nichts anderes als die Leute zum Lachen zu bringen. Auch wenn es sich der Zusammenhänge nicht bewusst ist: Das Publikum prägt sie sich tief ein und reagiert entsprechend.

Hinweise und Erkenntnisse zur «strategischen Platzierung» könnten ein eigenes Buch füllen. Weil sie so wichtig und einflussreich ist, möchte ich wenigstens ein kurzes Beispiel geben, wie Sie sie zu Ihrem Vorteil nutzen können.

Bittet man Sie, einen Vortrag zu halten, wählen Sie am besten schon im Vorhinein drei Punkte auf der Bühne aus, von denen Sie sprechen wollen. Der erste Punkt (A) ist der, von dem aus Sie den Großteil Ihrer Rede halten. Den zweiten Punkt (B) sollten Sie allen «schlechten Nachrichten» vorbehalten. Von diesem aus sprechen Sie alles an, was negativ ist oder was es zu verbessern gilt. Alle positiven, zukunftsweisenden, hoffnungsvollen und visionären Dinge dagegen sollten Sie von einem dritten Punkt (C) aus ansprechen. Dies gilt auch immer dann, wenn Sie um die Zustimmung zu Ihren Thesen oder um die Unterstützung Ihres Publikums werben. Wichtig ist, dass Sie tatsächlich *alle* «schlechten Nachrichten» von Punkt B und alle «guten Nachrichten» von Punkt C aus verkünden.

Und so können Sie die «strategische Platzierung» ganz praktisch einsetzen: Stellen Sie sich vor, Sie werden gebeten, in einer Rede zu Spenden für eine von Ihnen sehr geschätzte gemeinnützige Organisation aufzurufen. Ihre Aufgabe besteht darin, die Anwesenden zu möglichst hohen Spenden zu motivieren. Beginnen Sie Ihre Rede an Punkt B. Sprechen Sie davon, wie schlecht die Dinge gegenwärtig stehen. Führen Sie alles Negative auf, was Ihre Organisation zu beheben versucht. Damit verankern Sie Punkt B fest als «Punkt der schlechten Nachrichten» in den Köpfen Ihrer Zuhörerinnen und Zuhörer, auch wenn ihnen dies nie bewusst wird, bis sie vielleicht irgendwann einmal zufällig dieses Buch lesen.

Nachdem Sie das Problem in den schwärzesten Farben geschildert haben, gehen Sie zu Punkt C, wo Sie sich begeistert darüber äußern, wie Ihre Organisation die an Punkt B geschilderten Probleme lösen wird. Tun Sie alles, um Ihr Publikum mitzureißen, geben Sie ihm das Gefühl, dass es mithelfen kann, die Lage entscheidend zu verbessern. Kurz: Verankern Sie alles Positive an Punkt C als «Punkt der guten Nachrichten».

Der Kern Ihrer Rede wird natürlich sachlich gehalten sein und wird von Punkt A aus gehalten. Punkt A ist sozusagen der neutrale Punkt.

Gegen Ende Ihrer Rede gehen Sie noch einmal auf Punkt B und unterstreichen die Ernsthaftigkeit des Problems, dann gehen Sie zu Punkt A und erklären eindringlich, wie Sie es lösen wollen. Vor allem aber halten Sie diesen Wechsel der Positionen auch während der anschließenden Diskussion mit dem Publikum durch.

Fragt z. B. jemand, ob eine Spende an eine Konkurrenzorganisation ebenfalls sinnvoll sei, gehen Sie zu Punkt B und sagen etwa folgendes:

«Tja, natürlich ist auch die von Ihnen genannte Organisation eine gute Organisation, und es wäre bestimmt nicht falsch, ihr Geld zu spenden … (Sie gehen zu Punkt C) Ich möchte Sie nur noch einmal an unsere Pläne erinnern, mit denen wir unsere Ziele erreichen wollen. Ich bin sicher, es ist Ihnen durch meinen Vortrag klar geworden, dass es an Ihnen liegt, ob diese Pläne umgesetzt werden können. Wir können den Bedürftigen nur helfen, wenn Sie heute Abend eine Entscheidung treffen.»

Indem Sie mit neutralen bis positiven Worten vom «Punkt der schlechten Nachrichten» aus auf die andere Organisation eingehen, schaffen Sie eine assoziative Verbindung zwischen dieser Organisation und den beschriebenen Problemen, obwohl Sie die andere Organisation verbal als «gute Organisation» beschreiben. Die nonverbale und die verbale Botschaft neutralisieren einander gegenseitig. Indem Sie dann zu Punkt C gehen, wo Sie die Frage im Hinblick auf das heute zu sammelnde Geld beantworten, verbinden Sie Ihre eigene Organisation mit allem, was gut und lösungsorientiert ist.

Es gibt wohl keinen wirksameren Gebrauch der Proxemik als die «strategische Platzierung». Achten Sie von jetzt an bei allen öffentlichen Auftritten von Überzeugungsprofis darauf, wie sie sich diese Erkenntnisse zunutze machen. Die «strategische Platzierung» war eines der am besten gehüteten Geheimnisse der zwischenmenschlichen Kommunikation – bis Sie in diesem Buch darüber gelesen haben.

Äußere Erscheinung

Ein ansprechendes Äußeres kann unsere Überzeugungskraft enorm stärken. Eine Reihe von Studien sprechen für diese These.

– Verschiedene Studien an Colleges und Universitäten haben nachweisen können, dass Studentinnen, die von den Dozenten als attraktiv angesehen werden, im Durchschnitt bessere Noten bekommen als ihre männlichen Kommilitonen oder eher unattraktiv wirkenden Kommilitoninnen (Studien von J. E. Singer).

– Studien über Situationen, in denen es darum ging, andere zu überzeugen, stellten fest, dass als attraktiv angesehene Frauen die Einstellungen von Männern eher verändern können als Frauen, die als unattraktiv gelten (Studien von Mills & Aronson).

– Beim Anknüpfen von Liebesbeziehungen und beim Entschluss zu heiraten spielt die äußere Erscheinung der zukünftigen Partnerin bzw. des zukünftigen Partners eine besonders große Rolle. Zahlreiche Untersuchungen haben gezeigt, dass Männer Frauen, denen es ihrem Eindruck nach an körperlicher Attraktivität, positiver Veranlagung, Prinzipientreue und Gesundheit mangelt, eher ablehnen. Frauen legen nachgewiesenermaßen weniger Wert auf Äußeres (Studien von R. E. Baber).

– Zu Fremden, die nicht als attraktiv angesehen werden, wird weniger häufig eine zwischenmenschliche Beziehung gesucht (Studien von D. Byrne, O. London, K. Reeves).

– In einer Studie von Brislin & Lewis, wurden 58 Frauen und Männer nach einer ersten Verabredung befragt. 89 derjenigen, die eine zweite Verabredung wünschten, begründeten dies mit der körperlichen Attraktivität des anderen.

Die Schlussfolgerung ist einfach: Alle Untersuchungen zum Thema körperliche Attraktivität sprechen dafür, dass Menschen, die als attraktiv gelten (besonders Frauen), auch als sympathischer, intelligenter, vertrauenswürdiger und glaubwürdiger angesehen werden als unattraktive Menschen. Man mag dies bedauern oder kritisierenswert finden, aber es ist eine Tatsache.

Um die eigenen Chancen beim Überzeugen zu steigern, sollte man also sorgfältig auf sein Äußeres achten. Die folgenden Grundvoraussetzungen gelten in jedem Fall:

1. Angemessene Kleidung für die jeweilige Umgebung.
2. Eine gepflegte Erscheinung vom Scheitel bis zur Sohle.
3. Angenehmer Körpergeruch (*nicht* zuviel Parfüm!).
4. Kein Mundgeruch.
5. Keine allzu große Abweichung vom Stil des Gegenübers.
6. Keine allzu große Abweichung vom Normalgewicht.

Eine wissenschaftliche Studie zum Thema hat ergeben, dass Personalchefs in über der Hälfte aller Fälle schon entscheiden, ob sie jemanden einstellen oder nicht, ehe die zum Vorstellungsgespräch erschienene Person überhaupt etwas gesagt hat. Wie wichtig die äußere Erscheinung ist, kann also gar nicht oft genug betont werden.

Schauen Sie in den Spiegel und fragen Sie sich: «Was kann ich tun, um meine äußere Erscheinung zu verbessern?» Seien Sie ehrlich mit sich und handeln Sie noch heute.

Nonverbale Signale richtig deuten

Darüber, wie man die «Körpersprache» interpretieren soll, wurden bereits ganze Bücher geschrieben. Die meisten dieser Bücher stützen sich jedoch nicht auf wissenschaftlich abgesicherte Erkenntnisse und geben keine genauen, verlässlichen Informationen.

Im Überzeugungsprozess ist die richtige Interpretation nonverbaler Signale wesentlich. Leider gibt es bis heute kein «Wörterbuch», mit dessen Hilfe man Gestik und Mimik direkt in verbale Botschaften «übersetzen» könnte. Das Problem ist, dass bestimmte Körperbewegungen bei ein und derselben Person häufig die gleiche Bedeutung haben, dieselben Körperbewegungen jedoch bei einer anderen Person etwas ganz anderes bedeuten können.

Hinzu kommt, dass manche nonverbalen Signale widersprüchliche oder kombinierte Botschaften aussenden können. In der folgenden Liste finden Sie einige nonverbale Signale, auf die Sie besonders achten sollten.

1. *Hand oder Finger an Nase oder Mund* – Diese Haltung deutet oft darauf hin, dass jemand die Unwahrheit sagt. Halten Sie deshalb die Hände von Kopf und Gesicht fern, wenn Sie jemanden überzeugen wollen.

2. *Füße auf dem Boden* – In der Regel ist dies ein neutrales Signal. In anderen Situationen kann es, vor allem, wenn es von einem Mann kommt, als negatives Signal gedeutet werden.

3. *Verschränkte Arme* – Verschränken Sie nie die Arme, wenn Sie mit anderen kommunizieren, weil dies als Abwehrhaltung interpretiert werden kann, und zwar unabhängig davon, warum Sie in Wirklichkeit Ihre Arme verschränkt haben.

4. *Augenkontakt* – Den Augenkontakt zu halten ist besonders dann wichtig, wenn Sie auf eindringliche Fragen antworten. Wenn Sie den Augenkontakt abbrechen, könnte dies von Ihrem Gegenüber so interpretiert werden, dass Sie die Unwahrheit sagen.

5. *Aufrechter Gang* – Wenn Sie (z. B. bei einem Vorstellungsgespräch) allein ein Zimmer betreten, sollten Sie auf mäßig lange Schritte und ein ruhiges, aber zügiges Tempo achten. Gehen Sie aufrecht, schieben Sie die Schultern nach hinten und unten, lassen Sie die Hände locker herunterhängen und richten Sie die Augen nach vorn (nicht auf den Boden oder an die Decke). Gehen Sie nicht zu langsam, weil dies von anderen als Zeichen der Zögerlichkeit und Ziellosigkeit interpretiert werden könnte, aber auch nicht zu schnell, was leicht hektisch oder ruhelos wirken kann.

6. *Schmuck* – Dezenter Schmuck (Manschettenknöpfe, eine Krawattennadel, eine Armbanduhr sowie ein oder zwei Ringe) ist in Ordnung. Auf alles Auffällige oder Extravagante sollten Sie verzichten. Halsketten und Ohrringe bei Männern sind «out».

7. *Aktentasche* – Wählen Sie eine eher dünne Aktentasche. Passen mehr als zwei Bände der Encyclopedia Britannica hinein, haben Sie wahrscheinlich eine zu große Tasche gewählt.

Eine interessante Bemerkung an dieser Stelle: Die meisten Menschen verhalten sich ähnlich, wenn sie versuchen, starke Gefühle wie Angst, Wut oder Frustration unter Kontrolle zu bekommen. Die Gesichtsmuskeln lassen sich noch relativ leicht beherrschen. Sehr viel schwieriger ist es, die Bewegung von Fingern und Füßen, den Atem oder starkes Schwitzen (vor allem in den Handflächen) in den Griff zu bekommen. Dies scheint ein multikulturelles Phänomen zu sein.

Das einzige andere nonverbale Signal, das offenbar in allen Kulturen rund um den Globus gleich verstanden und positiv gedeutet wird, ist das Lächeln. Selbst der offene Augenkontakt, der in westlichen Ländern als Zeichen besonderer Ehrlichkeit gilt, stößt in vielen anderen Ländern wie z. B. in Japan eher auf Stirnrunzeln. Schauen wir uns einige Beispiele dafür an, wie die *gleichen* körperlichen Signale von zwei Menschen, die nebeneinander sitzen, ganz unterschiedlich interpretiert werden können.

– Zwei Menschen hören sich die Erläuterungen zu einem Vorschlag an und nicken beide in scheinbarer Zustimmung mit dem Kopf. Die geheimen Gedanken der beiden können sehr unterschiedlich ausfallen:
A: «Toll! Das ist eine einmalige Gelegenheit. Die sollten wir auf jeden Fall beim Schopfe packen.»
B: «Ja, ja, ist ja schon gut . . . Bist du bald fertig? Ich habe dir gesagt, ich gebe dir fünfzehn Minuten, mehr nicht. Ich hab's eilig, Kumpel. Komm endlich auf den Punkt.»

– Ein Redner hält einen Vortrag. Zwei Zuhörer in der ersten Reihe rücken auf ihren Stühlen hin und her. Der Redner nimmt an, dass sie sich langweilen. Doch auch die geheimen Gedanken dieser beiden lauten höchst unterschiedlich:
A: «Mann, der Redner ist gut. Ich wünschte nur, er würde eine Pause machen. Ich muss auf die Toilette.»
B: «Meine verdammte Hüfte! Dabei hat der Arzt gesagt, in zwei Wochen wäre es ausgestanden. Ich habe so lange darauf gewartet, diesen Redner zu hören, und jetzt kann ich den Schmerz kaum ertragen. Kann sogar sein, dass ich gehen muss, ehe er fertig ist.»

Wenn wir bei der Interpretation nonverbaler Signale zu stark verallgemeinern, kann es sein, dass uns unsere Schlussfolgerungen in die Irre führen. Wichtig ist, die Signale im Kontext der jeweiligen Situation zu sehen.

Vor dem Hintergrund, dass nonverbale Signale in den meisten Situationen für 60–90 Prozent der Kommunikation verantwortlich sind, können wir dennoch zwei grundsätzliche Aussagen treffen:

1. *Die Körperhaltung kann starke Hinweise auf den inneren Zustand eines Menschen geben.* Wenn Sie ein Gespür dafür bekommen wollen, wie sich Ihr Gesprächspartner fühlt, nehmen Sie die gleiche Körperhaltung ein. Steht er aufrecht, hat er ein breites Grinsen auf dem Gesicht und schaut er mit wachen Augen lebhaft um sich? Wenn Sie seine Haltung imitieren,

werden Sie spüren, dass er sich für etwas begeistert. Gleichzeitig vertieft sich durch die ähnliche Körperhaltung das gegenseitige Einvernehmen («Rapport»), was für den Überzeugungsprozess äußerst positiv ist.

Häufig kommt es vor, dass ein Gesprächspartner ein «steinernes» Gesicht macht, wenn man ihm eine Idee oder einen Vorschlag unterbreitet. Er regt sich nicht, starrt ins Leere und zeigt keine weiteren nonverbalen Signale. Sie brauchen seine Körperhaltung gar nicht erst nachzuahmen, um seinen inneren Zustand zu ergründen. Meine Erfahrung zeigt, dass im Kopf eines solchen Gesprächspartners zwei Dinge vorgehen können:

– «Er wird mich nicht überzeugen, egal, was er sagt.»

– «Wenn ich einfach gar nichts mache, muss er irgendwann aufgeben und geht hoffentlich wieder.»

Zum Glück sind gerade solche «versteinerten» Gesprächspartner in der Regel ganz leicht zu überzeugen. Ihr Verteidigungswall lässt sich gut überwinden. Zwar ist er nicht ohne weiteres zum Einsturz zu bringen, lässt sich umso leichter aber umgehen.

Dazu muss man seinen Gesprächspartner körperlich in das Geschehen einbeziehen. Reichen Sie ihm etwas, das er sich anschauen und prüfen kann. Auf jeden Fall sollte es etwas sein, das eine positive Reaktion auslöst. Hat er sich einmal bewegt, um Ihre Gabe entgegenzunehmen, lehnen Sie sich zurück und stellen Sie ihm Fragen zu Ihrem Produkt, Ihrem Vorschlag oder Ihrer Dienstleistung. Geben Sie ihm dann etwas anderes in die Hand, das er betrachten oder lesen kann und das in jedem Fall einen positiven Eindruck macht.

2. Eine Veränderung der Körperhaltung zeigt häufig auch Veränderungen im Kommunikationsfluss an. Zwei Menschen stehen zusammen und führen ein entspanntes Gespräch über Sport. Der Tonfall des Gespräches ist positiv. Nach einer Weile lenkt einer der Beteiligten das Gespräch auf ein strittiges Thema wie Religion oder Politik. Der andere setzt sich hin und faltet seine Hände auf dem Tisch, während er weiter zuhört. Bei ihm hat sich innerlich etwas verändert. Möglicherweise will er sich mit dieser Haltung unbewusst «zum Kampf vorbereiten». Es könnte aber auch eine Abwehrhaltung sein, die mit der Hoffnung verbunden ist, dass das Thema bald abgehandelt sein wird. Wichtig ist, dass sich *sein innerer Zustand verändert hat,* seitdem das Gespräch vom eher unverfänglichen Sportthema abgekommen ist.

Wie bereits erwähnt, haben Sie mit Ihrem Versuch zu überzeugen bessere Chancen, wenn Sie die Körperhaltung Ihres Gegenübers nachahmen. In dem oben beschriebenen Beispiel wäre es deshalb klug, sich in einer der Kommunikation förderlichen Entfernung (siehe «Proxemik») ebenfalls an den Tisch zu setzen und eine ähnliche Körperhaltung einzunehmen. Auch wenn alle Menschen bestimmte Gesten haben, mit denen sie nonverbale Signale nach außen transportieren, müssen wir immer bedenken, dass sich die entsprechenden Deutungen nicht eins zu eins von einer Person zur anderen übertragen lassen. Wenn Sie jemanden noch nicht sehr gut kennen, hat es wenig Sinn, sein Verhalten mit Hilfe einfacher Gleichungen deuten zu wollen («Am Tisch sitzen und Hände falten = Bedeutung X»). Eines aber können Sie mit Sicherheit sagen, nämlich dass sich *etwas verändert* hat. Und was Ihren Versuch zu überzeugen angeht, können Sie davon ausgehen, dass die Veränderung nicht positiv war. Wichtig ist, diese Veränderung erst einmal ganz bewusst wahrzunehmen. Dann können Sie reagieren und Ihrem Gegenüber in einer Körperhaltung, die seiner möglichst ähnelt, wieder neu begegnen.

Kennen Sie jemanden sehr gut, werden Sie seine Körperhaltungen, seine Gestik und seine Mimik nach einer Weile recht zuverlässig deuten können. Zwar werden Ihnen auch dabei immer wieder einmal Fehler unterlaufen, doch wird dies mit der Zeit deutlich seltener vorkommen.

Die Körpersprache Ihrer engen Freunde und Verwandten können Sie nur verstehen lernen, wenn Sie deren nonverbalen Signale aufmerksam beobachten, sie mit dem vergleichen, was sie im Gespräch gesagt haben, und den Kontext des Gesprächs möglichst präzise interpretieren.

Kongruenz

Kongruenz bedeutet «Übereinstimmung». Ihre verbalen und nonverbalen Signale sollten zueinander nicht im Widerspruch stehen. Einige der häufigsten Kongruenzprobleme sind:

1. *Immer lächeln* – Lächeln ist wichtig, wenn man sich begrüßt und verabschiedet oder gemeinsam Probleme lösen will. Beim Gespräch über Inhalte und beim neutralen Teil der eigenen Präsentation sollte man sich jedoch um Sachlichkeit bemühen.

2. *Abgehobene Sprache* – Passen Sie Ihre Sprachebene in jedem Fall den Menschen an, die Ihnen zuhören. Eine Faustregel besagt, dass die meisten Vorträge so einfach gehalten sein sollten, dass ein Jugendlicher im neunten Schuljahr sie verstehen kann. Dies betrifft sowohl die Satzstruktur als

auch das Vokabular. Komplizierte Fachbegriffe sollten Sie in jedem Fall vermeiden, es sei denn, sie führen einige wenige Begriffe ein und erklären sie ausdrücklich, oder Ihre Zuhörer sind bereits mit der Begrifflichkeit vertraut.

3. *Gegensätzliche Körperhaltung* – Zur Überzeugungskunst gehört, dass wir die Körperhaltung unserer Gesprächspartner «spiegeln» und auch auf diese Weise dafür sorgen, dass sie sich in unserer Gegenwart wohl fühlen und Vertrauen zu uns aufbauen. Achten Sie während eines Gesprächs also immer wieder auf Ihre Körperhaltung. Und gefährden Sie das gegenseitige Einverständnis nicht dadurch, dass Sie Ihre Gesprächspartner mit Ihrem Wissen überschütten. Versuchen Sie nicht, anderen mit Ihrer Kompetenz zu beeindrucken. Legen Sie das Gewicht darauf, sie für Ihre Sache zu gewinnen.

Sind Ihre verbalen und nonverbalen Signale kongruent, und haben Sie ein gegenseitiges Einverständnis hergestellt, können Sie beginnen, mit unzweifelhaft wahren Aussagen in Form von Entscheidungsfragen die verbale Zustimmung Ihres Gegenübers einzuholen.

Beispiele:

– «Ihnen gehört der Laden?» Ja

– «Sie hätten gern einen höheren Umsatz?» Ja

– «Gegen höhere Gewinne hat niemand etwas einzuwenden, nicht wahr?» Ja

Während der andere die in Ihren Fragen enthaltenen, unbestreitbar wahren Aussagen bejaht, wird das gegenseitige Einverständnis gestärkt, und die Wahrscheinlichkeit, dass er auch auf andere Fragen zustimmend antworten wird, steigt enorm.

Ist ein gegenseitiges Einverständnis hergestellt, rücken Sie vorsichtig ein Stück näher an Ihr Gegenüber heran. Solange Sie kongruente Signale aussenden, stößt dies in der Regel auf Akzeptanz. Sollte dies nicht der Fall sein, werden Sie sich wieder ein Stück weit zurückziehen müssen. Wie bereits an früherer Stelle beschrieben, können Sie jetzt auch eine gezielte Berührung einsetzen, um den Überzeugungsprozess zu unterstützen. Etwas Fingerspitzengefühl ist dabei im wahrsten Sinne dringend notwendig. Kommen Sie dem anderen zu schnell zu nahe, kann es sein, dass er sich unbehaglich fühlt, was die gesamte Situation verpatzen kann. Achten Sie sorgfältig darauf, welche Rückmeldung Sie bekommen, und bemühen Sie sich stets um Kongruenz.

Schlüssel-Stichwörter:
Die Bedeutung der nonverbalen Kommunikation

I. Nonverbale Kommunikation ist extrem wichtig
II. Proxemik
    A. Unveränderliche und teilweise veränderliche Merkmale der räumlichen Anordnung zum eigenen Vorteil nutzen
    B. Die richtige Distanz wählen
    C. Berührungen gezielt einsetzen
III. Strategische Platzierung
IV. Äußere Erscheinung
V. Nonverbale Signale richtig deuten
VI. Kongruenz

Wie Überzeugung gelingt

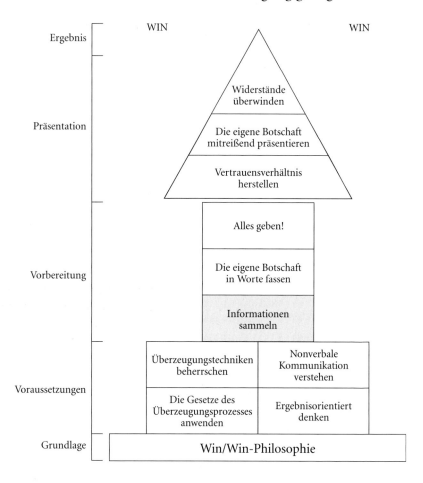

6 Informationen: Wie man sie sammelt und für sich nutzt

Wissen ist Macht. – Sir Francis Bacon

Man kann in zwei Monaten, in denen man sich für andere Menschen interessiert, mehr Freunde gewinnen als in zwei Jahren, in denen man versucht, andere Menschen für sich zu interessieren. – Dale Carnegie

Nur wer gut informiert ist und auf der Basis eines fundierten Wissens handelt, kann andere erfolgreich überzeugen und zu einem WIN/WIN-Ergebnis führen.

Viele Menschen meinen, ihre Mitmenschen dächten genauso wie sie. Diese Annahme ist nicht nur falsch, sondern kann auch Risiken bergen. Eine 1995 an der University of Arizona durchgeführte Studie vermittelt ein ziemlich klares Bild von den Wahrnehmungsunterschieden zwischen den beiden Geschlechtern. Das Forschungsteam befragte 1700 Personen, wie sie eine Aufforderung zum gemeinsamen Sex durch eine Vertreterin bzw. einen Vertreter des anderen Geschlechts auffassen würden. Die Ergebnisse sind interessant:

– Weniger als 1 Prozent der Frauen fühlten sich geschmeichelt.

– 50 Prozent der Frauen fühlten sich beleidigt.

– 13 Prozent der Männer fühlten sich geschmeichelt.

– 8 Prozent der Männer fühlten sich beleidigt.

Männer, die meinen, dass Frauen im Hinblick auf dieses Thema ähnlich empfinden wie sie, werden über die Reaktionen, die sie bekommen, ziemlich frustriert sein. Und Frauen, denen diese Unterschiede nicht bewusst sind, werden sich über das Unverständnis der Männer wundern. Wir können daraus nur lernen, dass wir uns umfassend informieren müssen, ehe wir den Mund aufmachen und im privaten oder beruflichen Umfeld um Zustimmung werben.

Ein «Meister der Überzeugungskunst» versucht schon im Vorfeld Informationen zu den folgenden Punkten zu sammeln:

1. Meine Werte.
2. Meine besonderen Wünsche und Bedürfnisse.
3. Die Werte meines Gegenübers.
4. Die besonderen Wünsche und Bedürfnisse meines Gegenübers.
5. Der Lebensstil meines Gegenübers.

Wie wollen wir ein WIN/WIN-Ergebnis erzielen, wenn wir die eigenen Werte, Bedürfnisse und Wünsche sowie die Werte, Bedürfnisse und Wünsche unseres Gegenübers nicht kennen? Auf die Bedürfnisse anderer können wir nur eingehen, wenn wir wissen, wie diese aussehen.

Darüber, wie wichtig es ist, sich der eigenen Werte bewusst zu sein, haben wir bereits gesprochen. Schließlich sind es unsere Werte, die uns im Leben leiten, zur Leistung motivieren und dazu anspornen, in allen Lagen des Lebens ein WIN/WIN-Ergebnis anzustreben. In jedem Kommunikationsprozess ist es wichtig, sich der eigenen Werte bewusst zu sein und sie sich immer wieder ins Gedächtnis zu rufen.

Ein wahrer «Meister der Überzeugungskunst» nutzt seine Fähigkeiten nicht nur im Beruf, sondern in allen Bereichen des Lebens. Auch er ist im Privatleben Verbraucher. Für Verbraucher ist es besonders wichtig, die eigenen Wünsche und Bedürfnisse zu kennen. Diese sollten so präzise wie möglich formuliert sein. Ehe man über einen Kauf verhandelt, sollte man sich mit allen relevanten Fakten und Zahlen vertraut gemacht haben.

Auch wie wichtig es ist, die Werte seiner Gesprächspartner zu ergründen, haben wir schon erwähnt. Um andere überzeugen zu können, ist es unerlässlich zu wissen, was sie antreibt und motiviert.

Die meisten Menschen besitzen individuelle Strategien dafür, unter welchen Umständen sie sich verlieben, wann sie etwas kaufen, wann sie glücklich sind – und wann sie sich überzeugen lassen. Natürlich sind diese Strategien von Mensch zu Mensch unterschiedlich. Wenn Sie die individuelle Strategie Ihres Gegenübers kennen, können Sie ihm Ihren Vorschlag jedoch so präsentieren, dass es ihm praktisch unmöglich ist, dazu nein zu sagen. In Kapitel 4 haben wir betont, dass wir die Werte, Wünsche und Bedürfnisse unserer Mitmenschen nur ergründen können, indem wir sie danach *fragen*. Hier zur Erinnerung noch einmal einige Anhaltspunkte.

Nach den Wertvorstellungen des Gegenübers fragen

1. «Was ist Ihnen an X (z. B. Autokauf, Hauskauf, Heirat, Stellensuche usw.) besonders wichtig?»
2. «Woher wissen Sie, dass Sie das richtige X gefunden haben?»
3. «Was ist Ihnen an X am zweitwichtigsten?»
4. «Was ist Ihnen an X ebenfalls wichtig?»

Natürlich lassen sich diese Fragen nicht in jeder Situation wortwörtlich stellen. Passen Sie die Fragen dem jeweiligen Kontext an.

Auch das Sammeln von Informationen muss der konkreten Situation angepasst sein. Jede zwischenmenschliche Begegnung hat ihre Eigenheiten, und es wird immer einige Informationen geben, die Ihnen nicht zur Verfügung stehen. Andere Informationen sind möglicherweise irrelevant. Es liegt an Ihnen, mit Hilfe des ergebnisorientierten Denkens zu bestimmen, welche Informationen für den konkreten Anlass nötig sind.

Als Verbraucher Informationen sammeln

Ist Ihnen schon einmal aufgefallen, dass ein Autokauf ebenso lästig sein kann wie ein Zahnarztbesuch?

Wohl auch aus diesem Grund ist der neueste Trend in den USA der «feilschfreie Autokauf»: Es gelten für alle die gleichen Festpreise, so dass sich niemand Sorgen machen muss, einen schlechteren Handel gemacht zu haben als die Kunden vor oder nach ihm. Vielen Menschen verschafft diese Gewissheit Erleichterung. Aus dem Grund werden diesem Trend auch äußerst günstige Prognosen ausgestellt. Zur Zielgruppe gehören all die potenziellen Autokunden, die von sich meinen, schlecht «feilschen» zu können. Dass sie am Ende möglicherweise mehr bezahlen als nötig, macht ihnen nichts aus. Die angenehme Kauferfahrung ohne jeden Druck und in netter Atmosphäre ist ihnen den Mehrpreis wert. Unter diesem Gesichtspunkt handelt es sich also durchaus um eine WIN/WIN-Situation: Der Autohändler gewinnt, weil er pro verkauftem Wagen eine höhere Kommission kassieren kann. Und der Kunde gewinnt, weil er ohne Stress und unangenehme Feilscherei zu einem schicken neuen Wagen kommt.

In Kapitel 2 habe ich bereits von meinem Kauf eines neuen Toyota Camry erzählt. Ziehen wir dieses Beispiel noch einmal heran, um zu zeigen, wie man sich umfassend informieren kann, um gut vorbereitet in eine Preisverhandlung hineinzugehen. («Autos zum Festpreis» sind nichts für mich. Auf die altmodische Art und Weise macht mir der Autokauf einfach viel mehr Spaß!)

Als Erstes kann man sich eine Reihe von Zeitschriften besorgen, in denen verschiedene Automodelle vorgestellt und getestet werden. Man kann den Toyota Camry mit anderen Autos seiner Klasse im Hinblick auf Qualität und Zuverlässigkeit vergleichen und sich überlegen, welche Ausstattung den eigenen Wünschen und Bedürfnissen am ehesten gerecht werden könnte. Man kann den Einkaufs- und empfohlenen Verkaufspreis recherchieren und auf diese Weise eine ziemlich genaue Vorstellung davon entwickeln, was der Wagen in der gewünschten Ausstattung in etwa kosten würde.

Als Nächstes kann man sich über die Finanzierungsmöglichkeiten informieren. Dabei ist es durchaus sinnvoll, zunächst bei einigen Banken nachzufragen und erst dann das Finanzierungsangebot des Autohändlers zu prüfen. In jedem Fall müsste sein Angebot unter der günstigsten Bankfinanzierung liegen. Schließlich soll am Ende eines Überzeugungsprozesses stets ein WIN/WIN-Ergebnis stehen. (Denken Sie daran: Wenn Sie mehr bezahlen, obwohl Sie weniger hätten bezahlen können, sind die anderen die Gewinner und Sie der Verlierer.)

Eine WIN/WIN-Situation herbeizuführen, wenn Sie sich nicht gründlich informiert haben, ist äußerst schwierig. Eine gute Recherche ist für Ihren Erfolg wesentlich. Haben Sie Ihre Hausaufgaben nicht gemacht und die relevanten Zahlen nicht im Kopf, wenn Sie durch die Tür eines Autohändlers treten, machen Sie sich selbst zur leichten Beute. Ein Autokauf ist in der Regel die zweitgrößte Investition, die Menschen tätigen. Für die meisten erweist er sich leider auch als die schlechteste Investition!

Die größte Investition im Leben der meisten Menschen ist der Kauf eines Hauses oder einer Eigentumswohnung. Die meisten würden sich am liebsten zuerst ihr Traumhaus aussuchen und sich erst danach mit der Finanzierung, der Versicherung, den Steuern und all den anderen lästigen Begleiterscheinungen befassen. Auf jeden Fall ist das aber der sicherste Weg, mehr auszugeben als man eigentlich bezahlen müsste.

Auch beim Kauf eines Hauses oder einer Eigentumswohnung gilt es, zunächst möglichst viele Informationen zu sammeln, ehe man sich einen Makler sucht oder die ersten Häuser anschaut.

Der kritischste Punkt ist meist die Finanzierung. Holen Sie bei verschiedenen Banken schriftliche Informationen über deren Finanzierungsangebote ein und vergleichen Sie die Konditionen bei verschiedenen Laufzeiten der Kredite. Eruieren Sie auch andere Finanzierungsmodelle z. B. über Bausparverträge oder Lebensversicherungen. Erkundigen Sie sich nach zusätzlichen Kosten, z. B. durch Bereitstellungszinsen, Grundbucheintragungen usw. Überlegen Sie, welche Kosten vielleicht der Verkäufer übernehmen könnte. Und fragen Sie, bei welchen Gebühren und Kosten Ihnen die Bank entgegenkommen würde, um Sie als Kunden zu gewinnen. Besorgen Sie sich immer mehrere Angebote und kalkulieren Sie auch ungünstige Szenarien mit ein, z. B. dass die Zinsen in den nächsten Jahren steigen könnten.

Am Ende sollten Sie eine ziemlich genaue Vorstellung davon gewonnen haben, was Sie ein Kredit für den Kauf eines Hauses oder einer Eigentumswohnung kosten würde. In einem nächsten Schritt können Sie dann überlegen, welche monatliche Belastung unter diesen Umständen für Sie leistbar wäre. Auf diese Weise gelangen Sie zu einem möglichen Kaufpreis, der zu Ihrem persönlichen Budget passt.

Erst jetzt macht es Sinn, sich auf dem Immobilienmarkt umzuschauen, die entsprechenden Seiten in den örtlichen Zeitungen zu studieren und einige Makler aufzusuchen. Fragen Sie die Makler aber auch gleich nach ihrer Provision. Die von ihnen angegebenen Prozentzahlen sind kein ehernes Gesetz. Möglicherweise ist auch hier noch Verhandlungsspielraum vorhanden. Nachdem Sie von privat oder über einen Makler ein Objekt gefunden haben, das Ihr Interesse weckt, sollten Sie es von einer Fachfirma inspizieren lassen. Bestehen Sie darauf, dass alle Mängel beseitigt werden, ehe Sie einen Kauf in Erwägung ziehen.

Alle Details aufzuführen, die es bei einem Immobilienkauf zu bedenken gibt, würde den Rahmen dieses Kapitels sprengen. Ich denke aber, Sie haben gesehen, dass es vor der ersten Besichtigung eine Menge Punkte abzuhaken gibt.

Mit jeder Kaufentscheidung in jedem x-beliebigen Laden helfen Sie bei der Herausbildung der öffentlichen Meinung mit. Kaufen Sie Produkt X, wird es, sobald es an der Kasse gescannt ist, sofort zur Neubestellung gemeldet. Hätten Sie Produkt Y gewählt, wäre es zu einer Neubestellung von Produkt Y gekommen. Jeder Kauf ist ein Gewinn für die eine und ein Verlust für eine andere Firma. Und verkauft sich Produkt Y deutlich besser als Produkt X, bekommt es bald mehr Platz im Regal und eine günstigere Platzierung in Augenhöhe. Achten Sie beim nächsten Besuch in Ihrem Supermarkt einmal darauf, welche Produkte in Augenhöhe und welche den unteren Regalregionen stehen, und Sie werden wissen, womit das meiste Geld verdient wird.

Hat die Firma, die Produkt Y herstellt, das Glück gehabt, dass Sie ihr Produkt kaufen, will sie sofort mehr über Sie erfahren. Sie will wissen, wie Sie demographisch einzuordnen sind, und natürlich will sie, dass Sie ihr Produkt beim nächsten Mal wieder kaufen. Aus diesem Grund bekleben viele Firmen ihre Produkte mit Coupons für Sonderangebote oder Teilnahmezetteln für Sparaktionen oder Preisausschreiben. Sobald Sie diese Abschnitte einsenden, weiß die Firma, wer Sie sind, wo Sie wohnen, wann Sie geboren sind usw. – je nachdem, was Sie auf dem Abschnitt alles ausgefüllt haben. Diese Informationen werden – gemeinsam mit den Daten all der anderen Personen, die an der Aktion teilgenommen haben – in eine Datenbank eingegeben. Auf diese Weise verschafft sich die Firma einen Überblick über die demographischen Angaben der Kunden, die Produkt Y kaufen.

Aber damit ist der Hersteller von Produkt Y noch nicht mit Ihnen fertig. Es kann gut sein, dass Sie demnächst Post von ihm bekommen. Da Sie ihm einmal per Post geantwortet haben, wird er auch in Zukunft versuchen, zusätzliche Informationen über Sie einzuholen. Vielleicht schickt er Ihnen einen Fragebogen mit weiteren demographischen Fragen. Möglicherweise ist aber nicht einmal zu erkennen, dass der Hersteller von Produkt Y dahintersteckt, weil er eine Marketingfirma damit beauftragt hat, die Sie nun wiederum bittet, Produkt Y mit den Produkten X, Z, A und B zu vergleichen und doch bitte schön auch anzugeben, welches Sie am besten finden und warum. Ist der Hersteller von Produkt Y erst einmal im Besitz dieser Informationen, kann er ein gezielteres Marketing betreiben, um Ihre Werte, Bedürfnisse und Wünsche zu erfüllen. Und er kann sein Produkt verbessern, wenn die Öffentlichkeit es verlangt.

Jedes Mal, wenn Ihr Name und Ihre Adresse auf irgendeine «Liste» gerät, kommen also eine ganze Reihe von Dingen in Gang. Alle Aspekte des Marketings im Detail zu beschreiben, ist hier nicht der richtige Ort. Aber es ist schon faszinierend, sich zu überlegen, wie eine Firma ihre Datenbank manipulieren kann, um ein effektiveres Marketing zu betreiben und ihre Produkte zu verbessern. Aufgrund der genaueren Informationen, die die Firma über Sie gewonnen hat, kann sie Sie jetzt für weniger Geld davon überzeugen, ihre Produkte zu kaufen. In diesem Fall stehen sowohl die Verbraucher als auch der Hersteller auf der Gewinnerseite.

Die Fülle der über jeden Einzelnen in der westlichen Welt zur Verfügung stehenden Daten ist jedoch durchaus bedenklich. «Privatsphäre» scheint zu einem Wort aus der Vergangenheit zu werden. Mit Privatadressen wird bereits ein schwunghafter Handel betrieben. Von jeder noch so abgelegenen Adresse ist im Internet im Handumdrehen ein detailliertes Luftbild zu bekommen. Überlegen Sie nur einmal, was die Regierung alles über Sie weiß: Wem Sie Geld spenden, für wen Sie arbeiten, wie viele Kinder Sie haben, wie alt diese sind, wofür Sie Ihr Geld ausgeben usw. – all das legen Sie mit jeder Steuererklärung offen. Angesichts dieser Tatsachen kann es nicht verwundern, dass mit Daten auch immer wieder Missbrauch getrieben wird.

Informationsmissbrauch: Beispiel Sekten

Eine besondere Form des Missbrauchs der über die eigenen Gruppenmitglieder gewonnenen Daten findet sich in diversen Sekten, denen sich moderne Menschen aufgrund ihrer Unzufriedenheit mit der eigenen Lebenssituation und den etablierten Kirchen zuwenden. Die klare Heilslehre, die straffe Struktur der Gruppe und das erhebende Gefühl, zu den wenigen «Auserwählten» zu gehören, die der «Wahrheit» besonders nahe gekommen sind, schenken ihnen emotionale Sicherheit.

Beim ersten Kontakt mit der Gruppe haben sie aller Wahrscheinlichkeit von ihren Ängsten, Schwächen und Verfehlungen erzählt. Diese Informationen werden festgehalten und lassen sich später leicht gegen sie verwenden. Möglichen Abtrünnigen wird mit der Offenlegung ihrer Geheimnisse und oft genug auch mit himmlischer Strafe gedroht. Hinzu kommt die Angst vor der völligen sozialen Isolation, wenn sich die persönlichen Beziehungen nur noch auf die Gruppe erstrecken. (Oft war es ja gerade der Wunsch «dazu zu gehören», der die Betroffenen anfangs zu der Sekte trieb.) Ihre Freunde innerhalb der Sekte werden alle davon überzeugt sein, dass die ausstiegswillige Person «dem Bösen» verfallen ist. Es wird ihnen das Herz brechen, aber sie werden wissen, wo ihre Prioritäten liegen.

Hinzu kommt, dass solche Drohungen mit aus dem Kontext gerissenen Bibelzitaten gespickt werden. Der Gedanke: «Was, wenn sie recht haben?», hält viele Ausstiegswillige vor dem entscheidenden Schritt zurück. Beharren sie dennoch auf ihrem Ausstiegswunsch, kommt häufig sogar Gewalt oder die Androhung von Gewalt ins Spiel. Selbst wenn es ihnen am Ende gelingen sollte, sich aus den Fängen der Sekte zu befreien, bleiben sie von dem Bedrohungsszenario doch für den Rest ihres Lebens gezeichnet.

Dies ist ein extremes Beispiel, doch lohnt es sich durchaus, einmal ausführlich darüber nachzudenken, was geschehen kann, wenn persönliche Informationen missbraucht und unhaltbare Zustände geschaffen werden, die mit unserem Ausgangspunkt, nämlich der WIN/WIN-Philosophie, nichts mehr gemeinsam haben.

Halten Sie Ihre Überlegungen zu diesem Thema ruhig einmal schriftlich fest. Es wird Ihnen helfen, sich vor Augen zu führen, wozu der Missbrauch von Macht und Einflussnahme führen kann!

Lieschen Müller und Otto Normalverbraucher

Vor allem, wenn Sie im Verkauf tätig sind, werden Sie in der Regel jedoch mit Menschen zu tun haben, über die Sie zunächst einmal so gut wie gar nichts wissen. Es stellt sich die Frage, ob es irgendwelche allgemeinen Erkenntnisse über Lieschen Müller und Otto Normalverbraucher gibt, die für den Überzeugungsprozess nützlich sein könnten.

In einer Gesellschaft mit freier Marktwirtschaft wird der Durchschnittsmensch Tag für Tag mit Werbebotschaften regelrecht überschüttet. Dies kann bei ihm mit verschiedenen Empfindungen verbunden sein:

1. «Es gibt so viele verschiedene Produkte. Bei der großen Auswahl weiß ich gar nicht, was ich kaufen soll.» Einem Menschen, der so denkt, sollten Sie erstens klarmachen, dass er Ihr Produkt braucht, und zweitens in möglichst einfachen Worten erklären, warum Ihr Produkt besser ist als die Konkurrenz. Wenn es dafür keine sachlichen Gründe gibt, empfiehlt es sich, die emotionale Ebene anzusprechen. (Beispiel: «Katzen würden Whiskas kaufen.»)

2. «Ich wünschte, ich wüsste besser über die verschiedenen Produkte Bescheid. Es macht mir Angst, mich für eines zu entscheiden. Was, wenn ich einen Fehler mache?» In dem Fall sollten Sie die Angst vor einer falschen Entscheidung im Hinblick auf Ihr Produkt möglichst ausräumen. (Beispiel: «Von führenden Zahnärzten empfohlen.»)

3. «Alle meine Nachbarn haben dieses Produkt, also sollte ich es mir wohl auch besorgen.» Vermitteln Sie den Eindruck, dass Ihr Produkt bereits von aller Welt benutzt und geliebt wird. Wichtig ist auch die Vorstellung, dass es allen, die es benutzen, einen echten Kick gibt. (Beispiel: «Pepsi – Die Wahl einer neuen Generation.»)

4. «Wenn ich mir jetzt noch etwas kaufe, obwohl ich mein Geld für andere Dinge ausgeben sollte, habe ich ein schlechtes Gewissen.» Vermitteln Sie Menschen, die so denken, vor allem die Zuversicht, dass es völlig in Ord-

nung ist, sich etwas zu gönnen. Schließlich arbeiten sie die ganze Woche über hart und haben es sich redlich verdient. «Du willst es? Los, dann hol es dir!», heißt die Devise. (Beispiel: «Man gönnt sich ja sonst nichts.»)
5. «Ich fühle mich mies. In letzter Zeit bin ich so schlecht drauf, dass ich an einem Kauf sowieso keine Freude hätte.» Malen Sie ein Bild, dass Lieschen Müller und Otto Normalverbraucher als dynamische, kontaktfreudige, wohlhabende, glückliche, beliebte und attraktive Menschen zeigt. (Beispiel: «Für die italienischen Momente im Leben.»)

In der Regel sind Lieschen Müller und Otto Normalverbraucher nicht so glücklich, wie sie es sein könnten. Die meisten Menschen besitzen nur eine relativ mäßige Selbstachtung. Zwei Drittel aller Frauen und ein Drittel aller Männer hadern mit dem eigenen Spiegelbild. Fast jeder hat Sorgen und eine tief sitzende Angst vor Zurückweisung. Alle haben Angst vor dem Alter, vor Schmerzen, vor dem Tod. Sie sind nicht wirklich gut darüber informiert, was bestimmte Produkte kosten oder wie viel sie wert sind. Sie haben nicht die Zeit, sich umfassend zu informieren. Wenn sie sich etwas in den Kopf gesetzt haben, wollen sie es auch haben, und zwar möglichst *sofort*. Kreditkarten sind aus Plastik und äußerst geduldig. Sie wollen Entscheidungen treffen, die sie vor anderen gut dastehen lassen. Wir alle sind Lieschen Müller und Otto Normalverbraucher sehr ähnlich!

Doch wie können wir solche Durchschnittsmenschen am besten überzeugen? Gibt es eine Möglichkeit, sich die Informationen zunutze zu machen, auf die die größten Werbefirmen der Welt ihre Kampagnen aufbauen?

Zu den besten Arbeiten darüber, wie man Produkte und Dienstleistungen erfolgreich bewirbt, gehört nach wie vor «Ogilvy über Werbung». Der Autor, David Ogilvy, gilt als genialer Texter und Werbefachmann. Sein Buch betont, wie wichtig die gründliche Recherche für die Werbung ist. Dabei erachtet er die objektive Forschung als ebenso wichtig wie die subjektive Kommunikation mit den Kundinnen und Kunden.

Wissen wir erst einmal, was unser Gegenüber braucht, will und wertschätzt, können wir diese Informationen nutzen und daraus eine Botschaft entwickeln, die ihm eine feste Vorstellung davon gibt, wie wir ihm helfen können.

Die sechs wichtigsten Komponenten einer erfolgreichen Werbung sind demnach:
1. Was Sie zur Zeit haben, wer Sie zur Zeit sind oder wie Sie sich zur Zeit fühlen, ist nicht zufrieden stellend. Sie können *mehr haben, mehr tun* oder *mehr sein* und sich dabei *besser fühlen*.

2. Produkt/Dienstleistung X hilft *vielen Menschen wie Ihnen*, sich besser zu fühlen.
3. Probieren Sie es ruhig einmal. Sie haben nichts zu verlieren, aber *alles zu gewinnen*.
4. Wenn Sie dieses Produkt/diese Dienstleistung nutzen, werden *andere Menschen Sie mehr mögen und stärker respektieren*.
5. Eine gute Zukunft haben Sie sich redlich verdient. Wenn Sie dieses Produkt/diese Dienstleistung nutzen, können Sie *Ihre Träume verwirklichen und Ihre Ziele erreichen*.
6. Dieses Produkt/diese Dienstleistung ist mit einer umfassenden Garantie versehen, so dass sie sich ohne Bedenken *jetzt* entscheiden können.

Natürlich berücksichtigen nicht alle Marketing-Kampagnen diese sechs Komponenten, doch spielen sie immer wieder eine große Rolle und sprechen nach weltweiten Forschungsarbeiten Lieschen Müller und Otto Normalverbraucher besonders an. Entsprechende Studien zeigen vor allem, dass die sechs Komponenten tatsächlich zu einer sofortigen Kaufentscheidung führen können.

Wie können Sie diese Erkenntnisse in Ihr tägliches Handeln integrieren?

Die sechs oben aufgeführten Komponenten, kombiniert mit den folgenden Ergebnissen wichtiger Forschungsarbeiten, geben Ihnen die Information, die Sie brauchen, um andere erfolgreich zu überzeugen und für beide Seiten ein WIN/WIN-Ergebnis herbeizuführen.

Aufgrund sorgfältiger Erhebungen kam eine Forschungsgruppe auf die folgende Aufteilung der US-amerikanischen Bevölkerung in fünf Gruppen, die sich nach ihren jeweiligen Wertvorstellungen und Lebensstilen unterscheiden und jeweils anderen Marketingstrategien zugänglich sind:

1. Die «Soliden» (37 Prozent aller US-Amerikaner)
   Wertvorstellungen und Lebensstil: Die Familie, die harte Arbeit und der Stolz auf beides stehen bei diesen Menschen im Mittelpunkt ihres Lebens. Die «Soliden» hassen Veränderungen. In den USA leben die meisten von ihnen (71 Prozent) im Mittleren Westen. 66 Prozent arbeiten körperlich. Sie trinken Coke und Budweiser und kaufen bei Kmart und Wal-Mart ein. Sie gehören traditionellen Kirchen an und sind neuen Ideen gegenüber eher wenig aufgeschlossen. Sie fahren amerikanische Autos, essen bei McDonald's und telefonieren mit AT&T.
2. Die «Aufstrebenden» (18 Prozent aller US-Amerikaner)
   Wertvorstellungen und Lebensstil: Die «Aufstrebenden» sind vor allem in der Gruppe der 19- bis 39jährigen zu finden. Sie wollen den materiellen

Erfolg. Ein solides Selbstvertrauen hat für sie einen hohen Stellenwert. Wer genug Selbstvertrauen hat, wird ihrer Meinung nach auch Erfolg haben. Sexuelle Beziehungen sind für sie äußerst wichtig. Sie haben einen starken Sexualtrieb. Die obersten fünf Prozent der «Aufstrebenden» können als Yuppies bezeichnet werden. Überzogene Kreditkarten gehören zu ihrem Alltag. Häufig können sie sich den Lebensstil, den sie pflegen oder pflegen wollen, nicht leisten. Sie fahren schicke Neuwagen oder alte BMWs. Sie geben mehr Geld für Kleidung aus als die anderen Gruppen, tragen Levi's, trinken Dr. Pepper oder Michelob und telefonieren mit Handys. Der Wunsch nach Wohlstand ist häufig ihre stärkste Antriebskraft.

3. Die «Besserverdienenden» (18 Prozent aller US-Amerikaner)
Wertvorstellungen und Lebensstil: Sie haben Geld und großes Selbstvertrauen. Ihr oberstes Ziel besteht darin, ihre Einzigartigkeit herauszustreichen. Sie tun alles dafür, nicht in der Masse unterzugehen. Es ist ihnen wichtig, keine Zeit zu vergeuden. Sie trinken Heineken und kaufen nur die renommiertesten, qualitativ hochwertigsten Produkte. Politisch sind sie eher konservativ. Mit den (aus ihrer Sicht) «Faulen» und «Unfähigen» haben sie kein Mitleid.

4. Die «Gewissenhaften» (22 Prozent aller US-Amerikaner)
Wertvorstellungen und Lebensstil: Die «Gewissenhaften» sind umweltbewusst und lieben es, in der Natur zu sein. Die Angst davor, manipuliert zu werden, macht sie häufig misstrauisch. Untergruppe A ist von den 1960er Jahren geprägt und hat sich seitdem wenig verändert. Untergruppe B hat sich dem System eher angepasst und gelernt, es für sich und die eigenen Ziele zu nutzen. «Gewissenhafte» haben tendenziell einen missionarischen Drang. Mit dem Thema Geld verbinden sie eher negative Assoziationen. Von allen Gruppen sind sie diejenige mit der höchsten Bildung. Es gibt in dieser Kategorie mehr Akademiker als in allen anderen Gruppen zusammen. Die «Gewissenhaften» sind im mittleren Lebensalter, fahren Volvo und Subaro und ernähren sich gesund. Sie mögen keinen Rummel und keinen Stress. Sie kaufen bevorzugt qualitativ Hochwertiges, biologisch Erzeugtes und fair Gehandeltes.

5. Die «Bedürftigen» (3 Prozent aller US-Amerikaner)
Wertvorstellungen und Lebensstil: Sie sind auf staatliche Unterstützung angewiesen oder leben von einer kleinen Rente. Beim Einkaufen achten sie vor allem auf den Preis. In der Regel gehören sie zur älteren Generation.

Was nutzen uns diese Daten, die sich – mit einigen Abwandlungen – durchaus auch auf andere westliche Gesellschaften übertragen lassen?

Beginnen Sie damit, für sich herauszufinden, in welche Kategorie Sie selbst am besten passen. Überlegen Sie dann bei jeder Begegnung mit anderen, in welche Kategorie diese gehören könnten. Machen Sie sich klar, dass die Zuordnung zu einer dieser Kategorien eine gute Grundlage dafür bietet, verlässliche Voraussagen über die Wertvorstellungen, den Lebensstil und damit auch über das Verhalten einer Person zu treffen. Dabei geht es nicht darum, Vorurteile zu verfestigen und Menschen in vorgefertigte «Schubladen» zu stecken. Lassen Sie sich immer auch überraschen. Und kombinieren Sie die obigen Kategorien mit den sechs Komponenten erfolgreicher Werbestrategien.

Spätere Forschungsarbeiten haben die grundsätzliche Aufteilung in die obigen Kategorien bestätigt, aber auch gewisse Verschiebungen offenbart. Vor allem wird die Gruppe der «Bedürftigen» immer größer – ein Trend, der angesichts wirtschaftlicher Probleme sowie der immer weiter steigenden Anzahl älterer Menschen sicher auch in den nächsten Jahrzehnten anhalten wird.

Am stärksten wird dies auf Kosten der «Soliden» geschehen. Die traditionelle Kundenbindung wird eine immer geringere Rolle spielen, stattdessen werden sich die Loyalitäten der Menschen global entwickeln. Umweltschutz und kapitalistisches Unternehmertum werden aufeinander prallen.

Wer weiß, in welche der obigen «Kategorien» sein Gegenüber fällt, kann genauer voraussagen, zu welchen Wertvorstellungen dieser neigt. Marketing, Verkauf – und erfolgreiches Überzeugen! – können darauf aufbauen.

Eine individuelle Strategie entwickeln

Nachdem wir nun wissen, wie wir die für einen erfolgreichen Überzeugungsprozess nötigen Informationen sammeln, zuordnen und nutzen können, sind wir jetzt bereit, für die Botschaft, die wir vermitteln wollen, eine Strategie zu entwerfen. Das folgende Beispiel zeigt, wie wir Wertvorstellungen und Lebensstil einer uns bis dahin unbekannten Person einschätzen und diese Informationen so einsetzen können, dass am Ende der gemeinsamen Kommunikation eine WIN/WIN-Lösung steht. Als Ausgangsbasis nehmen wir eine Verkaufssituation. Ein für eine lokale Zeitung arbeitender Anzeigenverkäufer besucht einen potenziellen Kunden, einen

Restaurantbesitzer. Die Begegnung findet im Restaurant des Anzeigen-kunden statt.

Name: John Williams
Beruf: Gastwirt
Lebensstil-Kategorie: Mr. Williams gehört zu den «Soliden».
Warum: Er arbeitet hart, ist siebzig bis achtzig Stunden wöchentlich in seinem Restaurant präsent. Am Telefon betont er, dass er bereits regelmäßig Anzeigen schaltet und an dem bewährten System nichts ändern will.

Gesetze des Überzeugungsprozesses einsetzen:

Das Gesetz der Gegensätzlichkeit
Das Gesetz der Assoziation
Das Gesetz der Konsequenz

Überzeugungstechniken einsetzen:

Standpunkte klären
Zauberwörter einsetzen (Namen)
Zukunftsperspektive sichern

Wichtige Komponenten einer erfolgreichen Werbung nutzen:
1. Was Sie zur Zeit haben, wer Sie zur Zeit sind oder wie Sie sich zur Zeit fühlen, ist nicht zufrieden stellend. Sie können *mehr haben, mehr tun* oder *mehr sein* und sich dabei *besser fühlen.*
2. Produkt/Dienstleistung X hilft *vielen Menschen wie Ihnen*, sich besser zu fühlen.
3. Probieren Sie es ruhig einmal. Sie haben nichts zu verlieren, aber *alles zu gewinnen.*
4. Dieses Produkt/diese Dienstleistung ist mit einer umfassenden Garantie versehen, so dass sie sich ohne Bedenken *jetzt* entscheiden können.

Informationen sammeln und nutzen: Der Anzeigenverkäufer möchte, dass Mr. Williams eine Anzeige in seiner Zeitung schaltet, je größer, desto besser. Andererseits will er nicht, dass Mr. Williams sich finanziell übernimmt, falls es nicht so gut läuft. Schließlich soll der Restaurantbesitzer für die Anzeige auch bezahlen können! Es scheint, als würde Mr. Williams sein Restaurant extrem sauber halten und vorbildlich führen. Nach Auskunft des Besitzers vom Videoladen nebenan ist das Restaurant schon seit zwanzig Jahren am gleichen Ort. Als der Anzeigenverkäufer das Restaurant an einem Mittwochvormittag betritt, sind etwa zehn Mitarbeiterin-

nen und Mitarbeiter da. Die Preise auf der Speisekarte sind durchschnittlich. Etwa zwei Drittel der Plätze an den Tischen sind besetzt. An den
Wochenenden könnte es richtig voll werden. Mr. Williams hat bisher vor
allem in Couponheften und Anzeigenblättern annonciert. Eine Anzeige
in der örtlichen Tageszeitung hat er bisher noch nie geschaltet.

Strategie: Als Erstes sollte der Anzeigenverkäufer dafür sorgen, dass Mr. Williams sich zu dem Gespräch mit ihm an einen Tisch setzt. Dabei sollte er die
Regeln für eine günstige Sitzordnung beachten. Er sollte die Reinlichkeit des
Restaurants loben und Mr. Williams mit Namen ansprechen. Er sollte positiv hervorheben, dass Mr. Williams allem Eindruck nach viele Arbeitsstun-
den pro Woche in die solide und erfolgreiche Führung seines Restaurants
investiert. Dann sollte er ein paar gezielte Fragen stellen, um Mr. Williams
Bedürfnisse und die Situation des Restaurants zu klären. Der Anzeigenverkäufer sollte Mr. Williams vorschlagen, neue Kundenkreise zu erschließen –
z. B. Menschen, die in der Gegend wohnen und wissen, dass es das Restaurant gibt, aber nicht so oft ausgehen, oder Menschen, die keine Anzeigen-
blätter, wohl aber die Tageszeitung lesen. Da der Gastwirt als «Solider»
wahrscheinlich schwer davon zu überzeugen sein wird, dass eine Abweichung vom gewohnten Werbeverhalten sich lohnen könnte, wird der Vertreter Komponente 3 betonen: «Probieren Sie es ruhig einmal. Sie haben
nichts zu verlieren, *aber alles zu gewinnen.*» Gleich im Anschluss sollte er die
Namen anderer Gastwirte erwähnen, die in seiner Zeitung ähnliche Anzeigen platziert haben. Dann sollte er ihm erst eine kleine und im Vergleich
dazu gleich anschließend eine große Annonce zeigen. Er sollte Beispiele für
ein mögliches Layout vorbereitet haben, die er dem Gastwirt jetzt zeigen
kann. Während der gesamten Begegnung sollte er eine ähnliche Körperhaltung einnehmen wie der Restaurantbesitzer. Auch seinen Gesprächsstil
passt er seinem Gegenüber an, bemüht sich um Präzision und Sachlichkeit.
Er fragt Mr. Williams, ob ihm Rentabilität wichtig ist, und erklärt ihm dann,
wie rentabel eine Anzeige in seiner Zeitung für ihn sein könnte. Zum Abschluss erwähnt er noch die von seiner Zeitung gewährte Geld-zurück-Garantie, falls die Anzeige keine zufrieden stellenden Ergebnisse bringt.

Am obigen Beispiel können Sie sehen, wie die gesammelten Informationen zum Aufbau einer geeigneten Überzeugungsstrategie beitragen
können. Sie bestimmen mit darüber, welche Gesetze des Überzeugungsprozesses und welche Überzeugungstechniken in der jeweiligen Situation
am geeignetsten sind. Aussagefähige Referenzen, ansprechende Beispiele
für ein mögliches Layout und ein gut vorbereitetes Kostenangebot ergän-
zen die strategischen Überlegungen.

Wer durch Überzeugen WIN/WIN-Ergebnisse erzielen will, muss gut informiert sein. Je mehr Sie über Ihr Gegenüber wissen, desto eher werden Sie in der Lage sein, auf seine Bedürfnisse maßgeschneiderte Aussagen zu treffen.

Versuchen Sie, das Sammeln von Informationen nicht als lästige, zeitraubende Arbeit, sondern als detektivisches Puzzlespiel zu sehen, das Ihnen wichtige Hinweise liefern und eine erfolgreiche Lösung Ihrer Aufgabe ermöglichen kann. Ehe Sie versuchen, auf einen Mitmenschen Einfluss zu nehmen, müssen Sie herausfinden, wie dieser «tickt». Dabei gibt es sehr interessante Erfahrungen zu machen, vor allem Ihre Menschenkenntnis wird enorm profitieren.

Die in diesem Buch geschilderte «Detektivarbeit» zur Informationsbeschaffung ist allerdings relativ harmlos. Unternehmen, Organisationen und staatliche Behörden haben im Informationszeitalter ganz andere Möglichkeiten, Daten nicht nur zu sammeln, sondern auch zu speichern sowie rasch und effizient zu manipulieren. Deshalb kommt es auch hier wieder vor allem darauf an, an welchen ethischen Grundsätzen man sein Handeln ausrichtet. Die mit dem Wissen verbundene Macht kann zum Positiven, aber auch zum Negativen verwendet werden.

Schlüssel-Stichwörter: Informationen sammeln

I. Informationen sammeln und für den Überzeugungsprozess nutzen
   A. Nach den Wertvorstellungen des Gegenübers fragen
   B. Als Verbraucher Informationen sammeln
   C. Informationsmissbrauch: Beispiel Sekten
II. Lieschen Müller und Otto Normalverbraucher kennen lernen
III. Sechs Komponenten erfolgreicher Werbung:
   A. Was Sie zur Zeit haben, wer Sie zur Zeit sind oder wie Sie sich zur Zeit fühlen, ist nicht zufrieden stellend. Sie können *mehr haben, mehr tun* oder *mehr sein* und sich dabei *besser fühlen*.
   B. Produkt/Dienstleistung X hilft *vielen Menschen wie Ihnen*, sich besser zu fühlen.
   C. Probieren Sie es ruhig einmal. Sie haben nichts zu verlieren, aber *alles zu gewinnen*.
   D. Wenn Sie dieses Produkt/diese Dienstleistung nutzen, werden *andere Menschen sie eher mögen und mehr respektieren*.
   E. Eine gute Zukunft haben Sie sich redlich verdient. Wenn Sie dieses

Produkt/diese Dienstleistung nutzen, können Sie *Ihre Träume verwirklichen und Ihre Ziele erreichen.*

F. Dieses Produkt/diese Dienstleistung ist mit einer umfassenden Garantie versehen, so dass Sie sich ohne Bedenken *jetzt* entscheiden können.

IV. Kategorien zur Bestimmung von Wertvorstellungen und Lebensstil
A. Die «Soliden»
B. Die «Aufstrebenden»
C. Die «Besserverdienenden»
D. Die «Gewissenhaften»
E. Die «Bedürftigen»

V. Eine Strategie entwickeln

Wie Überzeugung gelingt

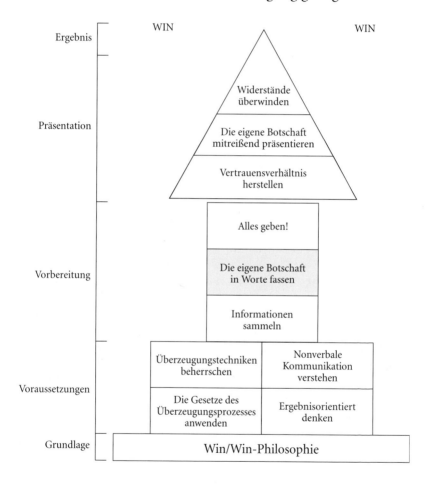

7 Kommunikationsstile: Die eigene Botschaft in Worte fassen

Man muss die Menschen so belehren, als ob man sie nicht belehrte, und unbekannte Dinge vortragen, als seien sie nur vergessen. – Alexander Pope

Wie häufig erzeugen irreführende Worte irregeleitete Gedanken. – Herbert Spencer

Während Sie sich im vorigen Kapitel sehr intensiv mit Komponenten, Kategorien und detektivischen Methoden der Informationsbeschaffung befassen mussten, soll das folgende Kapitel nun wieder Spaß machen. Wir werden eine Pause von Gesetzen und Techniken einlegen und uns der praktischen zwischenmenschlichen Kommunikation zuwenden. Wenn wir unsere Botschaft in Worte fassen, müssen wir uns daran erinnern, dass wir versuchen wollen, auf *Menschen* Einfluss zu nehmen. In diesem Kapitel wollen wir darüber sprechen, welche verschiedenen Kommunikationsstile Menschen nutzen und wie Sie Ihre eigene Botschaft so in Worte fassen können, dass sie von Ihren Zuhörern akzeptiert wird.

Wir wissen, welche Ziele wir verfolgen, wie wir das ergebnisorientierte Denken einsetzen und die Gesetze des Überzeugungsprozesses sowie die verschiedenen verbalen und nonverbalen Überzeugungstechniken nutzen können. Und wir wissen, wie wir die eigenen Wertvorstellungen und die Wertvorstellungen unseres Gegenübers einschätzen und gezielt gesammelte Informationen im Überzeugungsprozess zum Tragen bringen können.

Doch obgleich wir all dies und noch mehr wissen, können wir in dem Versuch, andere zu überzeugen, noch immer kläglich versagen, wenn wir unsere Botschaft nicht so formulieren, dass sie zum Kommunikationsstil unseres Gegenübers passt.

Natürlich können wir nicht jedem, den wir überzeugen wollen, erst einmal einen Persönlichkeitstest vorlegen und diesen von ihm ausfüllen lassen. Trotzdem können wir den grundlegenden Kommunikationsstil einer Person, die wir in ein kurzes Gespräch verwickelt haben, sehr schnell erkennen. Und sobald wir wissen, auf welchem «Kanal» die Person be-

vorzugt Botschaften empfängt, können wir unsere Anliegen so formulieren, dass sie problemlos auf diesem «Kanal» gesendet werden können. Die
meisten Menschen schätzen einen den eigenen Gewohnheiten angepass-
ten Kommunikationsstil sehr, auch wenn ihnen nicht bewusst ist, dass ihr
Gegenüber sich gezielt dafür entschieden hat, auf ihrem «Kanal» zu senden. Im weiteren Verlauf des Kapitels wird dies noch deutlicher werden.
  Bestimmen Sie den Kommunikationsstil Ihres Gegenübers im Hinblick auf zwei Gegensatzpaare: Überlegen Sie als Erstes, ob die Person
eher logisch oder emotional argumentiert, und legen Sie dann als Zweites
fest, ob die Person bestimmt und nach außen gekehrt, also extrovertiert
auftritt oder eher nicht bestimmt und nach innen gekehrt, also introver-
tiert wirkt. Mit Hilfe des unten abgebildeten Diagramms können Sie sich
leicht orientieren.

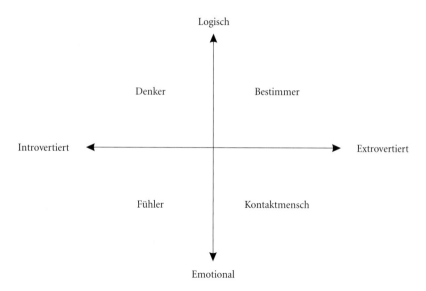

Der Psychologe C.G. Jung entwickelte in den 1920er Jahren die Theorie
der verschiedenen Persönlichkeitstypen. Für die Bestimmung verschiede-
ner Kommunikationsstile verwenden wir eine vereinfachte Version seiner
Theorie. Dahinter steht die Vorstellung, dass Menschen mit unterschiedlichen Persönlichkeitstypen auch unterschiedlich kommunizieren.
  In den folgenden Abschnitten werden vier grundlegende Kommunikationsstile beschrieben. Überlegen Sie selbst, welche Kategorie am besten
zu Ihnen passt.

Persönlichkeitstyp: Denker

Kommunikationsstil: Logisch, introvertiert

Der Denker ist vom Typ her eher langsam und geht analytisch und methodisch vor. Er ist in der Regel gründlich vorbereitet und kann sehr gut mit Zahlen, Analysen, Prozessen und Systemen umgehen. Oft ist er auch ein Perfektionist. Er hat Freude am Lösen von Problemen und vertieft sich gern in eingehende Gespräche. Denker arbeiten oft am liebsten allein an der Lösung von Aufgaben. Sie befolgen Anweisungen und Regeln. Sie sind diplomatisch und achten darauf, andere nicht zu kränken. Andererseits sind sie auch sparsam mit ihrem Lob!

Denker sind gute Buchhalter, Rechnungsprüfer und Steuerberater. Arbeitsstellen, bei denen sie ruhig und stetig ihre Arbeit erledigen können, sind für sie am besten geeignet. Denker werden selten im Mittelpunkt einer Party stehen, dafür aber pünktlich zu der auf der Einladung angegebenen Zeit erscheinen.

Wer einen Denker überzeugen will, hat sich einiges vorgenommen. Denker treffen Entscheidungen nicht instinktiv. Eher neigen sie dazu, erst einmal skeptisch zu sein. Sie fordern Beweise, Fakten, Details und umfangreiche Erklärungen. Für das Gespräch mit einem Denker sollten Sie deshalb so viel Anschauungsmaterial vorbereiten, wie Sie aufbieten können. Denker brauchen natürlich Zeit, «um sich das Ganze zu überlegen». Zu einer Entscheidung an Ort und Stelle lassen sie sich nicht drängen.

Persönlichkeitstyp: Bestimmer

Kommunikationsstil: Logisch, extrovertiert

Bestimmer lieben schnelle Entschlüsse und denken aufgabenorientiert. Sie übernehmen gern Verantwortung und wollen in jedem Fall zu Ergebnissen kommen. Bestimmer haben keine Zeit zu vergeuden und vermitteln die Gewissheit, dass man alles schaffen kann, wenn man es nur energisch genug anpackt. Die meisten Bestimmer sind selbstbewusst, unabhängig und willensstark. Sie suchen die Herausforderung, übernehmen auch in neuen Situationen gern die Initiative und entscheiden sich rasch. Bestimmer sind ungeduldig und erwarten von anderen, dass sie genauso hart arbeiten wie sie. Unter den Bestimmern finden sich mehr

Nonkonformisten als bei den anderen Persönlichkeitstypen. Bestimmer genießen es, dominant zu sein, indem sie sich ihre eigene Welt erschaffen. Sie wollen ihre Leistungen bemerkt und anerkannt wissen. Die meisten Bestimmer denken schnell und treffen aufgrund der ihnen zur Verfügung stehenden Fakten Entscheidungen aus dem Moment heraus. Bestimmer sind gute Manager und Unternehmer. Überhaupt tun sie sich in jeder Position hervor, in der sie Verantwortung übernehmen können. Sie schmeißen gute Partys, erwarten aber von ihren Gästen, dass sie pünktlich kommen, und merken sich genau, wer unpünktlich erschien. Bestimmer haben oft eine raue Seite. Sie sind vor allem an Ergebnissen interessiert.

Bestimmer sind leichter zu überzeugen als die meisten anderen Persönlichkeitstypen. Trägt man sein Anliegen sachlich, kurz und überzeugend vor, sind sie zu raschen Entscheidungen fähig. Bemühen Sie sich deshalb um Knappheit, sprechen Sie schneller als sonst und kommen Sie zügiger zum springenden Punkt. In Verkaufssituationen lassen sich Bestimmer gut mit Alternativvorschlägen zur Entscheidung bringen. («Hätten Sie lieber ein rotes oder ein blaues XYZ?») Erklären Sie einem Bestimmer in klaren, knappen Sätzen, was Ihr Produkt zu bieten hat oder was für Ihre Idee spricht. Fügen Sie gleich mit an, zu welchen Ergebnissen seine Entscheidung führen würde. Halten Sie sich kurz. Kommen Sie auf das Wesentliche zu sprechen und heben Sie sich die Details für die Denker auf.

Persönlichkeitstyp: Kontaktmensch

Kommunikationsstil: Emotional, extrovertiert

Kontaktmenschen lieben es, im Mittelpunkt der Aufmerksamkeit zu stehen. Sie denken und handeln rasch, setzen sich immer und überall zu anderen in Beziehung und fühlen sich in geselliger Runde am wohlsten. Für ihr Leben gern laden sie andere ein oder werden von anderen eingeladen. Sie haben gern Spaß und neigen zu Übertreibungen und Verallgemeinerungen. Sie sind redselige, spontane Typen, können sich rasch begeistern, wirken freundlich und optimistisch. Sie neigen dazu, ihrer Intuition zu folgen.

Kontaktmenschen geben tolle Partys, haben bei der Planung der Details jedoch ihre Schwierigkeiten. Manchmal wirken sie flatterhaft und unkonzentriert. Kontaktmenschen können den ganzen Tag telefonieren.

An einem Empfangstresen, in einem Friseurgeschäft, im Kundendienst und in ähnlichen Tätigkeitsbereichen sind sie sehr gut aufgehoben. Viele Kontaktmenschen machen sich selbstständig, sind in der Regel aber nicht so erfolgreich wie Bestimmer, weil sie stärker emotional ausgerichtet sind.

Kontaktmenschen zu überzeugen ist nicht schwierig, aber zeitraubend. Kontaktmenschen haben kein präzises Zeitgefühl. Für ihren Entscheidungsprozess ist wichtig, dass auch die Menschen in ihrer Umgebung den Vorschlag, den Sie ihnen unterbreiten, akzeptieren würden. Um sich des eigenen Selbstwerts zu vergewissern, brauchen sie viel Bestätigung. Wenn Sie das Gesetz der Konformität einsetzen und aufzählen, wer Ihr Produkt bereits alles benutzt oder von Ihrer Idee begeistert ist, haben Sie bei einem Kontaktmenschen schon viel gewonnen. Gestalten Sie Ihre Darstellung lebensnah, abwechslungsreich und optimistisch. Mit langweiligen Fakten und Schautafeln dagegen sollten Sie einem Kontaktmenschen niemals kommen.

Persönlichkeitstyp: Fühler

Emotional, introvertiert

Fühler sind bei ihren Mitmenschen äußerst beliebt. Sie stiften niemals Unruhe, sondern sind die «stillen Wasser», deren Tiefe sprichwörtlich bekannt ist. Fühler wirken entspannt und lässig und gehen in Beziehungen auf. In jedem Fall sind sie stark gefühlsorientiert. Es würde ihnen nicht einfallen, andere zu kränken, und sie wären überrascht, wenn man sie kränken würde. Anders als die Bestimmer sind Fühler mit dem Status quo zufrieden. Für sie gibt es selten Grund zur Veränderung. Fühler sind gute Zuhörer und Berater, werden im Gespräch als angenehm und zugewandt empfunden. Selten gehen sie ein Risiko ein. Fühlern fällt es sehr schwer nein zu sagen. (Ja zu sagen fällt ihnen manchmal ebenso schwer!) Fühler brauchen Zeit für ihre Entscheidungen. Sie sind nett, geduldig und rücksichtsvoll. Zu ihren weiteren Eigenschaften gehören Herzlichkeit, Freundlichkeit, Loyalität und Verlässlichkeit.

Einen Fühler zu überzeugen ist ein interessanter Prozess. Treten Sie zu aggressiv oder zu enthusiastisch auf, kann es sein, dass dies auf ihn abstoßend wirkt. Sanfte Methoden sind deshalb eher angebracht. Fühler brauchen ständig die Bestätigung, dass sie eine gute Entscheidung treffen. Erst wenn Sie gegenseitiges Einverständnis herstellen und Sie ihnen das Gefühl geben, dass Sie dabei sind, eine wichtige Beziehung aufzubauen, werden sie Ihrer Ernsthaftigkeit vertrauen. Eine Entscheidung muss sich für sie «richtig anfühlen». Wenn Sie dies im Auge behalten, haben Sie beim Überzeugen eine gute Chance.

Sobald Sie wissen, welche «Kategorie» auf Sie am ehesten zutrifft, können Sie die Kommunikationsstile anderer objektiver bestimmen. Begreifen Sie die verschiedenen Stile jedoch in jedem Fall als vier gleichwertige Alternativen und den eigenen Stil weder als über- noch als unterlegen. Wenn Sie andere überzeugen wollen, besteht Ihre Aufgabe darin zu lernen, sich an jeden Kommunikationsstil anzupassen und Ihre Botschaft so zu formulieren, dass sie von Ihrem Gegenüber akzeptiert werden kann.

Es wird einige Zeit dauern, bis Sie die Bestimmung der verschiedenen Kommunikationsstile so verinnerlicht haben, dass sie schließlich ganz von selbst abläuft. Wenn wir wissen, zu welchem Persönlichkeitstyp jemand gehört und wie er kommuniziert, wissen wir auch, wie er – sowohl im Positiven als auch im Negativen – aller Wahrscheinlichkeit nach reagieren wird. Die besten Chancen haben wir, wenn wir auf den Kommunikationskanal unseres Gegenübers umschalten.

Stellen Sie sich einen Fühler vor, der versucht, einen Bestimmer zu überzeugen. Das Bedürfnis des Fühlers, zunächst erst einmal eine persönliche Beziehung herzustellen und dann ganz langsam seine Ideen zu entwickeln und vorzustellen, würde den Bestimmer vor Ungeduld womöglich fast platzen lassen. Und ein Kontaktmensch würde unweigerlich unwirsch reagieren, müsste er sich ausführlich mit den Zahlen und Schaubildern eines Denkers befassen.

Übung: Nehmen Sie ein Blatt Papier und schreiben Sie einen Dialog zwischen zwei Menschen auf – sagen wir, zwischen einem Fühler, der einem Bestimmer ein Auto verkaufen will. Auf einem anderen Blatt skizzieren Sie einen Dialog zwischen einem Denker, der eine Frau vom Persönlichkeitstyp «Kontaktmensch» um eine Verabredung bittet.

Sicherlich werden Sie bei dieser Übung merken, dass die jeweils Beteiligten auf unterschiedlichen Wellenlängen funken. Wir sollten deshalb überlegen, wie wir die Barrieren zwischen den verschiedenen Kommunikationsstilen überwinden und tragfähige Brücken bauen können.

Manager und Verkaufsexperten wissen seit langem, dass man Menschen am besten überzeugen kann, wenn man ihr Verhalten spiegelt und versucht, sich ihnen anzupassen. Dies befördert den Kommunikationsprozess und schafft eine angenehme Atmosphäre, nicht nur in beruflichen, sondern auch in persönlichen Beziehungen.

Seit den 1970er Jahren hat sich eine als Neuro-Linguistisches Programmieren (NLP) bezeichnete Technik in diesem Zusammenhang als besonders nützlich erwiesen. Mit Hilfe des NLP können wir die Struktur subjektiver Erfahrung ergründen. Wir bekommen eine Vorstellung davon, wie Menschen denken und wie sie ihre Wahrnehmungen und Kommunikationserfahrungen innerlich verarbeiten. Das klingt kompliziert; auf einige Aspekte wollen wir deshalb auch erst im zweiten Teil dieses Buches eingehen. Mit den leichter verständlichen und anwendbaren Komponenten des NLP können wir uns aber auch schon jetzt befassen. Mit Hilfe des NLP können wir unser kommunikatives Verhalten weiter verbessern. Es gibt uns die Chance, Brücken zu bauen und den Überzeugungsprozess noch effektiver zu gestalten. Vorerst wollen wir uns nur mit den Modellen und Techniken beschäftigen, die für den Überzeugungsprozess unmittelbar wichtig sind. Im zweiten Teil dieses Buches werden wir dann einige anspruchsvollere Modelle und Strategien aus NLP und Hypnose kennen lernen und erfahren, wie wir sie ebenfalls für den Überzeugungsprozess nutzen können.

Beim NLP geht man davon aus, dass wir alle aus unseren Erfahrungen mit der Außenwelt innere Modelle bilden, die man «subjektive Repräsentationen» nennt. Dabei folgen wir verschiedenen Repräsentationssystemen. Drei Kategorien lassen sich unterscheiden: visuelle, auditive und kinästhetische (gefühlsmäßige) Repräsentationssysteme. Bei einigen Menschen dominiert das visuelle System, während bei anderen das auditive und bei wieder anderen das kinästhetische System im Vordergrund steht. Zwar greift jeder von uns immer wieder auf jedes dieser Systeme zurück, doch ist bei den meisten Menschen eine deutliche Vorliebe für ein System zu beobachten.

Was würden Sie im Hinblick auf die in früheren Abschnitten dieses Kapitels bereits vorgestellten Kommunikationsstile vermuten: Bilden Fühler von ihren Erfahrungen mit der Außenwelt eher emotionale oder bildhafte innere Modelle? Wenn Sie auf «emotionale Modelle» getippt haben, liegen Sie in den meisten Fällen richtig. Menschen, die langsam sprechen, eher nachdenklich wirken und immer erst «ein Gefühl für etwas» bekommen müssen, sind – grob gesprochen – dem Wesen nach kinästhetisch orientiert. Fast immer sind sie vom Persönlichkeitstyp her auch Fühler.

Und was ist mit den Bestimmern? Den Denkern? Den Kontaktmenschen? Lassen Sie uns die drei wichtigsten Repräsentationssysteme einzeln durchgehen und überlegen, wie wir zwischen uns und den jeweiligen Menschentypen Brücken schlagen können.

Visuell (sehen)

Menschen, die ihre Erfahrungen eher in Form von Bildern abspeichern als in Form von Geräuschen oder Gefühlen, werden «visuell» genannt. Visuelle Menschen sprechen rasch, während die verschiedensten Bilder vor ihrem geistigen Auge ablaufen. In vielen Fällen sind sie vom Persönlichkeitstyp her Bestimmer oder Kontaktmenschen. Sie schauen sich gern Bilder, Diagramme, Tabellen, Videos und Grafiken an. Ihre Gestik ist lebhaft und raumgreifend. Sie benutzen gern Wörter wie «sehen», «schauen», «erblicken», «vorstellen», «Licht», «Bilder» usw. Sie atmen tendenziell flach und schnell in die Brust. All diese Eigenschaften machen es einfach, visuelle Menschen als solche zu erkennen.

Mit visuellen Menschen kommuniziert man am besten, indem man sich ihrer Sprechgeschwindigkeit anpasst und eine ähnliche Wortwahl trifft. Setzen Sie in der Kommunikation mit ihnen außerdem Bilder, Schautafeln, Tabellen und andere visuelle Hilfsmittel ein.

Auditiv (hören)

Menschen, die ihre Erfahrungen vor allem in Form von gesprochenen Worten und Geräuschen abspeichern, werden «auditiv» genannt. Auditive Menschen sprechen klangvoll und rhythmisch. Sie benutzen gern Wörter wie «klingen», «hören», «lauschen», «melodisch», «laut», «leise» usw. Sie atmen rhythmisch in die Mitte der Brust.

Um eine auditive Person (die allen vier Persönlichkeitstypen angehören kann) erfolgreich zu überzeugen, müssen Sie Ihre Sprechgeschwindigkeit mäßigen, tief atmen und Wörter benutzen, die auditive Erfahrungen ansprechen, z. B.: «Das klingt doch gut, oder?»

Kinästhetisch (fühlen)

Menschen, die ihre Erfahrungen bevorzugt in Form von Gefühlen und Empfindungen abspeichern, nennt man «kinästhetisch». Kinästhetische Menschen schauen oft zu Boden. Sie sprechen bedächtig und atmen tief und langsam. Sie benutzen gern Wörter wie «fühlen», «berühren», «begreifen», «halten», «Kontakt» usw. Kinästhetische Menschen sind vom Persönlichkeitstyp her oft Fühler und bevorzugen einen emotionalen, introvertierten Kommunikationsstil. Aber auch Denker mit einem logischen, introvertierten Kommunikationsstil finden sich in dieser Kategorie.

Die besten Chancen, kinästhetische Menschen zu überzeugen, hat man, wenn man das eigene Tempo drosselt. Atmen Sie tief und entspannt. Mahnen Sie sich selbst zur Ruhe. Benutzen Sie Wörter, die einem kinästhetischen Menschen ein gutes Gefühl vermitteln.

Im zweiten Teil dieses Buches werden wir mehr über Repräsentationssysteme erfahren und lernen, wie wir sie noch wirksamer einsetzen können.

Wenn Sie Ihre Botschaft in Worte fassen, sollten Sie immer darauf achten, dass Sie auf demselben «Kanal» funken wie Ihr Gegenüber. Wählen Sie eine Sprache, die es anspricht, sowie eine Sprechgeschwindigkeit und eine Lautstärke, die mit ihm harmonieren.

Um dies zu üben, denken Sie an sieben Menschen aus Ihrem unmittelbaren beruflichen oder privaten Umfeld, die Sie gut kennen. Zu welchen Persönlichkeitstypen und damit verbundenen Kommunikationsstilen passen diese Menschen am besten? Schreiben Sie Namen, Persönlichkeitstyp und eine kurze Begründung auf. Denken Sie dann an sieben Menschen, die Ihnen besonders am Herzen liegen. Dies können z. B. Verwandte oder Freunde sein. Zu welchen Persönlichkeitstypen und damit verbundenen Kommunikationsstilen passen diese Menschen? Ähneln sie Ihren eigenen? Oder bilden sie eher einen Gegensatz? Welchem Persönlichkeitstyp gehören die meisten der Ihnen nahe stehenden Menschen an? Welche Kommunikationsstile herrschen in Ihrer Umgebung vor? Mit welchen Stilen kommen Sie am besten zurecht?

Wenn wir unsere Botschaften in Worte fassen, müssen wir uns immer erst darüber klar werden, wie die Menschen, mit denen wir es zu tun haben, kommunizieren. Wenn wir wollen, dass sich andere in unserer Gegenwart wohl fühlen, müssen wir mit ihnen auf einer Wellenlänge funken. Es ist nicht schwer, selbst schneller zu sprechen, wenn wir einem Bestimmer oder Kontaktmenschen gegenüberstehen, und das eigene Tempo zu drosseln, wenn wir einem Fühler oder Denker etwas erklären wollen. Wörter zu wählen, die dem jeweiligen Repräsentationssystem unserer Gesprächspartner am ehesten entsprechen, mag uns anfangs befremdlich erscheinen, nach einer Weile jedoch wird es uns zur zweiten Natur.

Bisher haben wir uns vor allem mit der Kommunikation nach außen befasst. Das nächste Kapitel wird sich auf die Kommunikation nach innen konzentrieren. Es wird Zeit, sich um die eigene Motivation zu kümmern!

Schlüssel-Stichwörter: Kommunikationsstile

I. Persönlichkeitstypen und ihre Kommunikationsstile erkennen
    A. Denker
    B. Bestimmer
    C. Kontaktmenschen
    D. Fühler

II. Neurolinguistisches Programmieren (NLP): verschiedene Repräsentationssysteme
    A. Visuell
    B. Auditiv
    C. Kinästhetisch

Wie Überzeugung gelingt

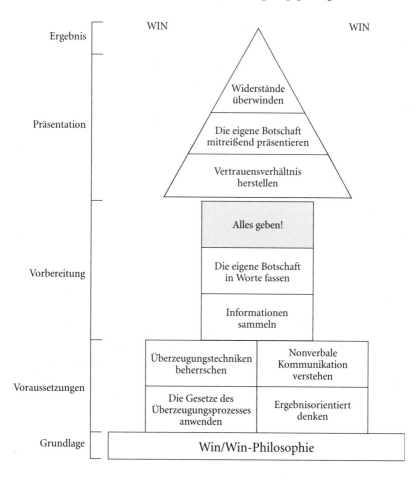

8 Ihre innere Kraft: Wie Sie selbst alles geben und andere für sich gewinnen können

Der Wert des Lebens liegt nicht in der Länge der Zeit, sondern darin, wie wir sie nutzen. Ein Mensch kann lange und dennoch nur wenig leben. – Montaigne

Ein ungeprüftes Leben ist nicht lebenswert. – Sokrates

Handeln entspringt grundlegendem Verlangen. – Harry A. Overstreet

Viele Menschen begeben sich nur mit dem Wissen und den Werkzeugen, die wir in den ersten sieben Kapiteln vorgestellt haben, in den Überzeugungsprozess. (Wenn Sie den Inhalt des Buches bis zu diesem Punkt rundum beherrschen, gehören Sie immerhin zu den obersten fünf Prozent der Kommunikationsexperten!)

In diesem Kapitel werden Sie lernen, wie Sie sich selbst in einen erfolgreichen, dynamischen Kommunikator verwandeln können. Sie werden erfahren, wie charismatische Menschen es schaffen, ihre Anhänger in ihren Bann zu schlagen. Und Sie werden lernen, wie Sie über all jene, mit denen Sie in Kontakt kommen, Einfluss gewinnen können.

«Meister der Überzeugungskunst» wissen, wie sie all die vorgestellten Techniken und Gesetze anwenden müssen. Sie nutzen die Regeln der nonverbalen Kommunikation, der Proxemik, der Informationsgewinnung und der Wortwahl zu ihren Zwecken. Darüber hinaus besitzen sie die Schlüsselelemente, die all diese Werkzeuge zu echten Machtmitteln machen. Mit Hilfe dieser Schlüsselelemente mobilisieren sie ihre innere Kraft.

Die sechs Schlüssel zur vollen Mobilisierung der inneren Kraft

Nur wenige Menschen beherrschen die Kunst der vollen Kraftentfaltung. Schon an früherer Stelle haben wir betont, wie wichtig es ist, sich die eigenen Ziele und Wertvorstellungen bewusst zu machen. Was jetzt noch folgen muss, ist der Quantensprung hin zur Selbstbeherrschung und vollen Mobilisierung der inneren Kraft.

1. Leidenschaft

Was treibt Sie an? Was wollen Sie vom Leben? Was möchten Sie in diesem Leben für sich und andere bewegen?

Wen es danach drängt, dem eigenen Leben und dem Leben anderer Menschen Wert zu geben, verfügt über eine mächtige Motivation. Der leidenschaftliche Wunsch, das Beste aus dem Leben herauszuholen, wird Ihnen Möglichkeiten eröffnen, die bisher ungenutzt blieben. Leidenschaftliche Menschen sind beim Überzeugen zweifellos am erfolgreichsten. Wenn Sie fest daran glauben und mit Inbrunst lieben, wovon Sie andere überzeugen wollen, steht Ihre mentale Dynamik unter Volldampf und arbeitet mit ganzer Kraft. Wer einem von Leidenschaft beseelten Menschen nahe kommt, spürt, dass von diesem Menschen etwas Besonderes ausgeht, und reagiert selbst mit Begeisterung.

Können leidenschaftliche Menschen still sein? Absolut! Leidenschaft ist ein Zustand, der auf viele verschiedene Weisen zum Ausdruck kommen kann. Leidenschaftliche Menschen brauchen nicht andauernd zu sprechen. Ganz im Gegenteil, sie finden vielfach auch andere Ausdrucksformen.

Leidenschaftliche Menschen werden häufig als «charismatisch» beschrieben. Charisma wirkt wie ein Magnetismus, zieht Menschen an und reißt sie zu Begeisterungsstürmen hin. Charisma gilt vielen als unerklärliche Eigenschaft, die manche Menschen von Natur aus besitzen, andere nicht. Ganz so unerklärlich ist diese Eigenschaft allerdings kaum, und jeder von uns kann daran arbeiten, selbst Charisma zu entwickeln.

Menschen wie Elvis Presley, Martin Luther King, John F. Kennedy und Marilyn Monroe z. B. besaßen großes Charisma. Ihnen gemeinsam war die Fähigkeit, sich willentlich in einen Zustand der Leidenschaft zu versetzen.

Wer andere überzeugen will, muss Leidenschaft zeigen.

Erwecken Sie die Leidenschaft in sich. Verlieben Sie sich jeden Tag neu in das Leben und in die Menschen, die Ihnen am Herzen liegen. Spüren Sie pure Freude darüber, dass Sie am Leben sind. Konzentrieren Sie sich auf alles, was Ihnen helfen wird, Ihre Träume zu verwirklichen. Schauen Sie nach vorn und machen Sie sich klar, dass gestern nicht morgen ist.

Gestern ist vorbei und nur noch etwas, aus dem wir lernen können. Der neue Morgen dagegen erscheint mit hellem Licht, und wir haben allen Grund, ihm mutig und zuversichtlich entgegenzuschauen. Das Leben hält Abenteuer und lohnende Herausforderungen für alle bereit, die sich in unbekanntes Terrain vorwagen möchten.

Konzentrieren Sie sich auf Ihre Träume und darauf, was Sie täglich tun können, um sie Wirklichkeit werden zu lassen, und bald wird innerlich eine neue Lust am Leben in Ihnen brennen. Andere Menschen werden Ihre Nähe suchen und Ihre Begeisterung mit Ihnen teilen. Schon bald werden Sie so zum Magneten, um den sich andere scharen.

Als leidenschaftlicher Mensch werden Sie in Ihrem Leben Gutes anziehen. Damit besitzen Sie den ersten Schlüssel zur vollen Mobilisierung Ihrer inneren Kraft.

2. Glaube

Je fester Sie an Ihre Träume glauben, desto stärker werden sie erstrahlen – wie die Sonne beim Sonnenaufgang! Erst ist nur der obere, gleißende Rand zu sehen, doch bald schon wird der riesige Ball hoch in den Morgenhimmel steigen.

Woher Sie das wissen können? Weil es schon immer so war!

Wenn Sie fest daran glauben, dass Sie etwas erreichen können, wird es Ihnen leichter fallen, sich auf den Weg zu machen, um es zu verwirklichen. Mit der gleichen Gewissheit, mit der Sie den nächsten Sonnenaufgang erwarten, können Sie nun auch der Umsetzung Ihrer Ziele entgegensehen.

Als Buch des Glaubens kommt natürlich als Erstes die Bibel in den Sinn. Unter den Weisheiten zum Thema Glauben finden sich darin zwei besonders bemerkenswerte Sätze:

– «Glaube ist ... Zuversicht in das, was man nicht sieht.» (Hebräer 11,1)

– «Glaube ohne Werke ist tot.» (Jakobus 2, 26)

Wenn ein Zimmermann ein Haus bauen will, existiert dieses zunächst nur in seiner Vorstellung. Andere Menschen können das Haus nicht sehen, und doch ist er voller Zuversicht, dass es eines Tages genau dort stehen wird, wo er es bauen will. Bleibt er aber nur auf seinem Zimmermannsplatz sitzen, legt die Hände in den Schoß und «wünscht» sich, dass das Haus da wäre, wird es nie Realität werden. Glaube ohne Werke ist tatsächlich tot! Earl Nightingale, der weltberühmte Erfolgsexperte, sagte: «Gedanken sind Dinge.» Die moderne Neurochirurgie belegt seine Aussage. Wenn man sich etwas ganz genau und detailliert vorstellen kann, kann man es auch in die Realität umsetzen. Dazu braucht es, wie oben erwähnt, allerdings Zuversicht und «Werke».

Menschen mit starkem Glauben besitzen auch große Überzeugungskraft. Der Apostel Paulus z. B. schaffte es fast im Alleingang, den christlichen Glauben in die heidnische Welt des römischen Reiches zu bringen. Natürlich hatte er Helferinnen und Helfer, doch spielte seine Persönlichkeit für die Verbreitung und das Wachstum des Christentums die entscheidende Rolle. Seine missionarische Tätigkeit verbreitete das Evangelium in der gesamten damals bekannten Welt. Er glaubte fest daran, dass ihm dies gelingen würde, er stellte sich in Gedanken vor, dass ihn nichts daran hindern könnte – und er zog los, unternahm etwas, arbeitete hart und veränderte die Welt mit der Botschaft des Jesus von Nazareth.

Mit einem starken Glauben besitzen Sie einen weiteren Schlüssel zur vollen Mobilisierung Ihrer inneren Kraft. Menschen mit starkem Glauben sind beim Überzeugen besonders erfolgreich. Paulus war ein «Meister der Überzeugungskunst».

«Rapport»

Unter «Rapport» versteht man in der Psychologie die verbale und nonverbale Bezogenheit von Menschen aufeinander. Treten Menschen miteinander in Kontakt, passen sie sich meist unbewusst einander an und bewerten dadurch den Kontakt umso positiver. Im Überzeugungsprozess lässt sich dieser Effekt natürlich auch bewusst herbeiführen. Dass Paulus diese Technik perfekt beherrschte, lässt sich an einer der größten Reden ablesen, die je zum Zweck der Einflussnahme auf andere gehalten wurden. Im 17. Kapitel der Apostelgeschichte (Verse 22 bis 31) ist diese Rede wiedergegeben. Beachten Sie vor allem, wie Paulus zunächst gegenseitiges Einverständnis herstellt, um seine Zuhörer auf die entscheidende Botschaft vorzubereiten.

Die Situation war die folgende: Paulus kam nach Athen, in eine Stadt mit einer heidnischen Kultur «voller Götzenbilder». Auf Paulus als Juden und jüdischen Christen wirkte dies abstoßend. Etliche Athener Philosophen forderten Paulus zu einer Debatte heraus und führten ihm zum Areshügel, wo er seine Rede hielt.

Ihr Männer von Athen, ich sehe; dass ihr in allen Stücken gar sehr die Götter fürchtet. [Auf diese Weise gewinnt Paulus die Aufmerksamkeit und das Wohlwollen der Athener. Ein Kompliment ist immer eine ausgezeichnete Eröffnung für eine Rede, die überzeugen soll.]

Ich bin umhergegangen und habe gesehen eure Heiligtümer und einen Altar, darauf war geschrieben: Dem unbekannten Gott. Nun verkündige ich euch, was ihr unwissend verehrt. [Auch hier wird deutlich, wie Paulus die Gesetze des Überzeugungsprozesses für seine Zwecke einzusetzen versteht. Der Altar ist eines *ihrer* Heiligtümer. Die Götter, über die er mit ihnen sprechen will, sind *ihre* Götter. Er hat gar nicht die Absicht, über einen ganz neuen Gott zu sprechen.]

Gott, der die Welt gemacht hat und alles, was darinnen ist, er, der ein Herr ist Himmels und der Erde, wohnt nicht in Tempeln mit Händen gemacht. [Gott erschuf die gesamte Welt, erklärt Paulus den Athenern, und ist deshalb viel zu *groß*, um in einem von Menschen gemachten Tempel zu wohnen.]

Paulus fährt damit fort, dass Gott uns Leben, Atem und einen Platz zum Leben gibt. Er erklärt, dass Gott der Menschen nicht bedarf.

Denn in ihm leben, weben und sind wir; wie auch etliche Dichter bei euch gesagt haben: Wir sind seines Geschlechts.

Paul beruft sich auf die Dichter der Athener. Er macht klar, dass es uns als Gottes Kreaturen nicht zusteht zu meinen, Gott könne wie Stein oder irgendetwas sein, das der Mensch herstellen könne.

Die Zeit der Unwissenheit zwar hat Gott übersehen; nun aber gebietet er den Menschen, dass alle an allen Enden Buße tun. Denn er hat einen Tag gesetzt, an welchem er richten will den Erdkreis mit Gerechtigkeit durch einen Mann, den er dazu bestimmt hat, und hat jedermann den Glauben angeboten, indem er ihn aufgeweckt hat von den Toten.

An diesem Punkt waren Paulus' Zuhörer an der Reihe, sich zu entscheiden. Etliche verspotteten Paulus. Viele andere aber schlossen sich ihm an und übernahmen seinen Glauben.

Der «Rapport», den Paulus mit den Athener Philosophen herstellte, ist der Schlüssel zu diesem Gesinnungswandel. Paulus begann seine Rede nicht damit, dass er den Griechen vorhielt, sie seien Narren, wenn sie Götzen aus Stein verehrten. Nein, im Gegenteil – er beglückwünschte sie zu ihrer offensichtlichen Religiosität.

Nachdem der «Rapport» einmal hergestellt war, setzte Paulus geschickt die Gesetze des Überzeugungsprozesses ein, indem er sich auf die griechischen Dichter berief und Schritt für Schritt auf logische Weise zu einem emotional besetzten Thema kam. Hätte er nicht gleich zu Beginn auf gegenseitiges Einverständnis gesetzt, hätte er ziemlich rasch die gesamte Zuhörerschaft für seine Sache verloren. Stattdessen entschied er sich dafür, nicht zu polarisieren, und setzte Argumentationsmethoden ein, die seine Zuhörer kannten. Paulus war fürwahr ein «Meister der Überzeugungskunst». Man fragt sich, ob er irgendeine Ahnung davon hatte, welche langfristigen Folgen seine Arbeit für die gesamte Menschheit haben würde.

«Rapport» herzustellen bedeutet natürlich mehr, als denjenigen, die man überzeugen möchte, ein Kompliment zu machen. Es geht über die verbalen Aspekte der Kommunikation weit hinaus. Zeigen Sie Verständnis, Interesse und echte Betroffenheit.

Durch «Rapport» gewinnen Sie das Vertrauen und die Aufgeschlossenheit Ihres Gegenübers. Sobald ein gewisses gegenseitiges Einverständnis spürbar wird, fällt es leichter, bisher nicht geteilten Meinungen zuzustimmen. «Rapport» schafft Affinität, menschliche Nähe.

«Rapport» ist eine nonverbale Verbindung von zwei oder mehr Menschen, um die wir uns bewusst bemühen müssen. Dies gelingt nur mit einem gewissen Maß an Selbstbeherrschung. Erst wenn wir uns selbst soweit im Griff haben, dass wir uns nicht von spontanen Regungen hinreißen lassen, sondern unser Verhalten ebenso wie unsere Aussagen bewusst abwägen und steuern, können wir im Überzeugungsprozess wirklich Außergewöhnliches leisten.

In den folgenden Abschnitten wollen wir noch einmal die verschiedenen Aspekte der nonverbalen Kommunikation betrachten und überlegen, was sie für die Herstellung von «Rapport» und für einen erfolgreichen Überzeugungsprozess bedeuten können.

Äußere Erscheinung

Eine gepflegte Erscheinung wirkt sich stark darauf aus, ob jemand von seinen Mitmenschen als sympathisch oder weniger sympathisch eingestuft wird. Ein langhaariger junger Mann in Jeans und T-Shirt wird mit einem älteren Herrn im Nadelstreifenanzug wahrscheinlich nicht so schnell «Rapport» herstellen können. «Meister der Überzeugungskunst» gestalten ihr Äußeres so, dass zu jenen, die sie überzeugen wollen, auch gleich dadurch eine gewisse Affinität entsteht.

Sprachliche Signale

Wie bereits in den Abschnitten zu den verschiedenen Kommunikationsstilen erwähnt, lässt sich «Rapport» am besten dadurch herstellen, dass
man die gleiche Sprechgeschwindigkeit wählt wie die Menschen, die man
überzeugen will, und sich auch bei der Wortwahl an ihnen orientiert.

Körperhaltung

Am schnellsten stellt man «Rapport» her, indem man die Körperhaltung
seines Gegenübers spiegelt. Stehen oder sitzen Sie genau wie Ihr Gesprächspartner. Ob es funktioniert hat, können Sie ganz leicht feststellen,
indem Sie einige Minuten später Ihre Körperhaltung ändern und abwarten, ob Ihr Gesprächspartner Ihnen folgt. Passt er sich an Ihre neue Körperhaltung an, befinden Sie sich im besten Einvernehmen, und Ihr Gegenüber ist für Ihre Vorschläge offen.

Atmung

Auch die Atmung ist bei der Herstellung von «Rapport» äußerst wichtig.
«Meister der Überzeugungskunst» passen sich bei der Atmung ihrem Gegenüber an.

«Rapport» dient dazu, Ihrem Gegenüber die unbewusste Botschaft zu
senden, dass Sie ihm ganz ähnlich sind. Je vertrauter Sie auf jemanden
wirken, desto wahrscheinlicher ist es, dass er Ihnen sein Vertrauen
schenkt. Es verleiht Ihren Vorschlägen Glaubwürdigkeit, und Sie selbst
werden als integer wahrgenommen. Gegenseitiges Vertrauen lässt alle
Verteidigungswälle hinfällig werden, Ihre Zuhörer werden für Ihre Vorschläge offen sein, und der Überzeugungsprozess kann sich erfolgreich
gestalten.

4. Ergebnisorientiertes Denken

Menschen mit Charisma und großer Überzeugungskraft haben das ergebnisorientierte Denken zum Prinzip erhoben und völlig verinnerlicht.
Sie wissen, wohin sie wollen und warum sie dorthin unterwegs sind.
Selbst wenn sie einmal von den Ereignissen des Alltags abgelenkt werden,
kommen sie immer wieder auf den einmal eingeschlagenen Kurs zurück.

«Meister der Überzeugungskunst» nutzen das ergebnisorientierte Denken in allen Bereichen ihres Lebens. Sie visualisieren ihre Träume, entwerfen konkrete Pläne zur Umsetzung ihrer Visionen und nehmen sogar die Ergebnisse ihrer Alltagsgespräche vorweg. Wenn jemand versucht, sie von ihrem Vorhaben abzubringen, lenken sie das Gespräch freundlich, aber bestimmt auf den Kurs zurück, den sie vorher festgelegt haben. Das ergebnisorientierte Denken ist keine Technik, sondern ein Lebensstil. Charismatische Menschen sind auf Pannen bestens vorbereitet, weil sie immer einen «Plan B» haben, auf den sie in solchen Fällen zurückgreifen können. Aus diesem Grund sind die meisten charismatischen Menschen auch «Meister der Überzeugungskunst». Sie wissen, was sie wollen, warum sie es wollen und wie sie es erreichen können.

Ein wesentlicher Bestandteil des ergebnisorientierten Denkens ist die Fähigkeit, jede neu entstehende Situation so zu wenden, dass sie den eigenen Zielen dient. Schauen wir uns die folgenden Beispiele an, in denen jeweils ein «Meister der Überzeugungskunst» auf Einwände reagiert.

Kunde: Wir können uns keine Lebensversicherung leisten. Wir haben einfach nicht das Geld dazu.

Versicherungsvertreter: Genau aus diesem Grund brauchen Sie eine Lebensversicherung, Herr Müller. Was, wenn Sie morgen sterben würden? Sollten Sie nicht alles daran setzen, Ihre Frau und Ihren Sohn vor einer Katastrophe zu schützen?

Ehemann: Ich will das Haus diesen Sommer nicht streichen. Es ist einfach viel zu heiß dazu.

Ehefrau: Genau aus diesem Grund sollten wir es streichen. Du weißt genauso gut wie ich, dass eine zusätzliche Farbschicht besser isolieren und uns Kühl- und Heizkosten sparen kann. Du willst doch Geld sparen, oder?

Ehemann: Ich will heute Abend nicht ausgehen. Ich bin zu müde.

Ehefrau: Genau aus diesem Grund sollten wir trotzdem gehen. Du musst einfach öfter mal rauskommen und etwas anderes sehen. Du arbeitest zuviel. Komm, lass uns ein bisschen Spaß haben. Das wird deine Lebensgeister wieder wecken.

Kunde: Ich glaube nicht, dass wir uns dieses Auto leisten können. Wir sind einfach zu knapp bei Kasse.

Autoverkäufer: Genau aus diesem Grund sollten Sie es kaufen. Sie haben die Reparaturstatistik ja gesehen. Bei diesem Wagen kommen so gut wie nie Reparaturen vor. Der Gebrauchtwagen, den Sie fahren, wird Hunderte oder gar Tausende pro Jahr an Reparaturen verschlingen. Würden Sie für das gleiche Geld da nicht lieber den neuen 97er fahren?

Passant: Ich würde Ihrem Verein ja gern etwas spenden, ich habe bloß bisher noch nie von dem Verein gehört.

Spendensammler: Genau aus dem Grund sollten Sie gleich heute spenden. Sie haben selbst gesagt, dass Sie von unserem Ansatz, Kindern in Not zu helfen, überzeugt sind. Durch die Unterstützung von Menschen wie Ihnen werden wir und unser Anliegen schneller bekannt werden, und wenn ich nächstes Jahr wieder hier bin, werden Sie froh sein, dass Sie zu den Vorreitern gehört haben.

Das ergebnisorientierte Denken ist für die meisten Menschen ein völlig neuer Denkstil. Der Erfolg ist dabei aber fast automatisch vorprogrammiert: Ist ein Ziel im Voraus formuliert und fest ins Auge gefasst, tut das Unbewusste alles in seiner Macht Stehende, um Sie tatsächlich dorthin zu bringen.

Das klingt unglaublich? Nein, es geschieht tatsächlich jeden Tag. Denken Sie daran, wie oft Sie schon ganz in Gedanken zur Arbeit gefahren sind und sich hinterher nicht mehr erinnern konnten, wie Sie überhaupt dorthin gekommen sind – und doch sind Sie sicher und wohlbehalten an Ihrer Arbeitsstelle angelangt.

Wenn Ihnen das nächste Mal jemand mit dem Einwand kommt, er könne oder wolle etwas Bestimmtes nicht tun, überlegen Sie, warum er es genau aus diesem Grund trotzdem tun sollte!

Natürlich braucht es ständige Wiederholung, viel Übung und bewusste Anstrengung, um das ergebnisorientierte Denken fest in Ihren Alltag einzubauen. Aber Sie werden sehen: Die Mühe wird sich mehr als lohnen!

5. Persönliche Entschlusskraft

Unter «persönlicher Entschlusskraft» verstehen wir die Fähigkeit, den eigenen Worten auch Taten folgen zu lassen. Vielleicht haben Sie schon den weisen Ausspruch gehört: «Der Weg zur Hölle ist mit guten Vorsätzen gepflastert.» Gute Vorsätze mögen äußerst lobenswert sein, erst das Handeln jedoch führt zu greifbaren Ergebnissen. Wenn Sie Charisma und Überzeugungskraft besitzen wollen, müssen Sie Ihre persönliche Entschlusskraft zur Entfaltung bringen. Auch wenn Sie alle bisher erwähnten

Methoden und Techniken beherrschen – ohne die Fähigkeit, gute Vorsätze in Handlungen umzusetzen, werden Sie Ihre Ziele nicht erreichen. Ihre persönliche Entschlusskraft unterliegt zu 100 Prozent Ihrer eigenen Kontrolle. Ist es Ihr wahres Bestreben, in jeder Situation WIN/WIN-Ergebnisse zu erzielen, oder wollen Sie sich auch weiterhin mit LOSE/WIN- oder LOSE/LOSE-Ergebnissen zufrieden geben?

Wenn wir unsere persönliche Entschlusskraft nicht einsetzen, ist das so, als würden wir uns darauf vorbereiten, in den Urlaub zu fahren, und dann doch zu Hause bleiben. Das Auto ist gepackt, alle Familienmitglieder sitzen angeschnallt im Auto, der Zündschlüssel steckt und das Auto wird angelassen, aber der Fahrer legt keinen Gang ein und tritt nicht aufs Gaspedal. Urlaubsfreude kann so nicht aufkommen!

Wenn Sie aufgrund des ergebnisorientierten Denkens wissen, welche Ziele Sie anstreben, unternehmen Sie bitte auch etwas, um diese Ziele tatsächlich zu erreichen! Wenn Sie schon beim ersten Anzeichen von Widerstand aufgeben, können Sie die Überzeugungskunst nicht meistern lernen. Bis Sie es geschafft haben, Ihre vorher festgelegten Ziele zu erreichen, müssen Sie beharrlich am Ball bleiben.

Dinge vor sich her zu schieben bedeutet Stillstand. Malen Sie sich Ihre Ziele beim Visualisieren so verlockend aus, dass Sie gar nicht anders können, als sofort zu handeln, um sie Wirklichkeit werden zu lassen. *Handeln Sie jetzt!*

6. Macht über andere Menschen

Leidenschaftliche Menschen ziehen ihre Mitmenschen an. Was sie sagen, ist meistens stimmig, und wie bereits dargelegt, vertraut man Menschen, die in sich stimmig und konsequent erscheinen – und Menschen, denen man vertraut, glaubt man auch eher.

Wer Leidenschaft für das Leben und für seine Ideen, Produkte, Dienstleistungen und Überzeugungen zeigt, wird es sehr viel leichter haben als leidenschaftslose Zeitgenossen, andere von seinem Standpunkt zu überzeugen. Wem es gelingt, anderen eine Vision zu vermitteln, an die sie glauben können, wird bald eine treue Anhängerschaft finden.

Auch Sie können diesen Effekt für sich nutzen, indem Sie Leidenschaft für Ihr Leben und Ihre Überzeugungen, Ideen, Produkte und Dienstleistungen entwickeln. Sie können Macht über andere gewinnen, indem Sie sich ganz darauf konzentrieren, ihnen zu helfen, ihre Ziele zu erreichen und ihre Wertvorstellungen zu verwirklichen. Sie gewinnen diese Macht, indem Sie immer und überall eine WIN/WIN-Situation zu schaffen versuchen.

Letztlich können Sie Macht über andere nur in dem Maße gewinnen, in dem Sie sich selbst beherrschen, bewusst steuern und gezielt verhalten.

Wenn Sie all diese Punkte beherzigen, sind Sie für die positive Einflussnahme bestens vorbereitet. Sie sind jetzt bereit, Ihr Bestes zu geben!

Ehe Sie sich in den Überzeugungsprozess hineinbegeben – und dies ist völlig unabhängig davon, ob Sie Ihre Partnerin oder Ihren Partner, Ihre Vorgesetzte oder Ihren Vorgesetzten, Ihr Team oder ein großes Publikum überzeugen wollen – sollten Sie sich kräftemäßig noch einmal richtig aufladen. Sie müssen vor innerer Kraft so strotzen, dass Sie gar nicht mehr aufzuhalten sind!

Die Zukunft visualisieren

Lesen Sie die folgenden Anweisungen einmal in Ruhe durch, ehe Sie sie in die Tat umsetzen:

Schließen Sie die Augen und erinnern Sie sich an eine Situation, in der Sie vollkommen selbstbewusst waren, eine Situation, in der Sie wussten, dass Sie alles, was Sie wollten, auch erreichen konnten, und dies dann schließlich auch geschafft haben. Betrachten Sie die Situation ganz von dem Standpunkt aus, wie Sie sie erlebt haben, und versuchen Sie, sie noch einmal zu durchleben. Was haben Sie sich damals gesagt? Wie haben Sie sich damals gefühlt? Welche Verhaltensweisen erlaubten Ihnen, Ihre selbst gesteckten Ziele auch zu erreichen? Prägen Sie sich diese Dinge ein! Lassen Sie die Situation so intensiv wie möglich erneut auf sich wirken. Und lassen Sie sich Zeit für diese Übung.

Denken Sie dann an all diese Gefühle, Geräusche und Bilder, die zu der selbstbewussten und kraftgeladenen Situation gehörten, und stellen Sie sich die Person oder die Gruppe vor, die Sie als Nächstes überzeugen wollen. Spüren Sie die gleichen selbstbewussten, kraftvollen Gefühle und stellen Sie sich vor, wie Sie die Person oder die Gruppe von Ihrer Art des Denkens überzeugen. Lassen Sie sich Zeit. Genießen Sie die positiven Gefühle. Und genießen Sie Ihren Erfolg.

Öffnen Sie dann die Augen und spüren Sie, wie selbstbewusst und stark Sie sich jetzt fühlen.

Dieses Vorgehen hat nichts Geheimnisvolles. Warum es funktioniert, ist ganz einfach: Unser Gehirn kann den Unterschied zwischen einer «echten» und einer bloß mit Hilfe aller Sinne lebhaft vorgestellte Erfahrung nicht unterscheiden. Wenn Sie sich ganz intensiv an eine Situation erinnern, durchlebt das Gehirn sie im wörtlichen Sinne neu.

Aus dem gleichen Grund haben Sie auch die Chance, Erinnerungen bewusst zu *schaffen*. Unabhängig davon, wie gut oder schlecht Ihre vergangenen Erfahrungen waren, können Sie sie durch Visualisieren der Zukunft bereichern. Kraft Ihrer Phantasie können Sie sich ein ganzes Repertoire positiver Erfahrungen schaffen, auf das Sie immer wieder zurückgreifen können.

Die Macht der Phantasie jedenfalls sollte man nicht unterschätzen. Keine der bahnbrechenden Erfindungen des 19. und 20. Jahrhunderts wäre möglich gewesen, wenn sie nicht *zuerst* in der Vorstellung eines Menschen existiert hätten.

Gedanken sind Dinge. Alles wird zweimal geschaffen – einmal in der Vorstellung und ein zweites Mal in der Realität, wo auch der Rest der Welt daran teilhaben kann.

Setzen Sie deshalb auch Ihre Phantasie für Ihren Erfolg beim Überzeugen ein. Nehmen Sie sich die anstehenden Probleme gedanklich vor und lösen Sie sie zuerst in Ihrer Vorstellung. Denken Sie schon vorher an die Menschen, die Sie überzeugen wollen, und stellen Sie sich vor, welche Argumente Ihnen einleuchten, so dass sie schließlich gar nicht anders können als Ihre Vorschläge anzunehmen.

Wenn Sie im Verkauf tätig sind und Ihre Verkaufszahlen derzeit einen Tiefstand haben, gehen Sie im Geist zehn oder zwanzig Präsentationen durch, die alle mit erfolgreichen Verkäufen enden. Bald werden Sie feststellen, dass Ihr Tief nur von kurzer Dauer ist. Die an den intensiv visualisierten Erfolg gebundenen Gedanken und Gefühle werden Ihnen eine Glückssträhne bescheren. Hatten Sie schon einmal eine solche Glückssträhne, und es lief alles genau so, wie Sie es sich erhofft hatten? Rufen Sie die damit verbundenen Gefühle noch einmal wach, und Sie werden nicht mehr aufzuhalten sein.

Positiv denken

– «Denken Sie nicht an Ihr Auto!»

– «Denken Sie nicht an Meereswellen!»

– «Denken Sie nicht an Präsident Bush!»

Woran haben Sie gedacht? Wahrscheinlich an Ihr Auto, an Meereswellen und an Präsident Bush. Wie bereits an früherer Stelle erwähnt, ist unser Gehirn von Geburt an darauf programmiert, das Wort «nicht» zu ignorieren.

Schauen Sie sich die obigen Aussagen noch einmal an. Streichen Sie das Wort «nicht» (indem Sie es mit dem Finger zuhalten), und Sie werden sehen, dass Ihr Gehirn genau das tat, was Sie ihm befohlen haben. Betrachten Sie dann die folgenden Aussagen:

– «Sei nicht so dumm!»

– «Führ dich nicht auf wie ein Idiot!»

– «Bring dich nicht immer in Schwierigkeiten!»

Inzwischen sind Sie schon so klug zu wissen, dass diese Aussagen das Gehirn dazu bringen werden, genau das zu tun, was sie eigentlich verneinen.

Was wir denken und sagen, beeinflusst andere ebenso wie uns selbst. Negative Denkmuster sollten wir aus den oben genannten Gründen prinzipiell vermeiden. Selbst «spontane» Äußerungen über uns selbst oder andere können sowohl positiv als auch negativ wirken. Wir sollten deshalb extrem vorsichtig sein.

Im vorigen Abschnitt haben wir über die Macht positiver Visualisierungen gesprochen. Eine ähnlich konstruktive Kraft können positive Gedanken entfalten. Dazu müssen sie vier Voraussetzungen erfüllen:

1. Positive Gedanken müssen ohne Verneinung formuliert sein.
2. Positive Gedanken müssen in der Gegenwartsform formuliert sein.
3. Positive Gedanken müssen kraftvoll (mit Emotion) formuliert sein.
4. Positive Gedanken müssen präzise formuliert sein (damit sie Beweiskraft entfalten können).

Kommen wir noch einmal auf die erste Voraussetzung, die positive Formulierung, zurück. Was meinen Sie, welche Botschaft in Wirklichkeit mit der folgenden Aussage verbunden ist?

– «Ich darf nicht dick werden.»

Falls Sie auf die Erlaubnis zum Dickwerden getippt haben, liegen Sie genau richtig. Sagen Sie sich stattdessen: «Jetzt, wo ich wieder Größe 38 tragen kann, sehe ich im Spiegel einfach klasse aus!»

– «Aber ich trage Größe 42», wenden Sie ein? «Warum soll ich mir da etwas vormachen?»

Sie machen niemandem etwas vor. Ihr Gehirn glaubt Ihnen, dass Sie Größe 38 tragen. Die ersten Male wird es Sie vielleicht noch der Lüge bezichtigen, wenn Sie es mit diesem neuen inneren Dialog probieren. Nach einer Weile aber wird es sagen: «Hm, ich schätze, das ist tatsächlich Größe 38», und es wird Ihnen erlauben, das erforderliche Gewicht zu verlieren, bis Sie tatsächlich wieder in Größe 38 passen.

– «Um andere zu überzeugen, trete ich selbstbewusst und ruhig auf. Ich erreiche die Ziele, die ich mir gesetzt habe, und schaffe eine WIN/WIN-Situation.»

Das ist ein positiv formulierter Gedanke. Um das Ganze noch konkreter zu machen: Nehmen wir einmal an, eine Frau wolle ihren Mann davon überzeugen, am Abend mit ihr auszugehen. Ihr positiver Gedanke könnte lauten: «John wird es Freude machen, mich heute Abend auszuführen. Er findet es schön, mit mir unterwegs zu sein, und bestimmt geht er auch in Zukunft gern öfter mit mir aus, weil wir heute Abend so viel Spaß haben werden.»

Ein Autoverkäufer würde sich sagen: «Wie sich die Dinge ändern können! Wenn ich so weitermache, verkaufe ich diesen Monat 25 Autos. Die Kunden scheinen auf Anhieb gut mit mir klarzukommen und können gar nicht anders als ja sagen, wenn es darum geht, sich für einen Kauf zu entscheiden.»

Grob gesprochen, haben Sie Tag für Tag 16 wache Stunden, in denen Sie sich bewusst mentalen Reizen aussetzen können, sowie acht Stunden, in denen Sie schlafen. Die acht Stunden Schlaf wollen wir, zumindest was dieses Buch betrifft, einmal außen vor lassen. Wenn Sie 15 Stunden und 59 Minuten innerlichen und äußerlichen negativen mentalen Reizen ausgesetzt sind, wird eine Minute mit positiven Gedanken Ihr Leben wohl kaum verändern.

Positive Gedanken müssen, ebenso wie das ergebnisorientierte Denken, zu einem festen Bestandteil Ihres Lebensstils werden. Wir alle sind oft jahrelang so negativ programmiert worden, dass wir mit dem positiven Denken möglichst *sofort* beginnen sollten.

Der US-amerikanische Bestseller-Autor Brian Tracy rät dazu, innerlich kurze Sätze zu wiederholen wie: «Ich mag mich», «Ich bin gut», usw. Wenn wir unser Gehirn Minute für Minute mit solchen positiven Gedanken füttern, ist das wie mit Münzen, die wir in ein leeres Sparschwein stecken: Am Anfang fallen sie noch tief, aber mit der Zeit wächst und wächst unser Guthaben an.

W. Clement Stone, Autor von «Der unfehlbare Weg zum Erfolg», rät zu: «Tu es jetzt!» als positivem Startsignal. Tatsächlich handelt es sich um einen der wirkungsvollsten Sätze, mit denen Sie sich selbst voranbringen können. Immer, wenn Ihnen Zweifel kommen: «Tu es jetzt!»

Die Selbstsicherheit und die Energie, die Sie durch positives Denken gewinnen können, werden Ihre Chancen beim Überzeugen enorm erhöhen. Weil positives Denken eng mit dem ergebnisorientierten Denken verbunden sind, werden sie Sie auch auf diesem Gebiet voranbringen. Probieren Sie es einmal drei Wochen lang aus. Schon nach einer so kurzen Zeitspanne werden Sie die nutzbringenden Auswirkungen täglich bewusst eingesetzter positiver Gedanken deutlich spüren können.

Anfangs ist es ratsam, Ihre positiven Gedanken aufzuschreiben. Denken Sie daran: Sie müssen ohne Verneinung, in der Gegenwart, kraftvoll und präzise formuliert sein.

Positive Gedanken haben noch einen weiteren Vorteil: Sie tragen dazu bei, dass Sie sich auf Dinge konzentrieren, die Sie von negativen Emotionen wie Angst und Zweifeln ablenken. Auch dies wird letztlich Ihre Überzeugungskraft erhöhen.

Sollten Sie im Laufe des Überzeugungsprozesses jemals Angst oder negative Emotionen verspüren, besteht die Gefahr, dass Sie bei diesen Emotionen verharren, anstatt den Ausführungen Ihres Gegenübers möglichst objektiv zu lauschen. Selbst wenn das, was der andere sagt, Sie nervös macht, können Sie Ihre negativen Reaktionen ausschalten, indem Sie versuchen, sich in den anderen hineinzuversetzen und zu überlegen, *warum* er das sagt, was er gerade vorträgt.

Zuversicht ausstrahlen

Bisher haben wir besprochen, wie wir uns mit der Visualisierung der Zukunft und positiven Gedanken auf den Überzeugungsprozess optimal vorbereiten können. Diese Techniken sind mit unseren visuellen und auditiven Repräsentationssystemen verbunden. Ehe wir uns in den Überzeugungsprozess hineinbegeben, wollen wir nun noch lernen, unsere Physiologie so einzusetzen, dass wir Zuversicht ausstrahlen.

Signalisieren Sie auch durch Ihre Körperhaltung Selbstbewusstsein und Erfolgsgewissheit. Atmen Sie tief und langsam durch die Nase ein und langsam durch den Mund wieder aus. Tun Sie dies drei- bis viermal, ehe Sie den Raum betreten, in dem Sie mit anderen kommunizieren werden.

Stehen Sie möglichst aufrecht, nehmen Sie tiefe Atemzüge und denken Sie an die Bilder, die Sie im Kopf hatten, als Sie sich vollkommen selbstbewusst und zuversichtlich fühlten. Spüren Sie diesem Gefühl nach. Denken Sie an Menschen, die Sie mit ihrem Auftreten beeindruckt haben. Wie ist ihre Körperhaltung? Wie stehen oder sitzen sie da, und wie schauen sie in die Welt? Denken Sie dann an Menschen, die einen eher schwachen und unsicheren Eindruck machen. Wie ist deren Körperhaltung? Wie stehen oder sitzen sie da, und wie verhalten sie sich zu ihrer Umwelt? Denken Sie an jemanden, der in letzter Zeit oft niedergeschlagen war, aber richtig aufgelebt ist, als Sie ihm etwas Aufregendes erzählten. Halten Sie all Ihre Beobachtungen schriftlich fest. Mit Hilfe dieser einfachen Übungen werden Sie diese Informationen rascher erinnern und im Bedarfsfall einsetzen können, ohne sich bewusst darum bemühen zu müssen.

Schlüssel-Stichworte: Ihre innere Kraft

I.   Die sechs Schlüssel zur vollen Mobilisierung der inneren Kraft
   A. Leidenschaft
   B. Glaube
   C. «Rapport»
      1. Äußere Erscheinung
      2. Sprachliche Signale
      3. Körperhaltung
      4. Atmung
   D. Ergebnisorientiertes Denken
   E. Persönliche Entschlusskraft
   F. Macht über andere Menschen
II.   Die Zukunft visualisieren
III. Positive innere Dialoge formulieren
   A. Positiv
   B. In der Gegenwartsform
   C. Kraftvoll
   D. Präzise
IV.   Zuversicht ausstrahlen

Wie Überzeugung gelingt

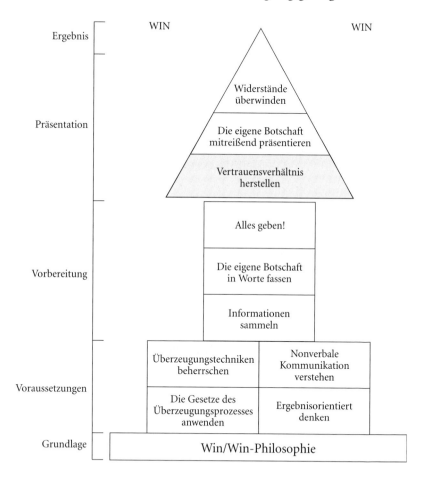

9 Ein Vertrauensverhältnis herstellen

Vielen Menschen gelingt es nicht, einen vorteilhaften Eindruck zu erwecken, weil sie nicht aufmerksam zuhören können. – Isaac F. Marcosson

Übernimm stets den Tonfall der Gesellschaft, in der du dich befindest. – Earl of Chesterfield

Wecke in anderen zuerst einen starken Wunsch. Wer dies kann, hat die Welt auf seiner Seite. Wer es nicht kann, wird einsam sein. – Harrys A. Overstreet

Die Fähigkeit, schon in den ersten Phasen des Kommunikationsprozesses den Respekt, das Vertrauen und die Zuneigung eines Fremden zu gewinnen, ist für die Entstehung einer bedeutsamen Beziehung und das erfolgreiche Überzeugen wesentlich. Dazu gehört, die Wertvorstellungen und den Lebensstil seines Gegenübers einzuschätzen und seine Bedürfnisse wahrzunehmen und anzuerkennen. Das daraus entstehende Vertrauensverhältnis nennt man in der Psychologie «Rapport».

Stellen Sie sich ein mitten im Winter auf einer Landstraße liegen gebliebenes Auto vor, das nicht mehr anspringt, weil die Batterie völlig leer ist. Sie kommen vorbei, halten an, holen Ihr Starterkabel aus dem Kofferraum und schließen es an. Sie klemmen positiv an positiv und negativ an negativ. Dann steigen Sie wieder in Ihr Auto und lassen den Motor an. Auch der andere steigt in sein Auto, dreht den Zündschlüssel – und sein Auto läuft sofort! Sie haben einem Menschen in Not geholfen. Sein vorherrschendes Gefühl ist Dankbarkeit.

Stellen Sie sich dasselbe liegen gebliebene Auto auf der winterlichen Landstraße vor. Sie schließen Ihr Kabel an, verwechseln dabei aber die beiden Pole. Aus Versehen (oder weil Sie es nicht besser wissen) klemmen Sie positiv an negativ und negativ an positiv. Sie steigen in Ihr Auto und stellen Ihren Motor an. Der andere dreht seinen Zündschlüssel – und die Batterie explodiert! Auch wenn niemand verletzt wurde, haben Sie jetzt ein ernsthaftes Problem. Aus einer guten Absicht ist eine katastrophale Situation entstanden.

In beiden Geschichten stehen die Starterkabel für den richtigen oder falschen Einsatz von «Rapport». Wenn wir es schaffen, die Pole richtig anzuschließen, entsteht eine wahre geistige oder emotionale Affinität. Am Ende eines erfolgreich verlaufenden Kommunikationsprozesses steht dann eine Person, die uns dankbar ist – und genau das ist unser Ziel. Wenn wir keinen «Rapport» herstellen können, klemmen wir die Starterkabel verkehrt herum an, und am Ende explodiert nicht nur die jeweilige Situation, sondern möglicherweise gleich die gesamte Beziehung.

Im Überzeugungsprozess versuchen wir, unserem Gegenüber dabei zu helfen, so genau wie möglich zu verstehen, was wir denken. Beim Übermitteln von Ideen kann es immer Störungen geben. Gelingt es uns jedoch, gleich von Anfang an «Rapport» aufzubauen, stehen die Chancen auf Erfolg äußerst gut.

Stellen wir uns vor, ein Mann findet eine Frau sehr sympathisch und will die Beziehung vertiefen. Auf der Suche nach möglichen gemeinsamen Interessen denkt er an seinen kleinen Pudel. Dieser Pudel ist ihm sehr wichtig, und er weiß nicht, ob er mit jemandem auskommen könnte, der seinen Pudel nicht mag. Deshalb fragt er:

«Magst du Hunde, Anna?»

Anna bekommt eine Gänsehaut. Als Kind wurde sie von einem riesigen Schäferhund gebissen, und das ganze schreckliche Erlebnis fällt ihr sofort wieder ein.

«Nein! Um Hunde mache ich einen großen Bogen!»

Wenn den beiden wirklich etwas aneinander liegt, werden sie das Missverständnis irgendwann klären können. Erst einmal aber kommt es zu einer Irritation. Dies liegt daran, dass beide unter dem Begriff «Hund» etwas anderes verstehen. Für den Mann ist ein Hund ein niedlicher kleiner Pudel, die Frau denkt bei einem Hund gleich an einen bissigen Schäferhund.

Herrscht zwischen beiden kein grundsätzliches Einverständnis, werden sie das Gespräch nicht fortführen. Aufgrund eines einzigen Fehlers in der Kommunikation ist eine potenziell fruchtbare Beziehung verpatzt.

Bei einem starken «Rapport» hätte das Gespräch etwa folgendermaßen weitergehen können:

«Kann es wirklich sein, dass du niedliche kleine Pudel nicht magst?»

«Pudel?»

«Ich glaube, ich habe noch niemanden kennen gelernt, der um einen Pudel einen großen Bogen macht.»

«Pudel? Ich dachte, du meinst riesige Schäferhunde.»

«Nein, nein. Ich habe einen Pudel namens Tinkerbell. Der ist unglaublich süß. Deshalb habe ich gefragt.»

«Na, wenn das so ist. Gegen Pudel habe ich nichts. Ich dachte ... na ja, weißt du ...»

Ja, natürlich weiß er es jetzt! Er hätte fragen sollen, ob sie Pudel mag, und sie hätte fragen sollen, welche Art von Hunden er meint. Einzig und allein die Stärke des «Rapports» zwischen den beiden entscheidet darüber, welches Szenario zum Tragen kommt. Genau deshalb ist «Rapport» im Kommunikations- und Überzeugungsprozess so ungeheuer wichtig. Je stärker der «Rapport», desto größer die Chance, dass Kommunikationsprobleme zum Nutzen aller Beteiligten überwunden werden können.

Je ähnlicher Menschen denken, desto sympathischer finden sie sich. Das Gleiche gilt für die im Kommunikationsprozess aktivierten Bilder: Je ähnlicher sich diese Bilder sind, desto näher kommen sich die miteinander kommunizierenden Menschen geistig, emotional und körperlich.

Kommen wir zu dem bereits in Kapitel 6 vorgestellten Beispiel von dem Anzeigenverkäufer und dem Restaurantbesitzer zurück. Schauen wir uns an, wie ein «Meister der Überzeugungskunst» ein gegenseitiges Vertrauensverhältnis herstellt und sein Anliegen vorträgt.

Der Anzeigenverkäufer, Ken Harding, betritt das Restaurant in Anzug und Krawatte. In seiner linken Hand trägt er eine dünne Aktenmappe. Auf den ersten Blick wird ihm klar, dass im Restaurant an diesem Nachmittag nicht viel los ist. Angesichts des lauen Umsatzes wird der Besitzer sich teure Werbung kaum leisten können, hätte dies aber genau aus diesem Grund dringend nötig. Mr. Hardings Zeitung genießt, was die Werbeerfolge von Anzeigen betrifft, einen ausgezeichneten Ruf. Das Lokal ist sauber und gepflegt. Der Besitzer, John Williams, hat gerade kassiert und verabschiedet eine Gruppe von Gästen. Mr. Harding geht auf ihn zu, sagt aber zunächst nichts.

Mr. Williams: Kann ich Ihnen helfen? [Mr. Harding registriert sein mäßiges Sprechtempo und die gedrosselte Lautstärke seiner Stimme. Möglicherweise ist er auditiv orientiert.]

Mr. Harding: Mr. Williams?

Mr. Williams: Ja, der bin ich.

Mr. Harding: Ken Harding von der *Gazette*. Wir haben am Freitag miteinander telefoniert. Sie sagten, ich könne heute gegen zwei Uhr vorbeischauen, um Ihnen die spezielle Werbeaktion zu zeigen, die die *Gazette* für Restaurantbesitzer aufgelegt hat. Dafür werde ich Sie nicht länger als etwa sieben Minuten beanspruchen müssen. Können wir uns setzen? [Er zeigt auf einen Ecktisch. Die genaue Zeitangabe macht Mr. Harding, weil er sich darüber im Klaren ist, dass John Williams vom Persönlichkeitstyp her ein Bestimmer ist. Die präzise Angabe «sieben Minuten» soll seine eigene Glaubwürdigkeit unterstreichen und gegenseitiges Vertrauen herstellen.]

Mr. Williams: Verstehe. Hier entlang, bitte.

Mr. Harding: Wie lange führen Sie das Restaurant schon, Mr. Williams? [Er setzt bewusst den Namen des Wirtes ein.]

Mr. Williams: Das ist jetzt das sechste Jahr. [Sein Sprechtempo ist noch immer mäßig.]

Mr. Harding: Wie schaffen Sie es, in wirtschaftlich schwierigen Zeiten, in denen andere stark zu kämpfen haben, so gut dazustehen? Wahrscheinlich sind Sie viele Stunden in der Woche persönlich im Lokal. [Mr. Harding betont dies, weil Mr. Williams zur Bevölkerungsgruppe der «Soliden» gehört. Die Anerkennung seines großen persönlichen Einsatzes tut ihm erwartungsgemäß sichtlich gut. Mr. Williams holt für beide etwas zu trinken. Mr. Harding setzt sich so, dass er zum Tresen blickt. Für Mr. Williams bleibt der Platz gegenüber, von dem aus er nichts anderes sehen kann als Mr. Harding. Auf diese Weise nutzt der Anzeigenkäufer die Gesetze der Proxemik.]

Mr. Williams: Na ja, ich weiß nicht, wie gut wir wirklich dastehen. Wir haben unsere Stammkunden, die halten uns am Leben. [Mit dem Strohhalm rührt er in seinem Getränk.]

Mr. Harding: [Nimmt seinen Strohhalm und beginnt ebenfalls, in seinem Glas zu rühren.] Ich komme ja viel herum und spreche mit vielen Geschäftsleuten, Mr. Williams. Manche Leute scheinen einfach zu wissen, wie man die Leute in sein Lokal holt. Welche Art von Werbung hat sich denn Ihrer Erfahrung nach als erfolgreich erwiesen? [Mit dieser Frage will Mr. Harding die Wertvorstellungen und Bedürfnisse von Mr. Williams ermitteln.]

Mr. Williams: Das ist schwer zu sagen. Nur wenn man Coupons mit abdruckt, kann man sehen, wer die Werbung gelesen hat und daraufhin ins Lokal kommt. Der Nachteil der Coupons ist aber, dass man in vielen Fällen letztlich seinen Stammkunden Rabatt gibt und auf diese Weise doppelt bezahlt.

Mr. Harding: Hat sich denn schon einmal etwas bewährt und Gewinn gebracht?

Mr. Williams: [Beugt sich vor] Na ja, wir haben einmal eine Einwurfsendung mit dem Angebot «Ein Essen zum normalen Preis, ein zweites Essen zum halben Preis» gemacht. Das hat uns schon viel Kundschaft eingebracht.

Mr. Harding: [Beugt sich ebenfalls vor] Wonach entscheiden Sie, ob eine Aktion so erfolgreich war, dass Sie sie wiederholen wollen?

Mr. Williams: Na ja, wir müssen schon damit Geld verdienen, sonst lohnt sich das nicht.

Mr. Harding: Und wenn Sie mit einer Werbeaktion in der *Gazette* Geld verdienen würden, würden Sie sie dann in Zukunft wiederholen? [Mr. Harding nutzt das «Gesetz der Konsequenz» sowie die Technik «Zukunftsperspektive sichern».]

Mr. Williams: Sicher, wenn sie Geld bringt.

Die Anzeige ist so gut wie verkauft! Die meisten Verkäufer kommen erst gar nicht so weit – und wenn doch, wissen sie nicht, was sie als Nächstes tun sollen. Wir aber wissen an diesem Punkt bereits, dass John Williams eine Anzeige in der *Gazette* schalten wird, da er sagte, er würde die Aktion in Zukunft wiederholen, wenn sie Gewinn abwirft. Um zu sehen, ob sie ihm Geld bringt, muss er aber erst einmal eine Anzeige schalten. Die Technik «Zukunftsperspektive sichern» hat sich für unseren Anzeigenverkäufer als erfolgreich erwiesen.

Jetzt braucht er nur noch die Einzelheiten auszuarbeiten. Es könnte sein, dass er bei Mr. Williams dabei noch auf einige Einwände stößt. Wenn er die vorher über den Gastwirt gesammelten Informationen präsent hat, sollte es jedoch kein Problem sein, diese Einwände auszuräumen. Bei der Präsentation der Werbeaktion stehen ihm immer noch zahlreiche Optionen zur Verfügung. So wäre es z. B. klug von Mr. Harding, (1) einige andere Restaurantbesitzer zu erwähnen, die diese Werbeaktion erfolgreich genutzt haben; (2) die Erfolgsgarantie (mit Geld-zurück-Garantie) der Zeitung zu erwähnen; (3) auf das «Gesetz der Gegensätzlichkeit» zurückzugreifen, indem er Mr. Williams hinsichtlich der Anzeigengröße zwei Möglichkeiten zur Auswahl stellt; (4) die ganze Zeit über mit Mr. Williams im gegenseitigen Einvernehmen zu bleiben, sich seinem Sprechtempo anzupassen und Wörter zu wählen, die Mr. Williams' auditives Repräsentationssystem ansprechen; und (5) in Erinnerung zu behalten, dass Mr. Williams vom Persönlichkeitstyp her ein Bestimmer ist, also nicht mit allen Fakten und Zahlen konfrontiert werden muss, die Mr. Harding in petto hat. Die grundlegenden Fakten sind für ihn völlig ausreichend.

Überlegen Sie, was notwendig ist, um «Rapport» herzustellen, Wertvorstellungen einzuschätzen und Bedürfnisse wahrzunehmen.

Sieben Schlüssel zum gegenseitigen Einvernehmen

1. *Sich anpassen und spiegeln* – Ein großer Teil des angestrebten Einvernehmens ist bereits geschafft, wenn wir Körperhaltung, Gestik, Bewegungsmuster und Atmung unseres Gegenübers spiegeln. Auch hinsichtlich des Sprechtempos und der Wortwahl sollten wir uns anpassen.
2. *Ernsthaftes Interesse zeigen* – Wenn jemand, der anderen etwas verkaufen oder sie von etwas überzeugen will, sich nicht für seine Mitmenschen interessiert, hat er den falschen Beruf gewählt. Ernsthaftes Interesse lässt sich schwer als «Technik» einsetzen. Entweder man ist interessiert oder nicht. Der andere spürt dies in jedem Fall.
3. *«Rapport» prüfen* – Um zu sehen, ob es gelungen ist, «Rapport» herzustellen, kann man seine Körperhaltung verändern und abwarten, wie der andere reagiert. Passt er sich wiederum der veränderten Haltung an, ist die Herstellung von «Rapport» gelungen. Tut er es nicht, muss man vorerst noch eine Weile mit dem bewussten Spiegeln und Anpassen fortfahren.
4. *Nach Wertvorstellungen fragen* – Fragen Sie z. B.: «Was ist Ihnen am wichtigsten ...
   - im Leben?»
   - in einer Beziehung?»
   - bei einem Hauskauf?»
   - beim Investieren?»
   - beim Akzeptieren eines Vorschlags?»
   - beim Kauf von Produkten oder Dienstleistungen?»
5. *Nach den Kriterien hinter diesen Wertvorstellungen fragen* – Fragen Sie z. B.: «Woher wissen Sie, wann ...?»
   - Jemand antwortet auf Frage 4A oben: «Was ist Ihnen am wichtigsten im Leben?», mit: «Glücklich sein». Fragen Sie zurück: «Woher wissen Sie, wann Sie glücklich sind?» Eine mögliche Antwort wäre: «Wenn andere mich loben.»
   - Jemand antwortet auf Frage 4B oben: «Was ist Ihnen am wichtigsten in einer Beziehung?», mit: «Vertrauen». Fragen Sie zurück: «Woher wissen Sie, wann Vertrauen besteht?» Eine mögliche Antwort wäre: «Wenn mir jemand alles erzählt.»
   - Jemand antwortet auf Frage 4C oben: «Was ist Ihnen am wichtigsten bei einem Hauskauf?», mit: «Das Haus muss sein Geld wirklich wert sein.» Fragen Sie zurück: «Woher wissen Sie, wann ein Haus sein Geld wirklich wert ist?» Eine mögliche Antwort wäre: «Wenn ich weniger

bezahle als im Wertgutachten angegeben und gute Finanzierungsbedingungen aushandeln kann.»
– Jemand antwortet auf Frage 4D oben: «Was ist Ihnen am wichtigsten beim Investieren?», mit: «Es muss eine vollkommen sichere Sache sein.» Fragen Sie zurück: «Woher wissen Sie, wann eine Investition eine vollkommen sichere Sache ist?» Eine mögliche Antwort wäre: «Wenn ich keine Verluste machen kann.»
– Formulieren Sie aufgrund der obigen Beispiele Fragen und mögliche Antworten im Hinblick auf Ihre Vorschläge, Produkte oder Dienstleistungen.
6. *Nach Bedürfnissen fragen* – Fragen Sie z. B.: «Was genau erhoffen Sie sich ...
– vom Leben?»
– von Beziehungen?»
– von einem eigenen Haus?»
– von einem Investitionsprogramm?»
– von meinem Vorschlag?»
– meinen Produkten oder Dienstleistungen?»
7. *Nach den Kriterien hinter diesen Bedürfnissen fragen* – Fragen Sie z. B.: «Woher wissen Sie, wann ...?»
– A. Jemand antwortet auf Frage 6A oben: «Was genau erhoffen Sie sich vom Leben?», mit: «Erfolg.» Fragen Sie zurück: «Woher wissen Sie, wann Sie Erfolg haben?» Eine mögliche Antwort wäre: «Wenn ich genug Geld verdiene, um nebenbei etwas zu investieren.»
– B. Jemand antwortet auf Frage 6B oben: «Was genau erhoffen Sie sich von Beziehungen?», mit: «Ein Gleichgewicht von Geben und Nehmen.» Fragen Sie zurück: «Woher wissen Sie, wann ein Gleichgewicht von Geben und Nehmen besteht?» Eine mögliche Antwort wäre: «Wenn ich nicht immer nur zuhören oder mich beschweren muss.»
– C. Jemand antwortet auf Frage 6C oben: «Was genau erhoffen Sie sich von einem eigenen Haus?», mit: «Dass es für die ganze Familie ausreichend Platz gibt.» Fragen Sie zurück: «Woher wissen Sie, wann es für die ganze Familie ausreichend Platz gibt?» Eine mögliche Antwort wäre: «Wenn das Haus acht Zimmer und eine Kammer für den Hund hat.»
– D. Jemand antwortet auf Frage 6D oben: «Was genau erhoffen Sie sich von einem Investitionsprogramm?», mit: «Dass es flexibel ist.» Fragen Sie zurück: «Woher wissen Sie, wann ein Programm flexibel ist?» Eine mögliche Antwort wäre: «Wenn ich ohne Probleme von einem Fonds zum anderen wechseln kann.»

– E. Bilden Sie entsprechende Dialoge für Antworten auf Ihre Vorschläge, Produkte oder Dienstleistungen.

Wie bereits in vorigen Kapiteln angesprochen, führen diese Fragen nicht
nur zu wertvollen Informationen über Ihr Gegenüber. Sie zeigen dem anderen auch, dass Sie sich für ihn als Menschen und nicht nur als Kunden
interessieren. In den meisten Fällen wird der andere Ihnen genau sagen,
was er braucht und was er sich wünscht. Welche bessere Methode könnte
es geben, um Ihnen all die Informationen an die Hand zu geben, die Sie
brauchen, um seine Bedürfnisse zu befriedigen?

Emotionen spiegeln

Beim Herstellen von «Rapport» geht es nicht nur darum, Körperhaltungen oder Bewegungen zu spiegeln. Auch das Spiegeln von Emotionen gehört dazu und ist ein wirksames Mittel, um ein Vertrauensverhältnis aufzubauen. Allzu starke Emotionen können den Überzeugungsprozess
allerdings auch behindern. Trotzdem werden Sie jemandem, der äußerst
überschwänglich ist, wohl kaum wie ein steifer Trauerkloß gegenübersit-
zen, sondern seine lebhafte Gestik und Mimik zumindest ansatzweise
übernehmen. Der Umgang mit negativen Emotionen ist da schon sehr
viel schwieriger.

Ist Ihr Gegenüber offenbar mit starken Emotionen (z. B. Wut) beschäftigt, die mit Ihnen nichts zu tun haben, sollten Sie in langsamem, ruhigem
Tonfall fragen: «Kann ich Ihnen irgendwie helfen? Ich spüre, dass Sie
leicht abgelenkt sind.»

Entscheidet sich Ihr Gegenüber, sich Ihnen anzuvertrauen, können
Sie seinen emotionalen Zustand spiegeln, ohne sich allerdings seiner
Wortwahl anzupassen. Enthalten Sie sich, was die Wut eines anderen
Menschen betrifft, jeglichen Urteils. Nachdem er seinen Gefühlen
gründlich Ausdruck verliehen hat, lenken Sie das Gespräch vorsichtig
auf positivere Dinge.

Auf keinen Fall sollten Sie darum wetteifern, wer dem anderen in
puncto negative Emotionen um eine Nasenlänge voraus ist.

Kunde: Ich musste meine Mitarbeiter erst einmal gründlich zusammenstau-
chen. Was für ein Haufen unfähiger Idioten!

Schlechter Überzeuger: Wenn Sie meinen, Sie hätten es mit Idioten zu tun, sollten Sie erstmal die Schwachköpfe sehen, mit denen ich zusammenarbeiten muss!

Beim Kunden kommt die Nachricht an: «Sie haben keinen Grund sich aufzuregen.» Und was trägt dies zum gegenseitigen Einverständnis bei? Ein Verkaufsabschluss ist nach diesem Dialog eher unwahrscheinlich. Als Grundregel sollten Sie beim Spiegeln negativer Gefühle nie so viel Negativität aufnehmen, wie Sie beim anderen verspüren. Wie könnten Sie auch ebenso wütend sein wie er? Konzentrieren Sie sich weniger auf die negativen Gefühle als darauf, Verständnis zu äußern. Zeigen Sie dem anderen, dass Sie mit ihm fühlen. Vermitteln Sie Empathie.

Wertvorstellungen ermitteln

Den vierten Schlüssel zum gegenseitigen Einverständnis sollten wir uns noch einmal genauer anschauen. Schon ganz zu Anfang des Überzeugungsprozesses geht es darum, die Wertvorstellungen des anderen zu ergründen. Dies geht nur, indem Sie Fragen stellen, z. B.:

- «Was ist Ihnen am wichtigsten an einer Software?»

- «Was ist Ihnen am wichtigsten an einer Firma, die Ihnen zuliefert? Was ist Ihnen am zweitwichtigsten?»

Im Überzeugungsprozess geht es darum, Probleme zu lösen und Bedürfnisse zu befriedigen. Haben wir die Wertvorstellungen unseres Gegenübers ermittelt, ist es unsere Aufgabe, diese Informationen zum gegenseitigen Nutzen in ein WIN/WIN-Ergebnis umzusetzen.

Beispiel 1

Versicherungsvertreter: Wir haben viele verschiedene Angebote, die sich ganz auf Ihre individuellen Bedürfnisse zuschneiden lassen. Vielleicht können Sie mir helfen. Was erhoffen Sie sich von einer guten Lebensversicherung?
Kunde: Sie muss preiswert sein. Und es muss eine Risiko-Lebensversicherung sein.
Versicherungsvertreter: Wie sind Sie darauf gekommen, eine Risiko-Lebensversicherung abzuschließen?

Kunde: Wir haben in einer Finanz-Zeitschrift gelesen, dass Kapital-Lebensversicherungen reine Geldverschwendung sind. Risiko-Lebensversicherungen dagegen wurden empfohlen. Deshalb wollen wir jetzt eine solche Risiko-Lebensversicherung abschließen.

Versicherungsvertreter: Verstehe. Und was ist Ihnen, abgesehen von einem günstigen Preis, noch an einem Versicherungsvertrag wichtig?

Kunde: Das wäre so ziemlich alles.

Versicherungsvertreter: Welcher Betrag sollte Ihrer Frau im Falle Ihres Todes denn zur Verfügung stehen?

Kunde: Ich dachte an 100.000 Euro.

Versicherungsvertreter: Könnte sie Ihr Haus davon abbezahlen?

Kunde: Nicht ganz. Da bräuchten wir noch 50.000 Euro mehr.

Versicherungsvertreter: Gut, also das Haus sollte die Familie schon abbezahlen können. Würden Sie auch die Ausbildungskosten Ihrer Kinder absichern wollen?

Kunde: Hm, ich denke schon.

Versicherungsvertreter: Was meinen Sie, was an Ausbildungskosten anfallen könnte?

Kunde: Sicherlich um die 50.000 Euro.

Versicherungsvertreter: Und möchten Sie auch die Lebenshaltungskosten Ihrer Frau für die ersten Jahre absichern?

Kunde: Daran habe ich noch nicht gedacht. Aber ich denke schon.

Versicherungsvertreter: Würden Sie fünf Jahre, zehn Jahre oder mehr absichern?

Kunde: Fünf Jahre würden reichen, glaube ich.

Versicherungsvertreter: Und wie viel sollten wir dafür auszahlen?

Kunde: Vielleicht 20.000 Euro pro Jahr.

Versicherungsvertreter: Gibt es andere Unkosten, an die wir denken sollten?

Kunde: Nein, ich glaube, das reicht!

Versicherungsvertreter: Gut, dann sind wir also bei einer Auszahlung im Todesfall von 300.000 Euro. Dieser Versicherungsschutz würde Sie 100 Euro im Monat kosten. [Schaut die Ehefrau an.] Na, Frau Johnson, wie fühlen Sie sich jetzt, wo Sie wissen, dass Ihr Ehemann Sie für den Fall seines Todes mit einer Viertelmillion Euro abgesichert hat?

Mrs. Johnson: Das ist ein ziemlich gutes Gefühl.

Dies ist eine typische Situation, in der oft schon früh klar wird, dass es nicht zu einem Versicherungsabschluss kommen wird. Der durchschnittliche Versicherungsvertreter erzählt alles über den tollen Service, den der Kunde bekommen wird, wie viel Geld seine Versicherungsgesellschaft hat und wie groß sie ist. Der «Meister der Überzeugungskunst» dagegen bleibt ganz bei seinem potenziellen Kunden, fragt ihn nach seinen Wertvorstellungen und Bedürfnissen und versucht, diesen gerecht zu werden. Wie er sich zum Ende an die Ehefrau des Kunden wendet, ist ganz besonders geschickt. Von seinem Persönlichkeitstyp her ist dieser Kunde natürlich ein Bestimmer. Er weiß genau, was er will, und entscheidet sich schnell. Wir wissen auch, dass er eher visuell orientiert ist. Andere Informationen waren gar nicht notwendig. Im Umgang mit Bestimmer-Persönlichkeiten ist dies öfter der Fall.

Beispiel 2

Makler: Erst einmal vielen Dank, dass Sie sich für unser Maklerbüro entschieden haben. Sie werden feststellen, dass wir Ihnen bei der Suche nach einem neuen Heim sehr gut behilflich sein können. Was genau erwarten Sie von einem eigenen Haus?

Kunde: Es muss vier Zimmer und eine Doppelgarage haben. Und es muss in einem guten Zustand sein.

Makler: Und was wünschen Sie sich noch von Ihrem neuen Heim?

Kunde: Hm. Na ja, wir haben nur begrenzte finanzielle Mittel. Vielleicht 100.000 oder 125.000 Euro. Eine nette Gegend und ein Kamin wären schön. Und ein nicht zu kleiner Garten.

Makler: Welcher von all den bisher erwähnten Aspekten ist Ihnen am wichtigsten?

Kunde: Das neue Haus muss mindestens vier Zimmer haben, alles andere hat für uns keinen Zweck.

Makler: Das klingt tatsächlich so, als wäre es Ihnen sehr wichtig. Haben Sie Kinder?

Kunde: Ja, drei

Makler: Okay. Wir brauchen also mindestens vier Zimmer. Was ist für Sie beim Hauskauf der zweitwichtigste Aspekt?

Kunde: Na ja, an monatlicher Belastung können wir uns nicht mehr als 1200 Euro leisten. Das wäre auch eine ziemlich wichtige Sache.

Makler: Gut. Wir suchen also etwas, das sich mit 1200 Euro im Monat finanzieren ließe. Darf ich mal neugierig sein und fragen, was bei Ihrem letzten Hauskauf die entscheidenden Faktoren für Sie waren?

Kunde: Na ja, damals wohnten wir noch zur Miete. Mir war klar, dass es viel vernünftiger wäre, etwas zu kaufen, anstatt weiter zu mieten, also haben wir uns nach einem zum Verkauf stehenden Haus umgeschaut.

Makler: Und welches war der ausschlaggebende Grund dafür, dass Sie sich für Ihr jetziges Haus entschieden haben?

Kunde: Es fühlte sich richtig an. Ich denke, Sie wissen, was ich meine. Manchmal hat man einfach das Gefühl, dass es rundherum stimmt.

Makler: Und welche Gefühle hegen Sie heute für Ihr Haus?

Kunde: Wir lieben es. Es ist wie ein alter Freund für uns. Aber es hat nur drei Zimmer, und wir brauchen einfach vier.

Makler: Was genau verschafft Ihnen an Ihrem jetzigen Haus das beste Gefühl?

Kunde: Hm, ich glaube, das ist der Garten. Wir haben wirklich viel Zeit und Liebe in den Garten gesteckt. Das ist doch sowieso das Schönste daran, ein Haus zu besitzen, dass man sich den Garten nach Lust und Laune gestalten kann.

Makler: Nun, ich glaube, das reicht mir erst einmal an Informationen, um mich für Sie in unserer Kartei umzusehen. Gibt es noch etwas, was ich wissen müsste? Oder haben Sie noch weitere Fragen an mich?

An diesem Beispiel sehen wir, wie viele Informationen sich durch einfache Fragen gewinnen lassen. Dabei haben sich spezifische Bedürfnisse und Wertvorstellungen herauskristallisiert. Klar geworden ist auch, dass es bestimmte objektive Kriterien gibt, die erfüllt werden müssen, die Entscheidung der Kunden aber letztlich auf einem Gefühl basieren wird. Ein Vertragsabschluss ist nach diesem Gespräch noch nicht in Sicht. Es war vielmehr ein «Erkundungsgespräch» zum Thema Wertvorstellungen und Bedürfnisse.

Beispiel 3

Ein frisch verheiratetes Paar versucht zu entscheiden, wohin es in den Urlaub fahren will.

Ehemann: Was wünschst du dir von einem Urlaub?

Ehefrau: Hm. Ich möchte einfach mal von allem ausspannen. Die ganze Hausarbeit hinter mir lassen und die Natur genießen.

Ehemann: Was wäre denn der perfekte Urlaubsort für dich?

Ehefrau: Keine Ahnung. Ich habe noch nicht viel darüber nachgedacht. Bisher bin ich immer mit Freunden beim Zelten gewesen.

Ehemann: Und was hat Dir am Zelten so viel Spaß gemacht?

Ehefrau: Ich fand es immer toll, so viel draußen an der frischen Luft zu sein, abends am Lagerfeuer zu sitzen und zu reden. Und was ist mit dir, Liebling? Woran hattest du gedacht?

Ehemann: Na ja, ich würde am liebsten für eine Woche nach Las Vegas fahren, ins Casino gehen, ein paar Shows ansehen und mir eine schöne Zeit machen.

Ehefrau: Ich war noch nie in Las Vegas. Ich weiß nicht, ob es mir gefallen würde. Es hört sich so an, als würde man den ganzen Trubel hinter sich lassen, um sich in einen noch größeren Trubel zu stürzen.

Ehemann: Ich kann gut verstehen, wie du dich fühlst. Ich habe auch so gedacht, bis ich irgendwann mal hingefahren bin und festgestellt habe, wie viel Spaß das macht.

Ehefrau: Ich glaube, ich würde meinen Urlaub lieber nicht in einer Stadt verbringen.

Ehemann: Vielleicht können wir einen Kompromiss schließen. Wärst du dazu bereit?

Ehefrau: Natürlich, ich glaube schon.

Ehemann: Wie wäre es, wenn wir an einen Ort fahren, wo die Luft frisch und sauber ist, wo es viel Wald und wenig Leute gibt, wo ich aber trotzdem meinen Spaß haben könnte? Wie würde sich das für dich anfühlen?

Ehefrau: Sehr gut. Welcher Ort wäre das?

Ehemann: Lake Tahoe.

Ehefrau: Ich bin noch nie dort gewesen. Ich weiß nicht, ob es mir gefallen würde.

Ehemann: Weißt du noch, wie du mit deinen Freunden beim Zelten warst, wie du am Lagerfeuer gesessen und die frische Luft genossen hast?

Ehefrau: Ja, ja.

Ehemann: So ungefähr musst du es dir dort vorstellen, nur mit Tausenden von prächtigen Kiefern und schneebedeckten Bergen im Hintergrund.

Ehefrau: Oh, ja.

Ehemann: So schön ist es am Lake Tahoe. Liebling, lass uns zum Lake Tahoe fahren, alles andere hinter uns lassen und uns mal so richtig ausspannen.

Ehefrau: Also gut, ich bin dabei.

In diesem Gespräch malt der Ehemann ein Bild aus, von dem er weiß, dass es seiner Frau gefallen wird. Ihm ist klar, dass sie überwiegend kinästhetisch orientiert ist, und er baut daher öfter das Wort «fühlen» ein. Er stellt die richtigen Fragen, um die Wertvorstellungen und Bedürfnisse seiner Frau zu ergründen.

Wertvorstellungen anerkennen

Wenn die Menschen, die Sie zu überzeugen versuchen, Wertvorstellungen haben, die für den Überzeugungsprozess wichtig sind, sollten Sie diese unbedingt aufgreifen. Nehmen wir z. B. die folgende Aussage:

Kunde: Verkäufer sind doch alle gleich. Sie wollen nur dein Geld. Ich traue keinem mehr von denen.

Natürlich können Sie dieser Aussage nicht zustimmen. Wichtig ist aber, dass Sie die Überzeugung des Kunden als solche anerkennen und ihm das Recht auf seine Meinung zugestehen.

Verkäufer: Klingt ganz so, als hätte man Sie übervorteilt. Was genau ist denn geschehen?

Wenn Sie es vermeiden können, mit Ihrem Kunden in Streit zu geraten, profitieren Sie alle beide: Der Kunde bekommt Gelegenheit, seine Gefühle auf eine Weise abzureagieren, mit der Sie umgehen können. Und Sie haben ihm ernsthaft zugehört und seine Meinung nicht abgetan, wie die meisten das tun würden.

Ihre Aufgabe als «Meister der Überzeugungskunst» ist es, den Standpunkt Ihres Gegenübers als solchen anzuerkennen. Auch wenn Sie ihm in keiner Weise zustimmen, können Sie doch Verständnis zeigen und ihm sagen, dass Sie, wenn Sie der Kunde wären, genauso fühlen würden wie er.

Steht der Kunde unter dem Eindruck, dass Sie seine Wertvorstellungen und Überzeugungen nicht verstehen, ist es äußerst unwahrscheinlich, dass Sie zu einem WIN/WIN-Ergebnis kommen werden. Sie brauchen Meinungsunterschiede nicht zu verwischen, um Ihr Verständnis zum Ausdruck zu bringen und dadurch ein Vertrauensverhältnis aufzubauen.

Bedürfnisse erfragen

In den vorherigen Kapiteln haben wir besprochen, wie man Informationen über die Wertvorstellungen seines Gegenübers gewinnt. Wie bereits gezeigt, lassen sich Bedürfnisse auf die gleiche Art und Weise erfragen. Jemand, der Computer-Software verkauft, müsste z. B. wissen:
1. Wer wird die Software benutzen?
2. Wofür soll die Software benutzt werden?

3. Welche Hardware steht zur Verfügung?
4. Welche Computerkenntnisse können vorausgesetzt werden?
5. Muss die Software benutzerfreundlich sein?
6. Wollen die Kunden eher ein preiswertes oder ein hochpreisiges Produkt?

Bedürfnisse lassen sich nur ermitteln, indem man nach ihnen fragt. Überwinden Sie Ihre Scheu. Auch ein Arzt stellt alle notwendigen Fragen und führt alle angezeigten Untersuchungen durch, ehe er eine Diagnose trifft und ein Rezept ausstellt. Für Verkaufsprofis – und alle «Meister der Überzeugungskunst» – gilt natürlich das Gleiche.

Damit Sie ein umfassendes Vertrauensverhältnis zu einer anderen Person herstellen können, muss diese das Gefühl bekommen, dass Sie auf der gleichen «|Wellenlänge funken». Dies erreichen Sie, indem Sie nicht nur ihre Körperhaltung, Gestik und Mimik spiegeln, sondern auch ihre Gefühle, Wertvorstellungen und Überzeugungen anerkennen und aufgreifen. Bewusst eingesetzte nonverbale Signale und die Fähigkeit, die richtigen Fragen zu stellen, tragen zu einem günstigen Eindruck bei. Ein geglückter «Rapport» und die Affinität zu anderen Menschen, die wir verspüren und ausstrahlen, machen unsere Kommunikation so erfolgreich, dass wir zur nächsten Stufe des Überzeugungsprozesses übergehen können.

Schlüssel-Stichworte: Vertrauensverhältnis herstellen

I.   Sieben Schlüssel zum gegenseitigen Einvernehmen
 A. Sich anpassen und spiegeln
 B. Ernsthaftes Interesse zeigen
 C. «Rapport» prüfen
 D. Nach Wertvorstellungen fragen
 E. Nach den Kriterien hinter diesen Wertvorstellungen fragen
 F. Nach Bedürfnissen fragen
 G. Nach den Kriterien hinter diesen Bedürfnissen fragen
II. Emotionen spiegeln
III. Wertvorstellungen ermitteln
IV. Wertvorstellungen und Überzeugungen anerkennen
V.   Bedürfnisse erfragen

Wie Überzeugung gelingt

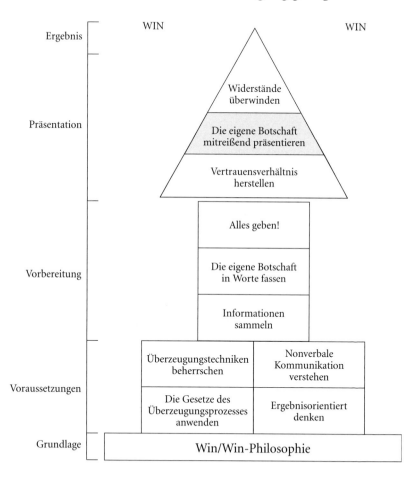

Ergebnis — WIN ... WIN

Präsentation
- Widerstände überwinden
- Die eigene Botschaft mitreißend präsentieren
- Vertrauensverhältnis herstellen

Vorbereitung
- Alles geben!
- Die eigene Botschaft in Worte fassen
- Informationen sammeln

Voraussetzungen
- Überzeugungstechniken beherrschen
- Nonverbale Kommunikation verstehen
- Die Gesetze des Überzeugungsprozesses anwenden
- Ergebnisorientiert denken

Grundlage — Win/Win-Philosophie

10 Mitreißende Präsentationen leicht gemacht

Sei klüger als andere, wenn du kannst; sag es ihnen aber nicht. – Lord Chesterfield

Der tiefste Drang des Menschen ist der Wunsch, wichtig zu sein. – John Dewey

Die Menschen, mit denen Sie kommunizieren, haben inzwischen zu Ihnen Vertrauen gefasst. Sie wiederum kennen die Bedürfnisse und Wertvorstellungen dieser Menschen. Jetzt ist es an der Zeit, diese Bedürfnisse zu erfüllen und möglicherweise vorhandene Probleme aufzulösen. Wenn Sie diese Prämisse vor Augen haben, wird es Ihnen nicht schwer fallen, Ihre Ideen, Produkte oder Dienstleistungen erfolgreich zu präsentieren.

«Rapport» herzustellen ist wichtig, damit die Voraussetzungen dafür geschaffen sind, dass Ihr Vorschlag auch akzeptiert wird. Mit diesem Vorschlag präsentieren Sie eine Idee, ein Produkt oder eine Dienstleistung, die Ihrem Gegenüber bestmöglich nutzt. Auf diese Weise zeigen Sie ihm, dass Sie seine Probleme ernst nehmen und ihm bei deren Lösung helfen wollen.

Ein alter Merksatz lautet: «Was Du weißt, ist anderen egal; ihnen ist wichtig, ob du Anteil nimmst.» Das ist in jedem Fall wahr. Ziel dieses Buches ist es, Ihnen zu helfen, Menschen von Ihrer Art des Denkens zu überzeugen. Solange Ihre Mitmenschen Sie jedoch als ihnen gegenüber gleichgültig wahrnehmen, werden Sie Ihr Ziel nie erreichen können. Ihr Wissen und Ihre Fachkompetenz sind für die anderen irrelevant, wenn sie den Eindruck haben, dass sie nur Ihren eigenen Interessen dienen.

Nehmen wir ein ganz einfaches Beispiel. Eine Frau will ihren Ehemann, vom Persönlichkeitstyp her ein Bestimmer, davon überzeugen, mit ihr in ein ruhiges Restaurant essen zu gehen. Eigentlich, so vermutet sie, würde er lieber zu Hause bleiben und an seinen Akten arbeiten. Sie hat sich deshalb einen klugen Plan zurechtgelegt.

Ehefrau: [Betritt das Arbeitszimmer. Ihr Mann sitzt am Computer.] Ich freue mich, dass du mit deinen Akten vorankommst. Wenn du irgendwann einen Abschluss findest, hätten wir noch Zeit, etwas anderes zu unternehmen.
Ehemann: Mm hm. [Tippt weiter.]

Ehefrau: Ich habe gedacht, wir könnten vielleicht übers Wochenende weg-fahren, aber ich nehme an, so viel Zeit kannst du nicht aufbringen. Gleichzeitig weiß ich, dass du viel produktiver arbeiten kannst, wenn du nicht gestresst bist. Würde ein Kinofilm dir helfen, deine Energiereserven aufzutanken, oder wäre ein ruhiges Abendessen besser?

Ehemann: Ich fühle mich erschöpft. Es war ein anstrengender Tag. Wenn ich fünf Angestellte hätte, die zusammen so viel schaffen würden wie ich an einem Tag, würden wir unseren Umsatz verdoppeln.

Ehefrau: Film oder essen gehen – ich lasse dir die Wahl.

Ehemann: Essen gehen.

Ehefrau: Möchtest du einen Tisch für uns reservieren? Oder möchtest du lieber noch solange weiter arbeiten, und ich arrangiere alles?

Ehemann: Nein, nein, mach du das mal. Gib mir Bescheid, wann es losgeht.

Ehefrau: Okay. (Küsst ihn auf die Stirn.)

Hätte die Frau nur gefragt, ob er mit ihr essen gehen wolle, hätte ihr Mann sicherlich etwas geantwortet wie: «Keine Zeit, zuviel zu tun», – eine typi-sche Reaktion für Bestimmer-Persönlichkeiten. Stattdessen begründete sie ihren Vorschlag kurz, bezog seine Wünsche und Bedürfnisse mit ein, bot ihm eine Alternative zur Auswahl an und schloss die «Transaktion» mit einem WIN/WIN-Ergebnis ab. Hätte die Frau dagegen betont, dass sie viel zu wenig ausgingen und *sie* sich endlich einmal einen Abend im Restaurant verdient hätte, wäre das Gespräch ziemlich anders verlaufen. Hätte sie vor allem nicht zu verstehen gegeben, dass sie seine Bedürfnisse kennt und mit ihrem Vorschlag befriedigen will, hätte er abgelehnt, weil er für sich keinen Nutzen darin gesehen hätte. Indem die Frau also den Regeln der Überzeugungskunst folgte, führte sie eine WIN/WIN-Situa-tion herbei. Natürlich ging es dabei nur um eine sehr einfache und be-grenzte Präsentation. Es gibt auch größere Herausforderungen, die wir uns allerdings mit Hilfe der folgenden sieben Schlüssel für eine erfolgrei-che Präsentation ebenfalls ganz einfach erschließen können.

Sieben Schlüssel zu einer erfolgreichen Präsentation

1. *Planen Sie eine möglichst kurze Präsentation, haben Sie stets aber auch eine längere Version in petto* – Können Sie Ihren Vorschlag in fünf Minu-ten erläutern? In zwei Minuten? In 45 Sekunden?

Unabhängig davon, ob Sie Rosen oder Rolls Royces verkaufen, sollten Sie in der Lage sein, Ihre wichtigsten Argumente in *sehr* kurzer Zeit vorzutragen.

Falls Sie darauf bisher noch nicht geachtet haben, stoppen Sie Ihre Präsentation mit einer Uhr und legen Sie sich für jede der oben genannten Zeitspannen eine Version zurecht.

Knapp zu formulieren ist eine Fähigkeit, die nur wenige Verkaufsprofis beherrschen. Da viele Entscheidungsträger vom Persönlichkeitstyp her Bestimmer sind, wäre es klug, sie ganz bewusst zu erlernen.

Andererseits hat man es natürlich auch immer wieder mit Fühler- oder Denkerpersönlichkeiten zu tun, denen man detailliertere Präsentationen bieten muss. Fühler erwarten bei einer Präsentation zusätzlich Herzlichkeit und emotionale Wärme.

2. *Nennen Sie gleich zu Anfang Ihr Ziel* – Erwähnen Sie den Grund für Ihr Zusammentreffen und erklären Sie kurz, wie Sie Ihrem Gegenüber von Nutzen sein können.

– «Herr Miller, ich bin heute hier, um Sie darüber zu informieren, wie Sie im Jahr 10.000 Euro an Sekretariatskosten einsparen können, wenn Sie unsere Software nutzen.»

– «Frau Schultz, ich habe in den letzten 16 Jahren per Computer über 7.500 Investitionen verfolgt und kann Ihnen eine Rendite von 17–23 Prozent pro Jahr anbieten. Das entspräche Ihrer persönlichen Anlagestrategie, und Sie würden Kapitalschutz genießen.»

– «Herr Schwarz, ich habe mir Ihre derzeitige Werbekampagne sorgfältig angeschaut und habe Ihnen heute einen Vorschlag zu machen, der, basierend auf einer computergestützten Wahrscheinlichkeitsrechnung, im Hinblick auf Ihre letzten Jahresbruttoeinnahmen einen Gewinn von 8 und 14 Prozent abwerfen wird.»

Indem Sie Ihr Ziel möglichst präzise nennen und auf die Bedürfnisse Ihres potenziellen Kunden beziehen, gewinnen Sie dessen unmittelbare Aufmerksamkeit und Konzentration.

Haben Sie keine Scheu, Ihre Kunden wissen zu lassen, dass auch für Sie etwas dabei herausspringen wird. Falls Sie auf Kommission arbeiten, können Sie auch dies ruhig erwähnen, z. B.: «Herr Schmidt, ich werde per Kommission bezahlt. Es ist mir wichtig, dass Sie das wissen, weil es bedeutet, dass wir *beide* etwas zu verlieren haben, wenn Sie mit unserem Service unzufrieden sind. Nur wenn Sie auch weiterhin mit unserem Investitionsprogramm arbeiten, stehen wir beide auf der Gewinnerseite.

Versprechen Sie mir deshalb bitte, mich sofort persönlich anzurufen, falls ich Ihnen irgendwie helfen kann.»

Wer per Kommission bezahlt wird, verdient langfristig sein Geld damit, alte Geschäfte zu reaktivieren oder neue Produkte und Dienstleistungen an frühere Kunden zu verkaufen. Er setzt mehr Energie darein, seine Kunden zufrieden zu stellen, als Leute, die ein festes Gehalt beziehen!

3. *Malen Sie ein lebhaftes Bild davon, wie angenehm sich die Zukunft gestaltet, wenn Ihr Vorschlag angenommen wird. Vergleichen Sie dieses Bild damit, wie die Zukunft verlaufen würde, wenn Ihr Vorschlag nicht zum Zuge käme* – Wie wird es Ihrem Kunden gehen, wenn er Ihr Produkt besitzt? Was wird er sehen, hören, fühlen? Und was wird im Gegensatz dazu geschehen, wenn er sich nicht rechtzeitig dafür entscheidet? Welche Nachteile könnte er erleiden? In welcher Hinsicht kann Ihr Vorschlag als Lösung für seine Probleme gelten?

Belassen wir es dabei, in kurzen Worten zu schildern, was unser Kunde sehen, hören und fühlen wird, wenn er unsere Produkte oder Dienstleistungen nutzt? Oder machen wir daraus ein lebhaftes, eindringliches Erlebnis? Vergleichen Sie die folgenden Aussagen:

Software-Verkauf

A. «Die Entscheidung für unsere Software wird Ihre Arbeit stark vereinfachen.»
B. «Die Entscheidung für unsere Software wird Ihnen die Arbeit enorm erleichtern. Sie werden das Gefühl haben, dass Sie Ihren Computer für sich arbeiten lassen können.»

Auto-Verkauf

A. «Bestimmt werden Sie sich gut fühlen, wenn Sie in diesem Auto die Straße herunterfahren.»
B. «Können Sie sich vorstellen, wie die Mädchen sich umdrehen, um zu schauen, wer mit diesem Auto die Straße herunterfährt?»

Haus-Verkauf

A. «Es wird Ihnen ein gutes Gefühl geben, wenn Sie wissen, dass dieses Haus ganz Ihnen gehört.»

B. «Können Sie sich vorstellen, wie Sie sich fühlen werden, wenn Sie wissen, dass Sie ab sofort kein Geld mehr für Miete aus dem Fenster werfen? Jeder Euro, den Sie in Ihr Heim investieren, wird von Stund an *Ihnen* zugute kommen. Dazu kommen noch diverse Steuervergünstigungen. Alle wohlhabenden Leute besitzen Wohneigentum. Ab heute sind Sie auf einem guten Weg.»

An diesem Punkt des Überzeugungsprozesses kommt es darauf an, Visionen zu schaffen, in die Sie Ihren Vorschlag, Ihr Produkt oder Ihre Dienstleistung einbauen. Betonen Sie, welche Vorteile durch eine positive Entscheidung *sofort* spürbar würden. Lassen Sie Ihre Zukunftsvision wie einen Film erscheinen, in dem Ihr Kunde als Star auftritt.

Dieser Film sollte auch zeigen, welche Folgen es haben kann, wenn Ihr Vorschlag nicht angenommen wird. Ohne eine gewisse «Abschreckung» kann es möglicherweise nicht zu einer Einigung kommen. Wie wird es Ihrem Kunden gehen, wenn er Ihre Dienste *nicht* in Anspruch nimmt?

Der geschickte Rückgriff auf die Phantasie kann ein Nein in ein Ja verwandeln. Kennen Sie Charles Dickens' berühmte Weihnachtsgeschichte («A Christmas Carol»)? Dem reichen Geizkragen Ebenezer Scrooge werden Bilder aus der Zukunft gezeigt. Ihm wird vor Augen geführt, wie sein Leben sein wird, falls er sich nicht läutert und nicht auf den Geist der zukünftigen Weihnacht hört. Auch im Überzeugungsprozess erweist sich diese Methode als äußerst wirksam.

Wenn Sie aufzeigen, was der anderen Person entgeht, wenn sie Ihren Vorschlag nicht annimmt, und dem entgegensetzen, was sie gewinnt, wenn sie Ihren Vorschlag annimmt, wird das Ihre Sache fast immer befördern. Scrooge hätte sich nie verändert, wenn man ihm nicht seine Zukunft gezeigt hätte. Ähnlich ist es mit der Person, die Sie zu überzeugen versuchen. Malen Sie ihr die Zukunft *ohne* Ihre Ideen, Produkte oder Dienstleistungen aus, um Veränderungen in Gang zu setzen.

Kurz: Überlegen Sie, was dieser Person Probleme und Kummer bereitet, und versuchen Sie, ihre Probleme und ihren Kummer aus der Welt zu schaffen. So werden Sie zum Helden, und die Person wird in Ihnen von nun an immer einen Freund sehen.

4. *Achten Sie auf innere Stimmigkeit* – Wichtig ist, dass Ihre nonverbalen Signale zu Ihren verbalen Aussagen passen. Wenn Sie über positive Dinge sprechen, ist ein Lächeln angebracht. Haben Sie jedoch eher sachliche oder traurige Inhalte zu vermitteln, kann ein Lächeln auch Verwirrung stiften und Ihre Glaubwürdigkeit untergraben.

Ihr Tonfall, die Lautstärke und Tonhöhe Ihrer Stimme sowie Ihre Sprechgeschwindigkeit sollten zum Kontext Ihrer Präsentation passen. Viele Vorschläge werden nicht angenommen, weil die Präsentation in sich nicht stimmig ist. «Meister der Überzeugungskunst» präsentieren ihre Vorschläge stets so, dass nonverbale Signale und verbale Äußerungen zueinander passen.

5. *Setzen Sie Zustimmung voraus* – Lassen Sie sprachliche Signale in Ihre Präsentation einfließen, die eine Zustimmung Ihres Gegenübers quasi unterstellen. *Es ist doch klar*, dass Sie beim Überzeugen mehr Erfolg haben werden, wenn Sie solche Mittel nutzen. *Zum Glück für uns alle* haben Sie jetzt Gelegenheit, ihren Einsatz zu üben. Schauen Sie sich die folgenden, *für Sie ganz bestimmt ebenso einleuchtenden* Beispiele an.

- «*Wie stark* sind Sie daran interessiert, Ihre Überzeugungskraft zu stärken?» Diese Frage setzt Ihr Interesse voraus. Sie lautet nicht: «Sind Sie interessiert, . . .?», sondern: «Wie stark sind Sie interessiert, . . .?»

- «Sind Sie *immer noch* daran interessiert, Geld an der Börse zu verdienen?»

- «*In welchem Umfang* wären Sie bereit, ein wenig mehr Geld auszugeben, wenn es uns gelänge, das perfekte Haus für Sie zu finden?»

- «*Wann* haben Sie sich entschieden, für die Ausstattung Ihres Büros eine andere Firma heranzuziehen?»

- «*Wann* würden Sie denn mit Ihrem Investitionsprogramm beginnen wollen?»

- «Haben Sie *schon* Ihren Beitrag geleistet?»

- «*Wann* sollte Ihr Abonnement denn beginnen?»

Wie Sie sehen, kann von solchen Formulierungen eine große Überzeugungskraft ausgehen. *Wann* werden Sie damit beginnen, einige Formulierungen schriftlich festzuhalten, die zu Ihren Vorschlägen und Präsentationen passen?

6. *Bringen Sie die andere Person dazu, sich festzulegen* – Gleichzeitig können Sie auch sprachliche Signale nutzen, mit denen Sie Ihr Gegenüber dazu bringen können, sich festzulegen. Zwei- bis dreimal pro Präsentation können Sie ruhig auf solche Mittel zurückgreifen, vor allem, wenn Sie es mit einer Person zu tun haben, die sehr zurückhaltend ist, und Sie nicht wissen, wie sie über Ihren Vorschlag denkt.

Günstig ist es, solche Fragen dann einzusetzen, wenn Sie zu Schlüsselaussagen Ihrer Präsentation kommen. Auch am Ende der Präsentation, ehe Sie um Zustimmung zu Ihrem Vorschlag bitten, sind sie besonders wirksam, z. B.:

– «Sie hätten dieses Haus schon gern, nicht wahr?»

– «Das ist ein echter Umsatzbringer, habe ich nicht Recht?»

– «Mit dieser Software werden Sie richtig Geld sparen, meinen Sie nicht auch?»

– «Das können Sie sich doch leisten, oder?»

– «Bremsen mit Antiblockiersystem sind schon sicherer, finden Sie nicht?»

Noch wirkungsvoller wird es, wenn Sie mit solchen Fragen auf Äußerungen Ihres Gegenübers reagieren.

Kunde: Ihr Programm gefällt mir.
«Meister der Überzeugungskunst»: Danke. Was gefällt Ihnen denn am meisten?

Kunde: Das ist wirklich ein schönes Haus.
«Meister der Überzeugungskunst»: Ja, nicht wahr? Sie würden es gern haben?

Kunde: Gibt es das auch in Rot?
«Meister der Überzeugungskunst»: Sie hätten das gern in Rot?

Kunde: Ist das sofort lieferbar?
«Meister der Überzeugungskunst»: Sie würden es gern heute noch mit nach Hause nehmen?

Ein gelegentliches Nachhaken nach diesem Muster kann schon verloren geglaubte Verkäufe retten und solche, die auf der Kippe stehen, zum Abschluss bringen. Wird es zu häufig eingesetzt, kann allerdings beim Kunden rasch das Gefühl entstehen, manipuliert zu werden.

7. Denken Sie kundenorientiert – Ihr Vorschlag und seine Vorteile sind nur dann für Ihren Kunden erwägenswert, wenn zu jedem Zeitpunkt erkennbar wird, welche *Vorteile für ihn* damit verbunden sind. Der «Kunde» kann natürlich auch Ihr Ehepartner, Ihr Vorgesetzter oder überhaupt jeder Mensch sein, den Sie zu überzeugen versuchen.

Betonen Sie deshalb in Ihrer Präsentation immer wieder, welchen Nutzen Ihr Vorschlag für Ihr Gegenüber bringen kann, und setzen Sie dabei immer an dessen Wünschen und Bedürfnissen an.

Nur wenigen Leuten, die sich ein neues Auto kaufen, ist wichtig, dass es einen 2,2-Liter-Motor, einen Einspritzmotor oder einen Turbolader hat. Die meisten wollen wissen, was ihnen das Auto in puncto Leistung, Geschwindigkeit, Überholverhalten und Benzinverbrauch bringt. Ähnlich ist es den meisten Computerinteressierten egal, dass ihr neuer Computer einen Speicher von 250 Megabyte, eine erweiterte Tastatur usw. hat. Sie wollen wissen, was die Ausstattung ihnen nutzen kann. Was können sie mit dem Computer anstellen? Welche Anwendungen gibt er her?

Eine sehr gute Möglichkeit, den Wert der eigenen Aussagen kritisch zu prüfen, besteht darin, sich selbst die Frage zu stellen, die der Kunde stellen wird: «Na und?»

Schlechter Überzeuger: Unsere Firma hat Rücklagen von 10 Milliarden Euro.
Kunde: Na und?
«Meister der Überzeugungskunst»: Ihre Investition in eine Lebensversicherung bei uns ist 100prozentig sicher, weil wir mehr Rücklagen vorzuweisen haben als jede andere Versicherungsgesellschaft. Wenn Ihnen etwas passiert, wird Ihre Familie auf jeden Fall die vereinbarten Leistungen bekommen. Für andere Gesellschaften lässt sich das nicht so ohne weiteres sagen. Sie haben eine kluge Wahl getroffen, als Sie sich für unsere Firma entschieden.
Kunde: Wow!

Schlechter Überzeuger: Unser Geldmarktfonds bringt Ihnen 0,5 Prozent mehr Zinsen.
Kunde: Na und?
«Meister der Überzeugungskunst»: Wenn Sie unseren Geldmarktfonds für Ihre gesetzlich geförderte Altersvorsorge nutzen, werden Ihnen später für Ihren Ruhestand Tausende von Euro mehr zur Verfügung stehen, weil wir in der glücklichen Lage sind, Ihnen ein halbes Prozent mehr Zinsen für Ihr Geld zu zahlen.
Kunde: Wow!

Schlechter Überzeuger: Dieser Computer hat eine 250-Megabyte-Festplatte
Kunde: Na und?
«Meister der Überzeugungskunst»: Einem Vielschreiber wie Ihnen wird dieser Computer gute Dienste leisten, da er auf seiner 250-Megabyte-Festplatte selbst ein 1000seitiges Buch speichern kann.
Kunde: Wow!

Kundenzentriert denken heißt, sich um sein Gegenüber Gedanken zu machen. Alle Vorschläge sollen ihm Nutzen bringen. Belohnt wird dies durch Erfolg im Überzeugungsprozess.

Schlüssel-Stichworte: Mitreißende Präsentationen leicht gemacht

I. Planen Sie eine möglichst kurze Präsentation, haben Sie aber stets auch eine längere Version in petto

II. Nennen Sie gleich zum Anfang Ihr Ziel

III. Malen Sie ein lebhaftes Bild davon, wie angenehm sich die Zukunft gestaltet, wenn Ihr Vorschlag angenommen wird. Vergleichen Sie dieses Bild damit, wie die Zukunft verlaufen würde, wenn Ihr Vorschlag nicht zum Zuge käme

IV. Achten Sie auf innere Stimmigkeit

V. Setzen Sie Zustimmung voraus

VI. Bringen Sie die andere Person dazu sich festzulegen

Wie Überzeugung gelingt

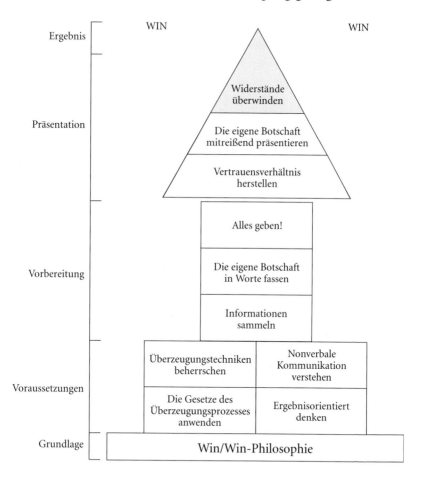

Ergebnis — WIN — WIN

Präsentation

- Widerstände überwinden
- Die eigene Botschaft mitreißend präsentieren
- Vertrauensverhältnis herstellen

Vorbereitung

- Alles geben!
- Die eigene Botschaft in Worte fassen
- Informationen sammeln

Voraussetzungen

- Überzeugungstechniken beherrschen
- Nonverbale Kommunikation verstehen
- Die Gesetze des Überzeugungsprozesses anwenden
- Ergebnisorientiert denken

Grundlage — Win/Win-Philosophie

11 Widerstände überwinden

Wir interessieren uns für andere, wenn diese sich für uns interessieren.
– Publius Syrus

Das am tiefsten sitzende Prinzip des Menschen ist die Sehnsucht nach
Anerkennung. – William James

Das ist eine Lektion, die immer steht:
Probier es, probier es wieder.
Wenn es nicht gleich auf Anhieb geht:
Probier es, probier es wieder. – W. E. Hickson

In der Überzeugungspraxis, vor allem wenn es um Verkäufe geht, stellen
wir immer wieder fest, dass es den Betroffenen zwar gelingt, «Rapport»
herzustellen, Bedürfnisse zu bestimmen, Wertvorstellungen zu klären
und ihre Vorschläge positiv zu präsentieren – sie dann aber letztlich nicht
auf eine verbindliche Entscheidung drängen!

Entsprechende Forschungsarbeiten haben gezeigt, dass Kunden im
Laufe eines Verkaufsgesprächs durchschnittlich fünfmal um eine Entscheidung gebeten werden müssen, bis sie tatsächlich zu einem Vorschlag
ja sagen. Leider enden jedoch 80 Prozent aller Verkaufsgespräche ganz
ohne eine solche Bitte oder nur mit einer einzigen solchen Bitte. Im persönlichen Bereich beobachten wir das Gleiche: Die Entscheidung wird
gründlich vorbereitet, doch fehlt der letzte Anstoß, sich auch verbindlich
festzulegen!

Im Überzeugungsprozess geht es aber letztlich darum, andere dazu zu
bekommen, *aktiv* zu werden. Sie sollen einem Vorschlag zustimmen, sich
zu einer *Verpflichtung* bekennen. Diese Verpflichtung ist das, worauf Sie
eigentlich hinauswollen.

Für das Verkaufen wird man nur bezahlt, wenn man andere dazu
bekommt, diese Verpflichtung einzugehen. Und eine Partnerin oder einen Partner «bekommen» Sie nur, wenn Sie nach einer gewissen Zeit des
Werbens die entscheidende Frage stellen. Gibt die Person, die fragen
müsste, frühzeitig auf, verlieren beide Seiten (zumindest in manchen
Fällen!).

Natürlich kann es am Ende des Überzeugungsprozesses noch einige
schwierige Einwände und Widerstände zu überwinden geben.

Im Verkaufsgespräch könnten sie so formuliert werden:

«Nein»	«Das kann ich mir nicht leisten.»
«Das interessiert mich nicht.»	«Das brauche ich nicht.»
«Das muss ich mir überlegen.»	«Ich glaube, ich mache das doch lieber nicht.»
«Ich kaufe sowieso nur von meinem Bruder.»	

Im persönlichen Beziehungsgespräch könnte es heißen:

«Nein.»	«Ich habe keine Zeit.»
«Ich habe Kopfschmerzen.»	«Das interessiert mich nicht.»
«Ich habe einen festen Freund.»	«Ein andermal.»

Solche Einwände zu überwinden ist nicht ganz einfach. Am schnellsten können die Einwände und Widerstände natürlich aus der Welt geschafft werden, wenn der Rest des Überzeugungsprozesses gut verlaufen ist. Konnte ein freundschaftliches Einvernehmen hergestellt werden, braucht die andere Person das angebotene Produkt oder die fragliche Dienstleistung und wurde ihr deutlich ausgemalt, mit welchen positiven Folgen eine positive Entscheidung verbunden wäre, wird es auch zur Zustimmung kommen – es sei denn, es liegt ein gravierendes Hindernis vor.

Hindernisse

Ein Hindernis ist alles, was es uns unmöglich macht, einen anderen von unserer Art des Denkens zu überzeugen.

– Eine attraktive, verheiratete Frau sitzt auf einem Barhocker an einer Hotelbar. Ein junger Mann geht auf sie zu und sagt: «Ich sehe Sie jetzt schon eine ganze Weile hier sitzen und habe mich gefragt, ob Sie vielleicht Lust hätten, heute Abend mit mir auszugehen.» Die Frau antwortet: «Nein, danke.» In diesem Fall kann der junge Mann noch so insistieren – er kämpft gegen ein unüberwindliches Hindernis an: Die Frau ist verheiratet und würde nichts tun, um ihre Ehe zu gefährden.

– Ein junges Paar besichtigt ein wunderschönes Haus. Beide sind begeistert und wären nur allzu gern in der Lage, das Haus kaufen zu können. Der Makler fragt, ob sie nicht für das Haus bieten möchten. «Ja, aber wir können es uns nicht leisten», antwortet das Paar. Es besteht ein echtes Hindernis: Die monatliche Belastung läge höher als die Einkommen der beiden zusammen genommen. Die Sache zu diesem Zeitpunkt weiter zu verfolgen, hätte keinen Zweck.

Wenn Ihr Vorschlag zu einem WIN/WIN-Ergebnis führen kann und kein echtes Hindernis besteht, liegt es in Ihrer Verantwortung als «Meister der Überzeugungskunst», Ihr Gegenüber zu einer Zusage zu bewegen. Unabhängig davon, ob ein echtes Hindernis vorliegt oder nicht, kann es bei der anderen Seite zu Widerständen kommen. Widerstände lassen sich aber, ist das Hindernis ein überwindbares, ebenfalls systematisch überwinden.

Widerstände

Widerstände sind für den Überzeugungsprozess so normal wie Schnee im Winter in den Bergen. Dafür, dass Menschen Ihre Produkte oder Dienstleistungen nicht kaufen wollen, kann es sechs prinzipielle Gründe geben:
1. Diese Menschen mögen Sie nicht.
2. Diese Menschen vertrauen Ihnen nicht.
3. Diese Menschen brauchen das, was Sie ihnen vorschlagen, nicht.
4. Diese Menschen haben kein Gefühl der Dringlichkeit.
5. Diese Menschen haben derzeit nicht genug Geld für das, was Sie ihnen anbieten.
6. Diese Menschen haben keine Befugnis, die Kaufentscheidung zu treffen.

Wie man am besten mit Widerständen umgeht

Zu Widerständen kommt es vor allem dann, wenn es uns nicht gelingt, «Rapport» aufzubauen. In einer Beziehung gilt dies immer dann, wenn die eine Seite nicht von den besten Absichten der anderen Seite überzeugt ist. Ist das menschliche Einvernehmen in Frage gestellt, hat es wenig Sinn, die geäußerten Einwände selbst anzugehen. Vergewissern Sie sich lieber erst, ob tatsächlich «Rapport» besteht, ob Sie die Bedürfnisse und Wertvorstellungen der anderen Person kennen, ob die andere Person weiß, dass Sie nur ihr Bestes wollen, und ob Ihnen wirklich klar ist, in welche Richtung Sie den Kommunikationsprozess steuern wollen.

Erst wenn all diese Vorgaben stimmen, können wir versuchen, die bestehenden Widerstände direkt anzugehen. Dafür gibt es einige ausgezeichnete Strategien:

1. Sympathie gewinnen

Der häufigste Grund dafür, warum Menschen einem anderen nichts abkaufen, besteht darin, dass sie ihn nicht mögen. Das ist natürlich im Einzelfall nur schwer zu akzeptieren, doch das Gegenteil trifft ebenfalls zu: Je stärker die gegenseitige Sympathie, desto größer die Chance, zu einem Abschluss zu kommen. Allerdings ist es auch durchaus möglich, dass man «Rapport» entwickelt und sich beim Gegenüber trotzdem keine Sympathie einstellt. Das ist jedoch eher selten der Fall. Aus diesem Grund ist es wichtig, dafür zu sorgen, dass «Rapport» besteht, ehe Sie auf eine Entscheidung drängen. Um dies zu prüfen, nutzen Sie ein nonverbales Signal (schlagen Sie z. B. die Beine übereinander oder verändern Sie Ihre Sitzposition) und achten Sie darauf, ob die andere Person Ihrem Beispiel folgt. An der Reaktion können Sie erkennen, ob es Ihnen gelungen ist, «Rapport» herzustellen, und in den allermeisten Fällen bedeutet dies auch, dass Sie Ihrem Gegenüber sympathisch sind.

Die meisten Menschen werden Ihnen etwas abkaufen, *weil* Sie sie mögen. Es kommt nämlich hier das Gesetz der Freundschaft ins Spiel. Erinnern Sie sich noch, wie es lautet? «Wenn jemand, von dem wir meinen, dass er es gut mit uns meint, uns um etwas bittet, sind wir stark geneigt, seine Bitte zu erfüllen.»

Wenn Sie sich um Ihr Gegenüber bemühen, nach seinen Bedürfnissen und Wertvorstellungen fragen und immer wieder betonen, dass Sie eine Lösung seiner Probleme anstreben, ist es fast unmöglich, dass man Sie nicht sympathisch finden wird.

Tatsache ist, dass Menschen jedes Jahr riesige Geldsummen für Produkte und Dienstleistungen ausgeben, die sie gar nicht brauchen, und an Organisationen spenden, von denen sie vorher noch nie gehört haben, bloß weil sie die Person, die sie darum gebeten hat, gern mochten.

2. Um Vertrauen werben

Auf den ersten Blick könnte dies mit Punkt 1 gleichgesetzt werden, doch besteht ein wichtiger Unterschied. Fallen Ihnen aus Ihrem Bekanntenkreis Menschen ein, die Sie mögen, denen Sie aber nicht unbedingt vertrauen? Natürlich! Und gibt es umgekehrt Menschen, die Sie nicht sonderlich mögen, denen Sie aber vertrauen könnten? Ja, auch von dieser Sorte werden Ihnen sicherlich einige einfallen.

Bei gegenseitiger Sympathie ist die Wahrscheinlichkeit, dass auch Vertrauen besteht, allerdings am größten. Die beste Möglichkeit, auf andere einen vertrauenswürdigen Eindruck zu machen, haben Sie, wenn Sie in sich stimmig wirken, also wenn Ihre nonverbalen Signale mit Ihren verbalen Äußerungen im Einklang stehen.

Stellen Sie außerdem Ihre Ernsthaftigkeit unter Beweis, indem Sie Ihr Interesse an der anderen Person und deren Bedürfnissen offen bekunden.

Wenn man jemandem nicht vertraut, hinterfragt man auch schnell dessen Behauptungen. Man hat das Gefühl, dass er übertreibt und bestimmte Aussagen auf unzulässige Weise aufbläht. Achten Sie deshalb auch immer darauf, Ihre Behauptungen mit Fakten und Beweisen zu untermauern.

3. Auf reale Bedürfnisse eingehen

Wer versucht, Schneeschieber in der Wüste zu verkaufen, wird auf ernsthafte Probleme stoßen. Dient Ihr Produkt oder Ihre Dienstleistung jedoch den Bedürfnissen der anderen Person, ist es Ihre Aufgabe, ihr zu zeigen, welchen Nutzen ihr ein Kauf bringen würde und dass dieser Nutzen die ohnehin unerheblichen Kosten *bei weitem* übersteigen würde. Sagt jemand zu Ihnen: «Ich brauche X nicht», meint er in Wirklichkeit: «Sie haben mir nicht ausreichend erklärt, dass X mir so viel nutzen würde, dass es mir wichtiger ist als das Geld, das ich Ihnen dafür geben müsste.» Malen Sie deshalb in Ihrer Präsentation ein so eindringliches Bild von dem, was Sie zu bieten haben, dass bei Ihren Zuhörern echte Begeisterung entsteht.

Der berühmte Psychologe Abraham H. Maslow kam zu dem Schluss, dass alle Menschen die gleiche Rangfolge von Bedürfnissen besitzen («Bedürfnispyramide»). Auch für die Dinge, die wir lieber vermeiden möchten, gibt es eine allgemein gültige Rangfolge. Schauen Sie sich die folgenden Listen an und überlegen Sie, welche Punkte davon auch auf Sie zutreffen.

	Wir alle wollen:	
mehr Geld haben	F	soziale Beziehungen pflegen
geliebt werden	R	länger leben
Spaß haben	E	glücklich sein
gesund sein	U	es bequem haben
uns sicher fühlen	D	inneren Frieden spüren
mehr Energie haben	E	uns selbst verwirklichen

	Wir alle wollen *nicht*:	
Geld verlieren	L	Kritik einstecken
Zurückweisung erfahren	E	mit Unbekanntem konfrontiert sein
versagen	I	uns lächerlich machen
Verluste erleiden	D	sterben

Um das Bedürfnis nach Ihrem Produkt oder Ihrer Dienstleistung zu stärken, müssen Sie aufzeigen, mit welchem *Leid* es für den Kunden verbunden wäre, Ihr Produkt oder Ihre Dienstleistung nicht zu erwerben, und wie viel *Freude* er erführe, wenn er sich dafür entschiede. Am besten geschieht dies natürlich im Rahmen der Präsentation. Wenn Sie nach Ihrer Präsentation die Aussage zu hören bekommen: «Ich brauche das nicht», haben Sie die Chance auf ein WIN/WIN-Ergebnis wahrscheinlich verpasst.

Denken Sie deshalb daran, Ihre Präsentation sorgfältig zu planen und frühzeitig auf die Bedürfnisse und Wertvorstellungen Ihres Gegenübers abzustimmen.

4. Ein Gefühl der Dringlichkeit schaffen

Was könnte schlimmstenfalls passieren, wenn der Kunde Ihr Produkt oder Ihre Dienstleistung nicht erwirbt?

– Das alte Auto könnte liegen bleiben und immens hohe Reparaturkosten verursachen.

– Die Zinsen könnten steigen, der Kunde könnte das beste Zeitfenster für einen Hauskauf verpassen und müsste später sehr viel mehr bezahlen.

– Ohne neue Alarmanlage könnte in das Haus des Kunden eingebrochen werden.

– Der Kunde könnte sterben, ehe seine Angehörigen durch eine gute Versicherungspolice abgesichert sind.

Wenn Sie es versäumen, in Ihrer Präsentation das schlimmste Szenario auszumalen, kann es sein, dass kein Gefühl der Dringlichkeit entsteht. Natürlich sollten Sie in Ihrer Präsentation auch das bestmögliche Szenario betonen. Welchen Nutzen hätte der Kunde davon, sich *jetzt* positiv zu entscheiden?

5. Das Angebot bezahlbar machen

Grundsätzlich sollten Sie nur in ein Kundengespräch gehen, wenn Sie bereits verschiedene Optionen der Finanzierung in der Tasche haben. Will der Kunde Ihr Produkt, sollten Sie in der Lage sein, sofort einen machbaren Finanzierungsplan für ihn auszuarbeiten. Dabei sollten Sie sehr flexibel sein.

Ungeübten Verkaufsleuten fällt es schwer, über Geld zu sprechen. Die Scheu davor, anderen Geld abnehmen zu müssen, ist für sie ein echtes Problem. Umso schwerer fällt es ihnen, auf die Aussage: «Das kann ich mir nicht leisten», eine Antwort zu finden.

Kunde: Das kann ich mir nicht leisten.

«Meister der Überzeugungskunst»: Ich verstehe. Und wenn Sie es sich leisten könnten, würden Sie dann dieses Auto haben wollen?

Kunde: Ja, aber es geht eben nicht.

«Meister der Überzeugungskunst»: Sie hatten gesagt, dass Sie 260 Euro im Monat aufbringen könnten. Dieses Auto hier, das Ihnen ja offenbar am besten gefällt, würde Sie 287 Euro im Monat kosten. Sehen Sie irgendeine Möglichkeit, in einem anderen Bereich 90 Cent am Tag einzusparen, so dass Sie den Unterschied wieder wettmachen könnten?

Antwortet der Kunde mit nein, existiert ein echtes Hindernis. Sagt er ja, ist der Verkauf so gut wie abgeschlossen.

Eine andere außergewöhnlich wirksame Methode zur Überwindung von Widerständen nutzt den Kern des Widerstands als Grund zum Kaufen. Hier ein Beispiel:

Kunde: Ich kann mir dieses Auto wirklich nicht leisten.

«Meister der Überzeugungskunst»: Dieses Auto würde Sie im Monat 200 Euro kosten. Nach Ihrer jährlichen Fahrleistung müssen Sie zusätzlich mit 50 Euro im Monat an Spritkosten rechnen. Wie viel haben Sie letztes Jahr für Reparaturen an Ihrem alten Auto ausgegeben?

Kunde: Etwa 1000 Euro.

«*Meister der Überzeugungskunst*»: Ihr jetziges Auto verbraucht doppelt so viel Benzin wie dieses. Das läuft auf 100 Euro Benzinkosten im Monat hinaus. Die Frage ist also: Wollen Sie eher das brandneue, superbequeme Modell für 250 Euro im Monat einschließlich Benzin fahren oder bei Ihrem alten Wagen bleiben, der schon zahlreiche Macken hat und Sie mindestens ebenfalls 200 Euro im Monat kostet, wahrscheinlich aber sogar noch mehr, da jederzeit größere Reparaturen auf Sie zukommen können?

Wird er geschickt aufgegriffen, lässt sich der Kern des Widerstands in der Regel zu einem ausgezeichneten Grund zum Kauf ummünzen.

6. Mit der Person sprechen, die auch Entscheidungsbefugnis besitzt

Dieses Problem ist am einfachsten zu lösen. Vergewissern Sie sich schon vor Ihrer Präsentation davon, dass Sie es auch tatsächlich mit der Person zu tun haben, die auch die Entscheidungen trifft. Am besten klären Sie dies schon in einem vorbereitenden (Telefon-)Gespräch.

Überlegen Sie in jedem Einzelfall, welcher der sechs Gründe, die gegen eine Zusage sprechen, zutreffen könnte. Dann können Sie sich darauf konzentrieren, die konkreten Widerstände ganz gezielt anzugehen.

Zusätzliche Strategien für den Umgang mit Widerständen

1. Nutzen Sie die «Geht, ging, gegangen»-Formel

«Herr Miller, ich verstehe sehr gut, wie es Ihnen *geht*. Einem meiner letzten Kunden *ging* es genauso. Nachdem er die Situation sorgfältig geprüft und alle Möglichkeiten gegeneinander abgewogen hat, ist er unserem Vorschlag gefolgt. Seitdem ist es ihm äußerst gut *gegangen*. In vier Wochen hat er mit unserem Investitionsprogramm 600 Euro Gewinn gemacht.»

2. Räumen Sie wichtige Einwände schon im Vorfeld aus

Gibt es bestimmte Einwände, die bei der Vorstellung Ihres Produkts oder Ihrer Dienstleistung immer wieder kommen, greifen Sie sie auf und widerlegen Sie sie bereits im Rahmen Ihrer Präsentation.

3. Fragen Sie, was nötig wäre, um den Kunden zu überzeugen

«Herr Miller, darf ich Ihnen eine Frage stellen? Was wäre nötig, um Sie davon zu überzeugen, meinen Vorschlag anzunehmen?»

4. Nutzen Sie die altmodische Methode zur Überwindung von Widerständen

A. Beim ersten Hören ignorieren.

B. Berechtigung anerkennen: «Ich verstehe, dass Sie das Gefühl haben könnten...»

C. Nachfragen: «Gibt es noch irgendwelche anderen Gründe außer X, die Sie davon abhalten könnten, meinen Vorschlag anzunehmen?»

D. Den Blick nach vorn lenken: «Wenn es uns gelänge, X zu lösen, würden Sie den Vorschlag annehmen?»

Den Handel zum Abschluss bringen

Haken Sie beharrlich so lange nach, bis Ihr Gegenüber einwilligt. Zig Ziglar sagte einmal, beim Verkaufen könne man nur erfolgreich sein, «wenn der riesige Stapel an Vorteilen deutlich größer wirkt als der winzige Stapel an Geld, den man dafür hergeben müsste». Er hatte Recht. Wenn Ihr Gegenüber davon überzeugt ist, dass ihm ein Geschäft mit Ihnen Nutzen bringt, wird es auch zu einem Abschluss kommen.

Um diesen voranzubringen, haben sich die folgenden Methoden bewährt.

Sechs wirksame Methoden für den Geschäftsabschluss

1. Die Methode «Unterstellung»

Diese Methode ist äußerst wirksam und kann in fast jeder Situation zur Anwendung kommen. Anstatt offen um Zustimmung zu bitten, wird diese Zustimmung einfach ganz selbstverständlich unterstellt.

«Meister der Überzeugungskunst»: Ich bin froh, dass Sie Gelegenheit hatten, sich dieses Haus anzusehen. Haben Sie sich schon überlegt, was Sie mit dem Garten machen wollen?

«Meister der Überzeugungskunst»: Dieses Auto ist auf jeden Fall eine gute Wahl. Werden Sie es fahren oder Ihre Frau?

«Meister der Überzeugungskunst»: [Mit dem leeren Bestellformular in der Hand] Wie lautet Ihre genaue Adresse? Wollen Sie, dass die Maschine hierhin geliefert wird oder lieber an eine andere Adresse? Soll die Rechnung ebenfalls hierhin geschickt werden?

2. Die Methode «Süßer Welpe»

Diese beliebte (und in vielen Fällen todsichere) Methode beruht auf der Erkenntnis, dass man einen Hund am allerbesten dann verkaufen kann, wenn man ihn dem neuen Frauchen oder Herrchen für zwei, drei Tage mit nach Hause gibt. Niemand wird es übers Herz bringen, den süßen Welpen wieder zurückzugeben. Nach kürzester Zeit hat ihn die ganze Familie ins Herz geschlossen, und niemand kann sich ein Leben ohne ihn überhaupt noch vorstellen. Natürlich funktioniert die Methode «Süßer Welpe» auch mit anderen Produkten. Kopiergeräte z. B. werden häufig nach diesem Muster verkauft.

«Meister der Überzeugungskunst»: Herr Meyer, ich lasse Ihnen das neue XJ-30-Modell morgen bringen. Dann können wir auch gleich Ihrer Sekretärin zeigen, wie sie das Gerät am besten nutzen kann. Nach zehn Tagen melde ich mich dann telefonisch bei Ihnen. Wenn Sie bis dahin aus irgendeinem Grund zu der Ansicht kommen, dass das Gerät doch nicht dem entspricht, was Sie sich vorgestellt haben, nehme ich es zurück und erstatte Ihnen alle Kosten. Ist das ein faires Angebot?

3. Die Methode «Wahl zwischen zwei Alternativen»

Bei dieser sehr erfolgreichen Methode wird der Kauf an sich gar nicht mehr in Frage gestellt. Stattdessen werden gleich zwei Alternativen zur Auswahl angeboten.

«Meister der Überzeugungskunst»: Möchten Sie den Wagen lieber mit Automatik oder mit Schaltgetriebe?

«Meister der Überzeugungskunst»: Bezahlen Sie in bar oder möchten Sie den Kauf finanzieren lassen?

«Meister der Überzeugungskunst»: Möchten Sie das Modell lieber in Blau oder in Rot?

4. Die Methode «Spitzer Winkel»

Auf diese spezielle Variante kann man immer dann zurückgreifen, wenn der Kunde z. B. fragt: «Kann das Gerät auch X?», «Kann man es auch in Y bekommen?», «Würde es Z überflüssig machen?» Die Frage wird «im spitzen Winkel» zurückgegeben: «Würden Sie es kaufen, wenn es X kann?», «Würden Sie sich dafür entscheiden, wenn man es auch in Y bekommt?», «Wenn es Z überflüssig macht, möchten Sie es dann ausprobieren?»

Kunde: Die neue Hardware müsste bis zum ersten Dezember fertig installiert und funktionsbereit sein. Würden Sie das schaffen?

«Meister der Überzeugungskunst»: «Wenn wir Ihnen die völlige Funktionsbereitschaft bis zum ersten Dezember garantieren, würden Sie dann heute noch die Bestellung aufgeben?»

5. Die Methode «Nebensächliche Frage»

Es handelt sich um eine Variante der Methode «Wahl zwischen zwei Alternativen», die sicherlich ebenso wirksam ist. Allerdings muss man sich auf einen etwas komplizierteren Gedankengang konzentrieren.

«Meister der Überzeugungskunst»: Eigentlich brauchen Sie sich nur noch zu entscheiden, ab wann Sie mit unserem Software-Paket bei den Betriebskosten kräftig sparen wollen. Übrigens: Brauchen Sie zwei Exemplare des Benutzerhandbuchs oder nur eins?

Die Formel für die Methode «Nebensächliche Frage» lautet:
A. Bringen Sie die eigentliche Entscheidung (die «hauptsächliche Frage») so auf den Punkt, dass der Hauptvorteil für den Kunden noch einmal deutlich wird.
B. Machen Sie zwischen «hauptsächlicher» und «nebensächlicher Frage» keine Pause.
C. Formulieren Sie die «nebensächliche» Frage als Wahl zwischen zwei Alternativen.

6. Die Methode «Rosige Zukunft»

Betten Sie die Kaufentscheidung in ein vorher ausgemaltes Bild einer rosigen Zukunft ein.

«Meister der Überzeugungskunst»: Mit Ihrer Hilfe können wir vielen Kindern das Leben retten und ihre Lebensqualität enorm verbessern. Welche Art von Firmen-Sponsoring käme Ihnen denn am ehesten entgegen?

Über den erfolgreichen Geschäftsabschluss sind ganze Bücher geschrieben worden. Einige davon, die ich selbst für empfehlenswert halte, finden Sie in der Bibliographie am Ende dieses Buches.

Um den Überzeugungsprozess zu Ende zu bringen, müssen Sie noch einmal zusammenfassen, was Sie anzubieten haben, und um das bitten, was Sie im Gegenzug dafür haben wollen. Bei all der Mühe und Energie, die Sie bereits hineingesteckt haben, sollten Sie sich keinesfalls auf den letzten Metern zurückfallen lassen. Haken Sie so lange nach, bis Sie ein Ja als Antwort bekommen!

«Nachhaken» bedeutet natürlich nicht, penetrant immer wieder die gleichen Fragen zu stellen. Reagieren Sie vielmehr möglichst flexibel auf Feedback, behalten Sie stets die Bedürfnisse Ihres Kunden vor Augen und erklären Sie ihm, mit welchen Vorteilen er für sein Geld rechnen kann. Erst dann versuchen Sie, ihn sanft zu einer Entscheidung zu drängen.

Loten Sie grundsätzlich alle Möglichkeiten aus, um zu einem WIN/WIN-Ergebnis zu kommen. Kann zu irgendeinem Zeitpunkt kein WIN/WIN-Ergebnis erzielt werden, existiert womöglich ein echtes Hindernis, das Sie beim besten Willen nicht überwinden können.

In den allermeisten Fällen jedoch können ein positives Beharren und die direkte Bitte um Zustimmung die Chancen auf einen positiven Ausgang des Überzeugungsprozesses enorm erhöhen.

Schlüssel-Stichwörter: Widerstände überwinden

Wie Überzeugung gelingt

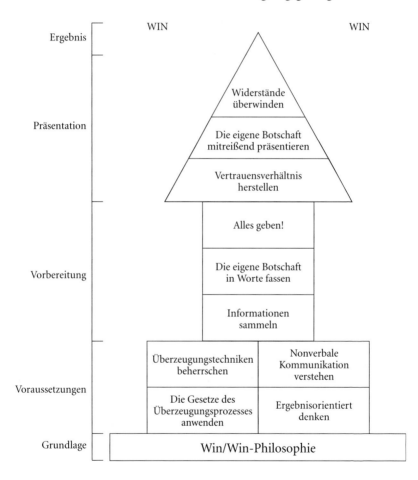

Ergebnis

WIN   WIN

Präsentation

Widerstände überwinden

Die eigene Botschaft mitreißend präsentieren

Vertrauensverhältnis herstellen

Alles geben!

Vorbereitung

Die eigene Botschaft in Worte fassen

Informationen sammeln

Voraussetzungen

Überzeugungstechniken beherrschen

Nonverbale Kommunikation verstehen

Die Gesetze des Überzeugungsprozesses anwenden

Ergebnisorientiert denken

Grundlage

Win/Win-Philosophie

12 Das Win/Win-Ergebnis

Beziehungen. Im Leben geht es um Beziehungen. Harmonische Beziehungen zu anderen Menschen führen zu einem erfüllten Leben.

Als ich heiratete, gab mir meine liebe Großmutter einen für mich zunächst etwas schockierenden Rat. Sie sagte: «In der Ehe steht es 90 zu 10, nicht 50 zu 50, wie du vielleicht denkst. Gib 90 Prozent und erwarte 10 Prozent, mehr nicht.» Damals verstand ich ihren Rat noch nicht. Inzwischen habe ich ihn begriffen – und zum Glück habe ich auf sie gehört! Natürlich gibt es auch Beziehungen, in denen es 50 zu 50 steht. Wenn Sie z. B. Tag für Tag zur Arbeit gehen, genau das tun, was von Ihnen erwartet wird, und pünktlich Ihr Gehalt bekommen, haben Sie eine solche Beziehung. Dagegen ist auch gar nichts einzuwenden. Im Gegenteil, wir brauchen solche Beziehungen. Wir müssen uns darauf verlassen können, dass wir jederzeit zur Tankstelle fahren, für 15 Euro tanken und mit dem Tankstellenbesitzer vollkommen quitt sein können, wenn wir ihm 15 Euro geben.

Damit Beziehungen jedoch über diesen bloßen Austausch von Geld und Leistungen hinauswachsen können, müssen wir bereit sein, mehr zu geben, ohne zunächst genau zu wissen, wie viel wir zurückbekommen werden. Mit anderen Worten: Wir müssen 90 Prozent geben und darauf warten, ob wir 10 Prozent, vielleicht aber auch mehr (oder weniger) zurückbekommen. In einer solchen Situation sind zwei Entwicklungen möglich:

Zum Einen kann es sein, dass die andere Person den Nutzen Ihrer Liebe und Freundschaft (oder, im geschäftlichen Sinne, Ihres Produkts oder Ihrer Dienstleistung) nicht erkennt und sich deshalb auch nicht revanchiert. In dem Fall haben Sie die Möglichkeit, weiterhin 90 Prozent zu geben und in Zukunft auf mehr Feedback zu hoffen – oder Sie können sich nach einer anderen, für Sie lohnenderen Beziehung umschauen.

Zum Zweiten kann es sein, dass die andere Person die Liebe und Freundschaft, die Sie ihr schenken, sowohl wahrnimmt als auch zu schätzen weiß und mit der gleichen bedingungslosen Zuneigung erwidert. Dies wäre der Anfang einer ganz besonderen Beziehung.

Geht es uns im Geschäftsleben nur darum, was wir aus einer Transaktion herausholen können, werden wir das Vertrauen des anderen nicht gewinnen, und es wird sich keine Geschäfts*beziehung* daraus entwickeln. Wenn Sie die in diesem Buch dargestellten Techniken anwenden, werden sie fast jedem fast alles verkaufen können. Dadurch können Sie einen Kunden *gewinnen*. Die einzige Möglichkeit, diesen Kunden zu *halten*, besteht darin, die gegebenen Versprechen auch wahr zu machen.

Solange Sie sich auf die Bedürfnisse, Wünsche und Wertvorstellungen der anderen Person konzentrieren, wird Ihr Handeln ethisch unangreifbar sein. Sie werden nur tun, was wirklich im Interesse der anderen Person ist.

Ein WIN/WIN-Ergebnis setzt natürlich voraus, dass auch für Sie etwas dabei herausspringt. Sich auf Transaktionen und Beziehungen einzulassen, in denen es für Sie nichts zu gewinnen gibt, wäre mehr als unklug. Als Märtyrer können Sie schlecht Ihre Selbstachtung wahren. Und Sie können anderen kaum helfen, wenn Sie nicht selbst aus Ihren Beziehungen auch Nutzen ziehen. Ihre Beziehungen *müssen* auch für Sie selbst befriedigend sein. Mit Hilfe der in diesem Buch beschriebenen Strategien haben Sie die Möglichkeit, dafür zu sorgen, dass dies der Fall sein wird.

Bei dem ständigen Streben nach WIN/WIN-Situationen geht es um mehr als bloß um eine idealistische Philosophie. Dass auf lange Sicht beide Seiten profitieren, ist eine absolute Notwendigkeit. Wenn wir anderen Menschen keinen Nutzen bringen, werden sie mit uns keine Geschäfte machen wollen. Wenn wir ihre Bedürfnisse und Wünsche nicht berücksichtigen, werden am Ende beide Seiten verlieren. Die WIN/WIN-Philosophie ist unsere *einzige* Chance, langfristig Geschäfte zu machen und positive Beziehungen zu schaffen und zu bewahren.

Die WIN/WIN-Philosophie ist eine Lebenseinstellung. Sie garantiert nicht, dass andere uns mögen. Sie garantiert auch nicht, dass wir den gewünschten Geschäftsabschluss tatsächlich erzielen werden. Immerhin schafft sie aber dafür die besten Voraussetzungen.

Dass am Ende des Überzeugungsprozesses als Ergebnis auch «kein Geschäftsabschluss» stehen kann, ist ein ebenfalls äußerst wichtiger Teil der WIN/WIN-Philosophie. Ja, wenn kein Gewinn für beide Seiten möglich ist, *darf* es keinen Geschäftsabschluss geben. Es sind viele Gründe denkbar, warum zwei Menschen nicht miteinander in eine persönliche oder geschäftliche Beziehung gehören. In solchen Fällen besteht das einzig denkbare WIN/WIN-Ergebnis in einem nicht erfolgten Geschäftsabschluss. Seien Sie stets bereit, nein zu sagen, wenn jemandem durch eine Vereinbarung ernsthafte Nachteile drohen könnten.

In Anhang A werde ich noch einmal ausführlich auf ethische Probleme im Zusammenhang mit dem Überzeugungsprozess eingehen. Wenn Sie sich die WIN/WIN-Philosophie zum Maßstab nehmen, wird Ihnen das helfen, stets ethisch korrekte Entscheidungen zu treffen. Damit ist der erste Teil dieses Buches abgeschlossen. Wenn Sie Ihre Kenntnisse und Fähigkeiten vertiefen möchten, können Sie weiter lesen und im zweiten Teil erfahren, *wie* Kommunikation funktioniert und Ihre eigenen Äußerungen von anderen wahrgenommen werden. Dadurch bekommen Sie die Chance, Ihre Kommunikation auf eine neue Ebene zu heben. Nur wenige Menschen kennen die in Teil 2 dieses Buches dargestellten Inhalte, und noch weniger Menschen praktizieren sie.

Sie werden erkennen lernen, wie wir von den Medien, der Politik und anderen Bereichen des öffentlichen Lebens manipuliert werden. Sie werden erfahren, welche «Programme» dafür sorgen, dass Ihr Gehirn auf eine bestimmte Art und Weise «tickt». Am Ende werden Sie sehr schnell erkennen, wie andere Menschen für das Aussenden und Empfangen von Informationen «programmiert» wurden.

Ehe Sie zu Teil 2 übergehen, sollten Sie sich die an den Anfängen von Kapitel 1 bis 12 abgedruckte Abbildung «Wie Überzeugung gelingt» noch einmal sorgfältig anschauen und sichergehen, dass Sie auch wirklich alle Aspekte vollständig verstanden haben. (Sie sollten Sie so gut verstanden haben, dass Sie sie anderen erklären können.)

Ist dies der Fall, sind Sie gut vorbereitet für den nächsten Schritt. Machen Sie sich bereit, das Universum zu bewegen!

Teil II
Überzeugen für Fortgeschrittene

13 Relevante Erkenntnisse des Neuro-Linguistischen Programmierens (NLP)

Von allen Geschöpfen auf dieser Erde ist nur der Mensch für die effektive Kommunikation geschaffen. – Kevin Hogan

Nachdem Sie nun die im ersten Teil dieses Buches dargestellten Inhalte beherrschen, werden Sie bereit sein, mehr über die genauen Vorgänge im Laufe des Überzeugungsprozesses zu erfahren. Die Struktur dieser Vorgänge ist für Menschen, die kommunizieren wollen, wie der Bauplan eines Hauses für die Handwerker. Vor ihren Augen entsteht ein gänzlich neues Bild. Sie sehen und hören im Kommunikationsprozess Dinge, die andere Leute nicht wahrnehmen, und beginnen mit dem Training für den «schwarzen Gürtel der Überzeugungskunst».

Falls im Hinblick auf irgendeine der bisher behandelten Fragen bei Ihnen noch Unsicherheiten bestehen, kehren Sie unbedingt zu dem entsprechenden Kapitel zurück und arbeiten Sie es so lange durch, bis Sie alles vollständig verstanden haben. Teil 2 dieses Buches setzt das gründliche Verständnis der ersten zwölf Kapitel voraus! Haben Sie dann erst einmal die Struktur des Überzeugungsprozesses begriffen, werden Sie in der Lage sein, fast jeden von fast allem zu überzeugen, solange es nicht seinen innersten Wertvorstellungen widerspricht.

Um auf dieser Ebene über andere Menschen Einfluss zu gewinnen, brauchen wir zunächst ein sowohl nützliches als auch praktikables Modell der Kommunikation. Heutzutage stehen uns eine ganze Reihe von Kommunikationsmodellen zur Verfügung. Wir wollen uns hier auf ein Modell konzentrieren, das auf der Theorie des Neulinguistischen Programmierens (NLP) und der Hypnose beruht.

Ehe wir uns anschauen, wie das Modell als Ganzes funktioniert, wollen wir uns zunächst mit einigen Schlüsselkomponenten vertraut machen (werden also – anders als der Familienvater am Weihnachtsabend – *erst* die Anweisungen lesen und *dann* das neue Spielzeug zusammenbauen!). Überlegen wir zunächst, wie Physiologie, subjektive Repräsentation und innerer Zustand miteinander zusammenhängen.

1. Physiologie – In dem Moment, in dem Sie dieses Buch lesen, weisen Sie eine bestimmte Physiologie auf. Sie sitzen in einer bestimmten Körperhaltung, atmen auf eine bestimmte Art und Weise, einige Ihrer Muskeln sind angespannt, andere gelöst. Der Begriff «Physiologie» beinhaltet in diesem Sinne also mehr als die bloße Körperhaltung. Er umfasst alle aktiven und inaktiven körperlichen Merkmale in einem bestimmten Augenblick. Dazu gehört nicht nur, wie wir sitzen oder stehen, sondern auch, wie wir unsere Beine, Arme, Hände und Finger halten. Selbst die Ausrichtung und Bewegung unserer Augen sind Bestandteil der Physiologie.

2. Subjektive Repräsentationen – In jedem beliebigen Augenblick bestehen unsere subjektiven Repräsentationen aus den Eindrücken unserer fünf Sinne: visuell, auditiv, kinästhetisch (Gefühle, Berührung), Geruch und Geschmack. Darüber hinaus gibt es eine sechste Repräsentation, die man «auditiv-digital» nennt oder auch als «inneren Dialog» bezeichnet. Innere oder subjektive Repräsentationen sind «Abbilder» von Informationen, die im Gehirn abgelegt wurden, nachdem sie mehrere innere Verarbeitungsfilter «durchlaufen» haben. Wenn Sie an Ihr «Zuhause» oder an Ihr «Büro» denken, *erinnern* Sie eine subjektive Repräsentation. Wenn Sie sich etwas vorstellen, das Sie noch nie gesehen haben, *konstruieren* Sie eine subjektive Repräsentation.

3. Innerer Zustand – Unser innerer Zustand ist eine Kombination aus subjektiven Repräsentationen und Physiologie. Ein solcher Zustand kann Sekunden oder Tage andauern.

Physiologie + subjektive Repräsentation = Zustand

Der geistige Zustand einer Person bestimmt sich daher aus der Summe aller neurologischen Prozesse, die zu einem bestimmten Zeitpunkt in einem bestimmten Individuum ablaufen. Der geistige Zustand, in dem wir uns befinden, filtert und beeinflusst unsere Interpretation und unser Verständnis einer in diesem Augenblick gemachten Erfahrung.

Beispiel 1

Sie haben gerade im Lotto gewonnen. Ein Anruf in der Lottozentrale bestätigt Ihre Hoffnung: Sie haben 1.000.000 Euro gewonnen! ZUSTAND = JUBEL.

Ihr Ehemann kommt zur Tür herein und sagt Ihnen, dass das Familienauto eine brandneue Beule hat – ein Schaden von 200 Euro. Wie reagieren Sie? Wenn Sie ähnlich gestrickt sind wie die meisten Menschen, sagen Sie: «Und wenn schon! Wir haben gerade eine Million gewonnen!»

Beispiel 2

Sie hatten einen sehr frustrierenden Arbeitstag. Wegen bevorstehender Kurzarbeit waren alle Kolleginnen und Kollegen mieser Stimmung. Auf dem Rückweg standen Sie lange Zeit im Stau. ZUSTAND = FRUSTRATION und REIZBARKEIT.

Ihr Ehemann kommt zur Tür herein und sagt Ihnen, dass das Familienauto eine brandneue Beule hat – ein Schaden von 200 Euro. Wie reagieren Sie? Wenn Sie ähnlich gestrickt sind wie die meisten Menschen, sagen Sie: «Auch das noch! Heute geht aber auch alles schief!»

Beachten Sie, dass das äußere Ereignis in beiden Fällen *identisch* ist. Die Reaktion fällt dennoch in drastischer Weise unterschiedlich aus. Der Grund dafür liegt darin, dass der geistige Zustand unterschiedlich ist. Daher:

$$\text{Zustand} \longrightarrow \text{Verhalten}$$

Wer sich im Zustand des JUBELS befindet, wird hereinkommende Meldungen ganz anders aufnehmen und verarbeiten als jemand, der sich im Zustand der FRUSTRATION und REIZBARKEIT befindet. Und weil wir in unterschiedlichen Zuständen anders filtern und verarbeiten, sind auch die subjektiven Repräsentationen unterschiedlich. Die Information über das verbeulte Auto z. B. kann auf viele verschiedene Weisen im Gedächtnis gespeichert werden, z. B.:

– «Wenn auch mal ein Malheur passiert, im Großen und Ganzen habe ich riesiges Glück.»

– «Ich muss mich nicht nur bei der Arbeit und auf der Autobahn mit Idioten herumschlagen, auch zu Hause erwarten mich nur Hiobsbotschaften.»

Ein identischer äußerer Reiz kann auf diese Weise zu zwei sehr unterschiedlichen Interpretationen führen. Weitere Variationen sind natürlich denkbar. In jedem Fall werden die faktischen Ereignisse mit allen Interpretationen und Assoziationen im Gedächtnis gespeichert. Auch in der Erinnerung sind sie dann «zustandsabhängig». Außer dem eigentlichen Ereignis werden die jeweiligen Interpretationen und, was noch eindrucksvoller ist, die Gefühle zum Zeitpunkt des ursprünglichen Erlebens mit erinnert.

Im Überzeugungsprozess besteht unser Ziel darin, unsere Idee, unsere Dienstleistung oder unser Produkt mit einem für unser Gegenüber besonders angenehmen Zustand zu verknüpfen. Welcher Zustand dies auch immer sein mag – es muss uns gelingen, ihn untrennbar mit unserer Idee, unserer Dienstleistung oder unserem Produkt zu verbinden. Auf diesem Prinzip beruht ein großer Teil der Fernsehwerbung, und wir können daran sehr schön sehen, wie die Medien unser Denken programmieren können. Ist eine Idee oder ein Produkt erst einmal mit einem als besonders angenehm oder erstrebenswert empfundenen Zustand assoziiert, ist ein großer Teil der Überzeugungsarbeit schon geleistet.

Wenn Sie möchten, dass jemand mit Ihnen ins Kino geht, fragen Sie ihn einfach nach seinem Lieblingsfilm. Bitten Sie ihn zu erzählen, was ihm an dem Film am besten gefallen hat. Prägen Sie sich beim Zuhören ein, mit welchen Worten er seine positiven Gefühle für den Film beschreibt, z. B.: «. . . Es war so unglaublich spannend, als sie den Gangstern ganz dicht auf den Fersen waren . . .»

Wenn Sie den Eindruck haben, dass dies für den anderen im Zusammenhang mit seinem Lieblingsfilm die angenehmste Erfahrung war, können Sie diese Information dazu nutzen, eine ähnliche Erfahrung vorauszusagen, wenn er am Abend mit Ihnen ins Kino geht: «Natürlich kann nichts so unglaublich spannend sein wie in deinem Lieblingsfilm, als sie den Gangstern ganz dicht auf den Fersen waren, doch selbst wenn dieser Film nur *halb* so gut wäre, würde es sich bestimmt lohnen, ihn sich anzusehen, meinst du nicht?»

Auf diese Weise sorgen wir dafür, dass andere Menschen die von ihnen als besonders angenehm oder erstrebenswert empfundenen Zustände mit unserer Art des Denkens, unseren Produkten oder unseren Dienstleistungen verknüpfen. Ist die Assoziation zwischen ihrem angenehmen Zustand und unserer Idee erst einmal hergestellt, werden sie regelrecht gegen einen inneren Drang ankämpfen müssen, wenn sie *nicht* tun wollen, worum wir sie bitten. Genau darum geht es beim erfolgreichen Überzeugen.

Zur Zeit des Zweiten Weltkriegs wurden junge Männer in den USA von den Medien (Radio und Zeitungen, das Fernsehen gab es damals noch nicht) regelrecht darauf «programmiert», Ehre, Stolz und Patriotismus zu zeigen, «Hitler zu stoppen» und «die Achsenmächte ein für allemal zu zerstören». Die Kampagne war äußerst erfolgreich. Stolz, Ehre und Patriotismus wurden mit dem Militärdienst verbunden. Der Militärdienst wiederum wurde mit dem Kampf gegen die Nazis assoziiert. Wer mit der Waffe gegen die Nazis kämpfte, wurde zum Helden erklärt. Helden wurde, wenn sie später nach Hause kamen, ein besonderer Status versprochen, und so weiter …

(Mir ist klar, dass der Kampf gegen Hitler und die Nazis tatsächlich eine äußerst wichtige Aufgabe war und die Welt heute eine ganz andere wäre, wenn dieser Kampf nicht erfolgreich hätte geführt werden können. Es geht hier nicht darum, die Legitimität eines Krieges in Frage zu stellen, sondern darum, an diesem Beispiel aufzuzeigen, wie in den Köpfen der Menschen bestimmte Zustände wachgerufen werden, um sie dazu zu bewegen, sich bei der Armee zu melden, Befehle zu befolgen und als Teil einer großen Einheit zu agieren.)

Die Japaner nutzten die gleiche Technik, um ihre berüchtigten Kamikaze-Flieger zu rekrutieren. Die Betroffenen glaubten, dass sie, wenn sie im Kampf gegen die Alliierten starben, ihre Belohnung in der Ewigkeit erhalten würden. Diese Belohnung galt als ungleich größer und schöner als alles, was sie je auf Erden besitzen könnten. Diese bewusst herbeigeführten Überzeugungen waren notwendig, um die Piloten darauf zu programmieren, ohne Angst zu töten und selbst in den Tod zu gehen. Wenn jemand keine Angst vor dem Sterben hat und das Opfer des eigenen Lebens nur mit positiven Assoziationen verknüpft, ist er bereit, für die Sache, für die er kämpft, tatsächlich *alles* zu geben. Dies ist ein Grund dafür, warum die Achsenmächte im Zweiten Weltkrieg so mächtig waren. Die Assoziationen zwischen positiven Zuständen und bedingungslosem Kampf, die sie in ihren Völkern allgemein und in ihren Soldaten im Besonderen etablieren konnten, führten zu einer durch nichts mehr aufzuhaltenden Entschlossenheit.

Während der Kampf gegen die Nazis im Zweiten Weltkrieg auch im Nachhinein vielen noch berechtigt erscheint, wurde und wird der Krieg in Vietnam meist sehr viel kritischer gesehen. Ohne auf die inhaltlich-historischen Fragen näher einzugehen: Wie kam es, dass der Krieg in Vietnam in den Köpfen der jungen Menschen, die zum Kampf aufgerufen wurden, so grundsätzlich anders wahrgenommen wurde als der Zweite Weltkrieg?

Es lag an den Bildern.

Jeden Abend in den Nachrichten flimmerten über die Bildschirme in unseren Wohnzimmern Bilder von jungen Männern, die von Geschossen zerfetzt und getötet wurden. Es waren Nahaufnahmen, ganz persönliche

Bilder – der erste echte Blick auf den Krieg, den die breiten Massen je bekommen hatten. Und es war ein wahrlich abstoßender Anblick. Unsere subjektiven Repräsentationen waren nicht mehr bloß vorgestellt. Sie wurden uns fertig ins Haus geliefert. Wir sahen keine Helden, keine loyalen amerikanischen Patrioten. Wir sahen junge Menschen, die getötet wurden. Für alle, die dies sahen, nahm der Krieg eine völlig neue Bedeutung an. Für die ganze Nation war das mit einem nicht mehr rückgängig zu machenden Paradigmenwechsel verbunden. Alle bisherigen Assoziationen wurden außer Kraft gesetzt. Wir verbanden den Krieg nicht mehr primär mit Heldentum, Tapferkeit und Vaterlandsliebe, sondern mit Tod, Zerstörung und Verstümmelung. Die ungetrübte «Pro-Kriegsstimmung» gehörte in den USA fortan der Vergangenheit an. Das mit dem Krieg assoziierte Leid war zu groß und zu deutlich sichtbar geworden. Auf kultureller Ebene fand eine Veränderung der Assoziationen statt.

Ich habe den Krieg als Beispiel für die Macht geistiger Zustände benutzt, weil er mit so eindringlichen Bildern verbunden ist. Durch die Erfindung des Fernsehens gewann die Beeinflussung großer Menschenmassen enorm an Bedeutung. Der Krieg fand nun nicht mehr irgendwo weit entfernt von der Heimat, sondern plötzlich mitten in unseren Wohnzimmern statt. Eine kritische Berichterstattung brachte uns viele unangenehme Wahrheiten direkt ins Haus. In Ländern der Dritten Welt, wo es viel weniger Fernseher gibt, sieht die Lage noch anders aus. Dort können die Menschen noch leichter darauf programmiert werden, Ehre, Stolz und Heldentum mit dem Kampf gegen den Feind zu verbinden. Bis heute sind die aggressivsten Länder solche mit wenig *visuellen* Medien. Erst das Fernsehen schickte uns authentische Bilder ins Haus. Gerade die visuelle Komponente subjektiver Repräsentationen ist aber äußerst einflussreich. Uns dies stets vor Augen haltend, können wir uns nun der Frage zuwenden, wie von außen kommende Informationen gefiltert, verarbeitet und schließlich in Überzeugungen umgewandelt werden.

Je nachdem, in welchem Zustand wir uns befinden, werden Informationen anders gefiltert und verarbeitet, und es werden unterschiedliche subjektive Repräsentationen herausgebildet. Aus diesem Grund ist es an der Zeit, mehr über die in diesem Prozess wirksamen Filter in Erfahrung zu bringen.

Wie Wahrnehmungsfilter funktionieren

Zum Glück treten nicht alle der um uns herum existierenden Aktivitäten und Stimuli auch in unser Bewusstsein. Wir nehmen mit unserem Sehvermögen nur ein bestimmtes Spektrum von Farben und mit unserem Hörvermögen nur ein bestimmtes Spektrum von Frequenzen wahr und spüren auch nicht jedes Atom und jedes Molekül, das gegen unsere Haut streicht. Das ist gut so, denn würden wir all diese Impulse tatsächlich spüren, wären wir bald völlig überfordert.

Drei Vorgänge helfen uns, uns auf das zu konzentrieren, was in einer bestimmten Situation offenkundig wichtig ist.

1. Tilgen

Dazu kommt es, wenn wir bewusst und/oder unterbewusst bestimmten Aspekten unserer Erfahrung Aufmerksamkeit schenken und anderen nicht. Das bedeutet, dass wir einige sensorische Informationen einfach unter den Tisch fallen lassen. Wie bereits gesagt, ist dies positiv zu sehen. Unser Gehirn wäre sonst in kürzester Zeit völlig überfordert. Andererseits gibt es Aspekte unserer ursprünglichen Erfahrungen, die später noch zu erinnern durchaus nützlich wäre.

Zum Beispiel blenden selbst passionierte Bibelkenner häufig Texte aus, die ihre Glaubenssätze nicht stützen. Auf der Suche nach Texten, die für ihren Standpunkt sprechen, nehmen sie dazu im Widerspruch stehende Aussagen gar nicht wahr. (Dies ist ein Grund dafür, warum es im Christentum – ebenso wie in allen anderen Regionen, die sich auf schriftliche Überlieferungen berufen – so viele Abspaltungen gibt.)

2. Verzerren

Zum Verzerren kommt es, wenn wir Daten falsch darstellen oder sie auf irgendeine Weise herunterspielen oder unverhältnismäßig aufblähen. Ebenso wie das Tilgen oder Ausblenden, kann auch das Verzerren sowohl positiv als auch negativ wirken.

So könnte z. B. ein Vertreter seinem Vorgesetzten erzählen, er hätte «viele gute Gespräche geführt», was der Vorgesetzte auf verzerrte Weise so interpretieren könnte, dass es auch viele Verkäufe gab, obwohl es in

Wirklichkeit nicht um Verkaufsabschlüsse, sondern tatsächlich nur um «gute Gespräche» ging. Wann immer wir ein in Wirklichkeit nicht eingetretenes Ereignis visualisieren (also z. B. bei jedem Versuch, uns die Zukunft vorzustellen), verzerren wir sensorische Daten zu motivationalen Zwecken, und dies mit offenkundig vorteilhaften Ergebnissen.

3. Verallgemeinern

Dazu kommt es, wenn wir aufgrund einer oder weniger Erfahrungen allgemeine Schlussfolgerungen ziehen. Ebenso wie das Tilgen und Verzerren kann dies sowohl positive als auch negative Folgen haben.

Jemand, der eine sehr glückliche Ehe führt, könnte daraus den allgemeinen Schluss ziehen, dass die Ehe für alle die einzig richtige Lebensform ist. Umgekehrt könnte jemand, der eine bittere Scheidungsgeschichte erlebte, verallgemeinernd folgern, dass alle Ehen schlecht sind und unausweichlich in eine Scheidung münden.

Jegliche Kommunikation ist von Tilgung, Verzerrung und Verallgemeinerung betroffen.

Betrachten wir eine Situation, in der ein Mitarbeiter um eine Gehaltserhöhung bittet – und diese nicht bekommt:

Chef: Wie Sie an den Zahlen sehen, haben Sie Ihre Arbeit gut gemacht, und wir wissen das sehr zu schätzen. Trotzdem kann ich Ihnen einfach nicht mehr Geld geben. Es tut mir leid. Wären Ihre Verkaufszahlen besser gewesen, hätte ich vielleicht etwas für Sie tun können.

(Der Mitarbeiter geht nach Hause und erzählt seiner Frau von dem Gespräch.)

Mitarbeiter: Der Chef ist wirklich ein netter Kerl. Er meinte, ich hätte meine Sache *super* gemacht. Trotzdem würde es noch eine Weile dauern – zwei, drei Monate vielleicht –, ehe ich eine Gehaltserhöhung bekomme.

In dem obigen Szenario *tilgt* der Mitarbeiter den eigentlichen Grund für die verweigerte Gehaltserhöhung – seine guten, aber nicht überragenden Verkaufszahlen – völlig aus der Wiedergabe der Situation. Außerdem *verzerrt* er die Aussage seines Chefs, er habe seine Arbeit «gut gemacht» in «super gemacht». Die zum Ausdruck gebrachte Wertschätzung für seine

Arbeit *verallgemeinert* er mit der Feststellung: «Der Chef ist wirklich ein netter Kerl.»

Tilgung, Verzerrung und Verallgemeinerung beobachten wir bei allen Menschen aller Kulturen. Sie sind eine Folge der Wahrnehmungsfilter, die wir unbewusst und automatisch nutzen, um zu bestimmen, welche Informationen bis zu unserem Bewusstsein gelangen. Es gibt mehrere Kategorien von Wahrnehmungsfiltern. Dazu gehören Metaprogramme, Werte, Überzeugungen, Einstellungen, Entscheidungen und Erinnerungen.

Metaprogramme

Metaprogramme gehören zu den am tiefsten verankerten Wahrnehmungsfiltern. Sie entstehen in unserer frühesten Kindheit und laufen später systematisch und gewohnheitsmäßig ab. Es sind innere Sortierungsmuster, die uns innerhalb kürzester Zeit unbewusst entscheiden lassen, welchen Aspekten wir Aufmerksamkeit schenken und welchen nicht. Metaprogramme sind im Allgemeinen inhaltsfrei. Wie ein Computerprogramm, das die Abläufe steuert, aber nicht selbst Informationen speichert, entscheidet unser jeweiliger Zustand darüber, was in unser Metaprogramm eingeht und woraus dann unsere subjektiven Repräsentationen entstehen.

Um ein Computerprogramm effektiv einsetzen zu können, muss man verstehen, wie man es nutzen kann. Um mit Menschen zu kommunizieren und sie erfolgreich überzeugen zu können, muss man verstehen, welche Metaprogramme sie zum Einsatz bringen.

Weil Metaprogramme Tilgungs- und Verzerrungsfilter sind, die sich auch auf unsere Verallgemeinerungen auswirken, können wir die Zustände anderer voraussagen, wenn wir ihre Metaprogramme kennen. Wer aber die Zustände anderer kennt, kann auch Voraussagen darüber treffen, wie sie handeln werden.

Bisher sind etwa 25 Metaprogramme beschrieben worden. Wir wollen uns hier auf die Metaprogramme beschränken, die sich auf den Überzeugungsprozess am stärksten auswirken.

Zwei Metaprogramme und ihre Beziehung zueinander haben wir bereits in Kapitel 7 im Zusammenhang mit den verschiedenen Persönlichkeitstypen besprochen. Das erste betrifft die entweder eher extrovertierte oder eher introvertierte Persönlichkeit. Das zweite bezieht sich auf die Unterscheidung zwischen dissoziativen «Denkern» und assoziativen «Fühlern».

Sie werden sich erinnern, dass die genannten Programme zueinander in Wechselbeziehung stehen und sich vor allem auf den jeweiligen Kommunikationsstil des Einzelnen auswirken. (Etwa 38 Prozent der US-Bevölkerung sind «Kontaktmenschen», 37 Prozent «Bestimmer», 13 Prozent «Fühler» und 12 Prozent «Denker».) Für alle Metaprogramme gilt, dass sie auf einem Kontinuum angesiedelt sind, es also nicht um ein Entweder/oder geht! Manche Menschen sind sehr extrovertiert, während andere nur ein wenig zur Extrovertiertheit neigen. Wieder andere sind äußerst emotional, während andere ihre Lebenssituation eher vom Verstand her analysieren. Beide Metaprogramme spielen im Überzeugungsprozess eine große Rolle. Gleiches gilt auch für die folgenden Beispiele.

Richtung

In welcher Richtung sich jemand bewegt, ist sehr wichtig für den Überzeugungsprozess. Alles, was wir tun, geschieht entweder, um positive Gefühle zu erleben oder um Schmerzen zu vermeiden.

Hin zu ⟵——————⟶ weg von

Wenn wir wissen, ob jemand zu bestimmten Belohnungen und Zielen *hin*- oder von möglichen Bestrafungen und Ängsten *fort*strebt, können wir ihn viel gezielter motivieren. Jemanden, der z. B. aus Angst vor Verlust agiert, also von der Gefahr *fort* will, kann man kaum ködern, indem man Bilder einer aufregenden und abenteuerlichen Zukunft heraufbeschwört.

– Was wollen Sie vom Leben?

– Was wünschen Sie sich von Ihrer beruflichen Zukunft?

– Was erhoffst du dir von einer Beziehung?

Aus den Antworten können Sie schließen, was Ihr Gegenüber anstrebt bzw. lieber vermeiden möchte. Natürlich kann es sein, dass jemand in einigen Aspekten seines Lebens in der *Hin*- und in anderen Aspekten in der *Fort*bewegung begriffen ist. Alles ist grundsätzlich im Kontext zu sehen.

Lässt sich aus der Antwort nicht schließen, in welcher Richtung Ihr Gesprächspartner gerade unterwegs ist, sollten Sie noch einmal genauer nachfragen: «Was würde XYZ für Sie bedeuten?»

Autoverkäufer: Was wünschen Sie sich von einem Auto?

Kunde: Einen günstigen Benzinverbrauch.

Autoverkäufer: Was würde ein günstiger Benzinverbrauch für Sie bedeuten?

Kunde: Dass ich Geld sparen kann.

Autoverkäufer: Was halten Sie davon, wenn ich Ihnen gleich ein paar Autos zeige, die sowohl sparsam im Verbrauch sind als auch zu sehr niedrigen Monatsraten zu haben sind?

Innenorientierung/Außenorientierung

Dieses Programm beschreibt, wie Menschen die Ergebnisse ihrer Tätigkeiten einschätzen. Können sie es für sich beurteilten oder ist ihnen Bestätigung von außen wichtig? Manche Menschen wissen z. B. erst, dass sie etwas gut gemacht haben, wenn es ihnen jemand anders sagt. In solchen Fällen liegt eine *externe* Referenz (oder «Außenorientierung») vor. Anderen Menschen genügt das eigene Gefühl, um zu wissen, dass sie etwas gut gemacht haben. Man spricht dann von einer *internen* Referenz (oder «Innenorientierung»).

$$\text{Intern} \longleftrightarrow \text{extern und/oder Fakten}$$

Als dritte Option kommt bei diesem Filter die Datenlage ins Spiel. Viele Menschen gründen ihre Entscheidungen auf Fakten und beurteilen auch ihre eigenen Handlungen danach. Fakten sind aber kein inneres Gefühl und haben auch nichts mit anderen Menschen zu tun. Wer seine Handlungen oder Entscheidungen mit «Fakten» oder gültigen «Richtlinien» begründet, sollte anders behandelt werden als jemand, der sich auf die Kompetenz oder Autorität anderer Menschen beruft.

Autoverkäufer: Wonach entscheiden Sie, welches Auto für Sie am besten ist?

Kunde: Na ja, wir haben uns die Tests in verschiedenen Zeitschriften angeschaut und danach einige Wagen in die engere Wahl genommen. Jetzt wählen wir uns den Wagen aus, der uns am besten gefällt.

(FAKTEN plus INTERNE REFERENZ)

Vertreter: Woher wissen Sie, ob Sie einen Vorschlag annehmen oder nicht?

Kunde: Ich werde es wissen. Also, was haben Sie mir zu sagen?

(INTERNE REFERENZ)

«Spendensammler»: Wonach entscheiden Sie, für welche Hilfsorganisation Sie spenden?

Kunde: Ich frage meine Frau. Für solche Dinge ist sie zuständig.

(EXTERNE REFERENZ)

Bei der ersten Entscheidung auf neuem Terrain neigen die meisten Menschen dazu, einen externen Bezugsrahmen zu wählen. Im Laufe der Zeit gehen sie dann häufig zu einem internen Bezugsrahmen über. Je sicherer sich jemand in einem bestimmen Kontext wähnt, desto stärker neigt er zu internen Entscheidungen.

Als «Meister der Überzeugungskunst» können Sie den Bezugsrahmen Ihres Gegenübers als Unterstützung für Ihren Vorschlag nutzen. Haben Sie erst einmal erkannt, welcher Bezugsrahmen bevorzugt wird, werden Sie wissen, ob Sie sich auf innere Gefühle, Referenzen anderer Kunden oder auf objektive Fakten berufen müssen.

Gleichheit/Unterschiedlichkeit

Das Verständnis dieses Filters ist für das erfolgreiche Überzeugen wesentlich. Bei dem Versuch, etwas zu verstehen oder zu beurteilen, achten einige Menschen auf Ähnlichkeiten, während andere nach Unterschieden suchen.

Gemeinsamkeiten ⟵――――⟶ Unterschiede

– «Wie verhält sich Ihre Arbeit heute im Vergleich zum letzten Jahr?»

– «Wie hoch ist die Qualifikation der Stellenbewerber heute im Vergleich zum letzten Jahr?»

– «Was ist die Beziehung zwischen diesen Kästchen?»

Menschen, die eher die Ähnlichkeiten betonen, liegen am einen Ende des Kontinuums. Andere, die sich bevorzugt auf die Unterschiede konzentrieren, sind am anderen Ende angesiedelt. Das Kontinuum ist in vier Bereiche unterteilt:

1. *Polarität* – Einige Menschen beziehen einfach grundsätzlich am liebsten eine Gegenposition.

Frage: Schöner Tag heute, nicht?

Antwort (Polarität): Finde ich nicht.

Wenn Sie möchten, dass Ihr zur Polarität neigender Gatte für Sie einkaufen geht, könnten Sie z. B. die folgende Frage stellen:

Ehefrau: Liebling, du möchtest nicht in den Laden gehen und einkaufen, oder?

Ehemann (Polarität): Klar will ich das. Bleib du ruhig zu Hause.

2. *Unterschied/Ausnahme* – Wer zu dieser Version neigt, reagiert auf einen Vorschlag etwa wie folgt: «Hm, ich glaube nicht ... Aber Ihre Idee hat etwas für sich. Wer weiß, vielleicht könnte es klappen.»

3. *Gleichheit/Ausnahme* – Von jemandem, der hierzu neigt, bekommt man etwa folgende Reaktion zu hören: «Ja, Sie haben recht. Das hört sich nach einem guten Vorschlag an. Aber es könnte sein, dass er unseren Bedürfnissen nicht entgegenkommt.»

4. *Gleichheit* – Zu dieser Kategorie passt z. B. die folgende Reaktion: «Solche Vorschläge habe ich schon gehört. Die laufen alle auf das Gleiche hinaus. Wir kaufen nichts.»

Um Ihr Ziel zu erreichen, müssen Sie Ihren Vorschlag genau an die entsprechende Kategorie anpassen.

Verteilung der US-Bevölkerung auf die verschiedenen Kategorien:

Polarität	5 Prozent
Unterschied/Ausnahme	25 Prozent
Ausgeglichen	10 Prozent
Gleichheit/Ausnahme	50 Prozent
Gleichheit	10 Prozent

Eine andere Möglichkeit, jemanden einzuschätzen, haben Sie, wenn Sie wissen, wie oft er in den letzten Jahren die Arbeitsstelle wechselte. Geschah dies ein- oder zweimal, fällt der Betroffene aller Wahrscheinlichkeit in die Kategorie «Gleichheit» oder «Gleichheit/Ausnahme». War es drei- oder viermal, kommt die Kategorie «Ausgeglichen» in Frage. Bei fünf oder mehr Stellenwechseln in den letzten zehn Jahren ist die Neigung zur «Polarität» am wahrscheinlichsten.

Der Umgang mit Menschen, die zur «Polarität» neigen, ist oft nicht einfach und wird von vielen als frustrierend empfunden. Der Vorteil ist, dass solche Menschen leicht zu motivieren sind. Sagen Sie ihnen einfach, Sie würden stark bezweifeln, dass sie etwas Bestimmtes könnten. Zur «Polarität» neigende Menschen werden alles tun, um Sie vom Gegenteil zu überzeugen!

Allgemein/spezifisch

Auch diese Unterscheidung ist für das Verständnis des Überzeugungsprozesses wesentlich.

Wer andere drängt, doch endlich «zum Wesentlichen» zu kommen, wünscht sich den Überblick, das große Bild, die kurze und bündige Kommunikation. Wer eher spezifisch denkt, will Details – viele Details!

Zum Überblick neigende Menschen bauen neue Geräte oder Spielzeuge zusammen, *ehe* sie die Anweisung lesen. Sie versuchen, den Videorekorder oder andere elektronische Geräte zu programmieren, *ohne* einen Blick in das Handbuch geworfen zu haben. Sie werden ärgerlich, wenn man zu sehr ins Detail geht. Von den «nebensächlichen» Aspekten eines Plans wollen sie nichts hören. Erklären Sie ihnen Sachverhalte in groben Umrissen und verschonen Sie sie mit Einzelheiten, und Sie werden sie leicht als Freunde gewinnen.

Zum Spezifischen neigende Menschen lesen dagegen das klein Gedruckte und interessieren sich grundsätzlich für alle Einzelheiten. Sie sind gute Buchhalter. Informiert man sie nur grob und erwartet, dass sie aufgrund dieser Informationen handeln, werden sie das Gefühl haben, das man ihnen etwas vorenthält.

Überblick ⟵⟶ Detail

Wenn Sie jemandem, der das Spezifische bevorzugt, einen Vorschlag präsentieren und dabei auf seine Vorliebe für detaillierte Informationen eingehen, haben Sie äußerst gute Chancen. Ein zum Allgemeinen neigender Mensch dagegen wird unwirsch reagieren, wenn Sie ihn mit allzu vielen Informationen füttern. Als Regel gilt: «Bestimmer» neigen zum Allgemeinen und «Denker» zum Spezifischen. «Kontaktmenschen» und «Fühler» liegen in dieser Hinsicht eher in der Mitte.

Vergewisserung

Die Kenntnis dieser Kategorie kann sowohl im Geschäftsleben als auch in persönlichen Beziehungen sehr wertvoll sein. Sie beschreibt, was jemand braucht, um sich eines Sachverhalts zu vergewissern, und wie lange es dauert, bis er diesen Sachverhalt verinnerlicht hat.

1. Woher wissen Sie, dass jemand gute Arbeit geleistet hat? Müssen Sie ...
   a. ... ihm bei der Arbeit zusehen?
   b. ... von jemand anderem hören, dass er es gut macht?
   c. ... schon selbst mit ihm zusammengearbeitet haben?
   d. ... sich seine Akte anschauen?
2. Wie häufig muss jemand zeigen, dass er etwas kann, ehe Sie davon überzeugt sind?
   a. Einmal
   b. Zwei- oder dreimal
   c. Öfter und über längere Zeit
   d. Andauernd

einmal ⟵⟶ andauernd

Die Neigungen anderer im Hinblick auf diese Kategorie einzuschätzen, macht den Umgang mit ihnen sehr viel einfacher. Kontrolliert Ihr Chef tatsächlich ständig hinter Ihnen her? Oder ist es nur seine innere Programmierung, die ihn dazu bringt, sich immer wieder davon überzeugen zu müssen, dass Sie Ihre Arbeit gut machen? Auch im Kontext persönlicher Beziehungen sind solche Informationen hilfreich.

Notwendigkeit/Möglichkeit

Wer Notwendigkeiten betont, tut etwas, weil er es tun *muss*. Wer nach Möglichkeiten schaut, tut etwas, weil er es tun *will* – und weil er die Chance dazu hat.

Notwendigkeit ⟵⟶ Möglichkeit

Zu wissen, ob jemand etwas tut, weil er es tun muss oder weil er es tun will, bringt wichtige Vorteile im Überzeugungsprozess. Um es herauszubekommen, stellen Sie Fragen wie:

– «Warum haben Sie bei Ihrer jetzigen Firma angefangen?»

– «Warum haben Sie Ihr jetziges Haus gekauft?»

Tut jemand etwas, weil er das Gefühl hat, dass er es tun muss, können Sie mit ihm über die Möglichkeit sprechen, etwas anderes auszuprobieren. Jemanden, der sich eher spontan am jeweils Machbaren ausrichtet, wird es nicht sonderlich motivieren, wenn Sie ihm sagen, dass er etwas «dringend braucht» oder «unbedingt tun muss». Betonen Sie in diesem Fall lieber die einmalige Chance, die sich ihm in diesem Augenblick bietet.

Aktion

Wie schnell ist jemand in der Lage, eine Situation zu analysieren? Wie sorgfältig geht er dabei vor? Um dies herauszubekommen, könnten Sie z. B. fragen: «Wie schnell handeln Sie, wenn Sie in eine neue Situation kommen – gleich, nachdem Sie sie kurz analysiert haben? Oder wägen Sie erst in aller Ruhe sämtliche Folgen ab und unternehmen dann etwas?»

aktiv ◄——————► reflektiv

Gruppeneinbindung

Arbeitet jemand lieber allein oder mit anderen? Dies kann eine hilfreiche Information sein, vor allem, wenn man Mitarbeiterinnen und Mitarbeiter motivieren will. Fragen Sie deshalb ruhig ganz direkt: «Arbeiten Sie lieber allein oder mit anderen? In welcher Situation fühlen Sie sich am wohlsten?»

allein ◄——————►mit anderen

Übung

Ihr Ziel sollte es sein, alle Ihre Vorschläge so zu präsentieren, dass Sie den Metaprogrammen Ihres Gegenübers Rechnung tragen. Ihre Präsentation wird dann als sehr viel angenehmer empfunden. Auf diese Weise wird es Ihnen gleich auf Anhieb deutlich besser gelingen, auf andere Einfluss zu nehmen und sie zu überzeugen.

Die folgende Übung wird Ihnen helfen, sich mit den verschiedenen Metaprogrammen vertrauter zu machen. Bitten Sie eine Person aus Ihrem persönlichen Umfeld, ihre Metaprogramme bestimmen zu dürfen. Stellen Sie zu jedem Programm eine passende Frage und machen Sie sich zu den Antworten Notizen. Präsentieren Sie der Person dann einen Vorschlag und versuchen Sie, dabei auf möglichst alle ihre Metaprogramme einzugehen. In einem nächsten Durchgang schlagen Sie ihr dann noch einmal das Gleiche vor, stimmen Ihre Aussagen aber stets auf das Gegenteil ihrer Metaprogramme ab. Anschließend können Sie besprechen, was bei den beiden Durchgängen jeweils in der anderen Person vorging. (Im Idealfall hat sie sich während Ihres Vorschlags dazu schon schriftliche Notizen gemacht.)

Zum Schluss sollten Sie noch einmal die unten aufgelisteten Metaprogramme durchgehen und darauf achten, dass Sie alle verstanden haben, ehe Sie im Text weitergehen.

Für den Überzeugungsprozess relevante «Metaprogramme»

Richtung	Hin zu ⟵———⟶	weg von
Innenorientierung/Außenorientierung	intern ⟵———⟶	extern und/oder Fakten
Gleichheit/Unterschiedlichkeit	Gemeinsamkeiten ⟵—⟶	Unterschiede
Allgemein/Spezifisch	Überblick ⟵———⟶	Detail
Vergewisserung	einmal ⟵———⟶	andauernd
Notwendigkeit/Möglichkeit	Notwendigkeit ⟵—⟶	Möglichkeit
Dynamik	dynamisch ⟵———⟶	reflektiv
Gruppeneinbindung	allein ⟵———⟶	mit anderen

Werte

Nachdem wir uns ausführlich angeschaut haben, wie Metaprogramme im Überzeugungsprozess als Wahrnehmungsfilter fungieren, wollen wir uns jetzt der nächsten Art von Filtern zuwenden, den Wertvorstellungen.

Wertvorstellungen stellen, wie wir bereits gesehen haben, im Überzeugungsprozess eine Schlüsselkomponente dar. Bei den unbewussten Filtern folgen sie deshalb gleich nach den Metaprogrammen an zweiter Stelle. Sie lassen uns beurteilen, ob das, was wir tun, als richtig oder falsch, klug oder dumm, gut oder schlecht angesehen werden kann. Erinnern Sie sich an die Fragen, mit denen sich Wertvorstellungen ermitteln lassen?

1. «Was ist an X für Sie am wichtigsten?»
2. «Was ist Ihnen an X noch wichtig?»
3. «Was kommt an dritter Stelle?»

Mit Hilfe der folgenden Fragen lassen sich bereits bekannte Wertvorstellungen in eine Rangfolge bringen:

1. «A, B, C, D, E, F – was ist Ihnen am wichtigsten?»
2. «Was ist das zweitwichtigste?»
3. «Was kommt an dritter Stelle?»

Darüber hinaus lässt sich auch herausfinden, wie bewusst jemandem die eigenen Wertvorstellungen sind:

«Was genau muss für Sie geschehen,
damit Sie X fühlen (oder haben)?»

Rufen Sie sich schließlich auch noch einmal den Unterschied zwischen Zweck und Mittel ins Gedächtnis. Zwecke sind innere Zustände, die man sich wünscht oder vermeiden möchte (z. B. Liebe, Glück, Sicherheit, Freiheit, Langeweile, Frustration). Mittel sind Dinge, die man sich wünscht, weil man hofft, sich einem Zweck dadurch weiter annähern oder weiter von ihm abrücken zu können (z. B. Geld, Autos, Häuser, Reisen, Beförderung).

Innere Überzeugungen

Die nächsten Filter, mit denen wir es zu tun haben, sind die inneren Überzeugungen. Wir alle haben Überzeugungen, die wir entweder selbst herausgebildet haben oder die uns von anderen suggeriert wurden. Nach Tad James und Wyatt Woodsmall, den Begründern der «Time Line Therapy», handelt es sich um «Voreinstellungen», die uns entweder zu einer Handlung aktivieren oder uns von einer Handlung abhalten. Auf diese Weise bestimmen sie über unser Verhalten. Sie erlauben uns, bestimmte Dinge zu tun, und hindern uns daran, anders zu handeln. Jede Überzeugung ist mit einer Wertvorstellung verbunden und ist eine Aussage darüber, wie wir die Welt sehen.

Überzeugungen sind Verallgemeinerungen, die für uns sehr wichtig sind. Wir mögen es nicht, wenn andere unsere Überzeugungen angreifen, und wir meinen, sie müssten ähnlich denken wie wir, weil sie sonst Unrecht hätten. Schließlich wären wir nicht von etwas überzeugt, wenn wir es nicht für richtig hielten. Überzeugungen sind nichts Konkretes. Wie Wertvorstellungen sind sie in jedem von uns vorhanden. Fast alle Überzeugungen basieren auf Emotionen und sind dem logischen Denken daher kaum zugänglich.

Überzeugungen lassen sich deshalb auch nicht leicht verändern. Etwaige Versuche in diese Richtung können leicht ins Unethische abgleiten. Anstatt auf einen grundsätzlichen Sinneswandel abzuzielen, sollten Sie aus diesem Grund stets versuchen, Ihr Gegenüber dort abzuholen, wo es sich mit seinen Überzeugungen und Wertvorstellungen gerade befindet. Im Sinne einer WIN/WIN-Philosophie erfolgreich auf andere Einfluss nehmen können Sie nur, wenn das, was Sie sagen, mit deren Überzeugungen grundsätzlich im Einklang steht.

Einstellungen

Die nächsten Filter sind unsere Einstellungen. Es handelt sich dabei um ein Sammelsurium von Wertvorstellungen und Überzeugungen zu einem bestimmten Thema. Viele Menschen versuchen, die Einstellungen anderer zu verändern – ohne Erfolg. Einstellungen lassen sich nicht verändern, ohne dass sich erst die Wertvorstellungen und Überzeugungen wandeln.

Weil Einstellungen bewusst geäußert werden, gerät man in Versuchung, sie bewusst anzugehen. Jemandem zu sagen, er solle seine Einstellungen ändern, kann aber nicht funktionieren. Lassen Sie uns dies anhand eines konkreten Beispiels einmal nachvollziehen.

Beispiel

Rassistische Vorurteile können zu den Einstellungen gerechnet werden. Um jemanden dazu zu bringen, Menschen aus anderen ethnischen Gruppen mit Toleranz zu begegnen, reicht es nicht, ihm zu sagen, dass alle Menschen gleich sind.

Wertvorstellung: Sicherheit.

- Überzeugung A: Wenn ich unter Menschen bin, die ich kenne, fühle ich mich sicher.

- Überzeugung B: Alle Menschen, die ich kenne, haben meine Hautfarbe.

- Überzeugung C: Menschen mit anderer Hautfarbe machen mir Angst.

- Überzeugung D: Menschen mit anderer Hautfarbe mögen mich nicht, weil ich anders bin als sie.

- Überzeugung E: Ich will mich nicht in Gefahr begeben, also gehe ich Menschen mit anderer Hautfarbe lieber aus dem Weg.

- Einstellung: Menschen mit anderer Hautfarbe mögen vielleicht ganz in Ordnung sein, aber mich machen sie nervös.

Die Überzeugungen sind an einer Wertvorstellung festgemacht. Die obigen Überzeugungen sind verzerrt. Überzeugungen entstehen durch:
1. Einflüsse wichtiger Bezugspersonen, darunter *Peer groups* und Eltern
2. Ereignisse, darunter Medien.
3. Wissen.
4. Vergangene Erlebnisse.
5. In sich geschlossene Regelsysteme, z. B. Religionen, Ideologien.

In dem obigen Beispiel ist die Wertvorstellung, der Wunsch nach Sicherheit, gewiss vernünftig, doch die daran festgemachten Überzeugungen sind durch Verzerrung in mindestens einem der fünf Bereiche gekennzeichnet. Solche Überzeugungen kann man nicht mit logischem Denken verändern. Sie sind irrational und haben nicht viel mit der Realität zu tun. Gerade weil es *keine* Fakten oder konkreten Zusammenhänge sind, werden sie «Überzeugungen» genannt. Wie wichtig sie im Kommunikationsprozess sind, wird sich immer wieder zeigen.

Entscheidungen und Erinnerungen

Entscheidungen und Erinnerungen bilden die fünfte und sechste Art von Filtern, die wir hier beschreiben wollen. Viele Entscheidungen und Erinnerungen sind tief im Unbewussten verankert, andere sind bewussten Überlegungen leichter zugänglich.

Entscheidungen beeinflussen den Überzeugungsprozess auf interessante Weise. Anders als Metaprogramme, die selbst keinerlei Inhalt besitzen, sind vergangene Entscheidungen mit bedeutsamen Inhalten befrachtet. Unter zwei Gesichtspunkten sind sie für aktuelle Situationen besonders interessant:

1. *Erfolg/Misserfolg* – Jede Entscheidung ist mit einem gewissen Maß an Erfolg oder Misserfolg verbunden. Die jeweilige Erfahrung wird sich mit großer Wahrscheinlichkeit auf zukünftige Entscheidungen auswirken. Entschließt sich ein Mann z. B. nach langer Zeit endlich dazu, die von ihm angebetete Frau zu fragen, ob sie ihn heiraten will, und holt sich dann einen Korb, wird er diese Entscheidung als Misserfolg in Erinnerung behalten und bei der nächsten Kandidatin umso länger zögern.
2. *Konsequenz* – Wir neigen dazu, Entscheidungen zu treffen, die in Übereinstimmung mit den Entscheidungen stehen, die wir früher getroffen haben. Sie werden sich an das «Gesetz der Konsequenz» aus Kapitel 3 erinnern. Weil wir konsequent sein möchten, und weil wir außerdem nichts tun können, was zu unseren innersten Wertvorstellungen im Widerspruch steht, werden wir unser zukünftiges Verhalten zumindest zu einem beträchtlichen Teil an der Vergangenheit ausrichten.

Erinnerungen sind, ebenso wie Entscheidungen, zu hundert Prozent mit Inhalten gefüllt. (Metaprogramme dagegen sind praktisch inhaltsleer.) Im Überzeugungsprozess spielen Erinnerungen natürlich eine große Rolle. Alles Aktuelle wird durch unsere Erinnerungen gefiltert. Haben wir in der Vergangenheit gute Erfahrungen mit Vertretern gemacht, werden wir sie beim nächsten Mal mit einem positiven Gefühl empfangen. Sind unsere zwischenmenschlichen Beziehungen bisher überwiegend gut verlaufen, gehen wir offen und zuversichtlich auf andere zu. Das Gegenteil trifft allerdings ebenso zu.

Wie alle Filter sorgen Erinnerungen dafür, dass wir tilgen, verzerren und verallgemeinern. Ob jemand die fraglichen Ereignisse aus der Vergangenheit richtig erinnert oder nicht, ist dabei völlig unbedeutend. Es kommt nur darauf an, *wie* er die zurückliegenden Ereignisse im Vergleich zum aktuellen Kontext erinnert, da dies seine subjektiven Repräsentationen und damit seinen inneren Zustand und seine Handlungen beeinflussen wird.

Bitte studieren Sie zum Abschluss noch einmal ganz genau das folgende «Überzeugungsmodell» auf der Grundlage des Neuro-Linguistischen Programmierens (NLP).

Überzeugungsmodell

Sender (A) übermittelt Botschaft an Empfänger (B)

Wahrnehmungsfilter, die *löschen, verzerren, verallgemeinern*:

1. Metaprogramme
2. Wertvorstellunge
3. Überzeugungen
4. Einstellungen
5. Entscheidungen
6. Erinnerungen

Gefilterte Botschaften treffen auf Bs aktuellen *inneren Zustand*

A ⟶ / ⟶ B

Innerer Zustand verändert sich, neues Verhalten wird möglich

A ⟶ ⟶ B ⟶ neuer Zustand ⟶ neues Verhalten

Beachte: Innerer Zustand = Physiologie + subjektive Repräsentationen

Am Anfang des Modells steht ein Reiz (Stimulus). Dies kann jede Art von Ereignis oder Mitteilung sein und kann sich unmittelbar an das Individuum richten, das die Botschaft hört, oder auch indirekt wahrgenommen werden. Der Reiz durchläuft die Wahrnehmungsfilter – Metaprogramme, Wertvorstellungen, Überzeugungen, Einstellungen, Entscheidungen und Erinnerungen – und wird dadurch ganz oder teilweise getilgt, verzerrt und/oder verallgemeinert.

Die gefilterte Botschaft trifft auf den aktuellen inneren Zustand des betreffenden Individuums. (Dieser Zustand ist, wie Sie wissen, die Summe seiner Physiologie und subjektiven Repräsentationen.) Ein veränderter innerer Zustand entsteht und eröffnet die Chance auf neue Verhaltensoptionen.

Mit dem Blick auf dieses Modell wird klar: Am leichtesten überzeugen wir andere, indem wir eine «Programmierung» wählen, die ihrer Art der Informationsverarbeitung entspricht. Werden zwei Computer aneinander geschlossen, kann es nur zu einem regen Datenaustausch kommen, wenn beide die gleiche Software benutzen. Auf ähnliche Weise müssen wir, wenn wir auf andere erfolgreich Einfluss nehmen wollen, die Wertvorstellungen, Überzeugungen, Einstellungen und vor allem Metaprogramme unseres Gegenübers aufgreifen.

Um optimal wirken zu können, müssen unsere Vorschläge also auch von der Verarbeitung der damit verbundenen Informationen her so genau wie möglich auf unser Publikum zugeschnitten sein. Die dafür notwendigen Informationen können wir nur einholen, indem wir die richtigen Fragen stellen. Im folgenden Kapitel werden wir deshalb noch etwas näher auf die Bedeutung des Nachfragens eingehen.

Schlüsselstichworte: Relevante Erkenntnisse des Neuro-Linguistischen Programmierens (NLP)

I.   Innere Zustände
   A. Physiologie + subjektive Repräsentationen = Innerer Zustand
   B. Innerer Zustand ⎯⎯→ Verhalten
II. Wie Wahrnehmungsfilter funktionieren
   A. Tilgen
   B. Verzerren
   C. Verallgemeinern
III. Verschiedene Wahrnehmungsfilter
   A. Metaprogramme
   B. Wertvorstellungen
   C. Überzeugungen
   D. Einstellungen
   E. Entscheidungen und Erinnerungen
IV. Überzeugungsmodell

14 «Meister der Überzeugungskunst», Teil I

Entweder ein WIN/WIN-Ergebnis oder GAR KEIN Ergebnis! – Stephen R. Covey, *Die 7 Wege zur Effektivität*

Für den «Meister der Überzeugungskunst» kommt nur ein Ergebnis in Frage: das WIN/WIN-Ergebnis. Mit weniger gibt er sich nicht zufrieden. Der «Meister der Überzeugungskunst» hat ein Ziel, und in der Regel erreicht er dies auch. In jeder Situation steht ihm eine große Bandbreite an Reaktionen zur Verfügung. Die meisten Eventualitäten hat er schon im Voraus bedacht. Der «Meister der Überzeugungskunst» zieht aus dem Feedback, das er bekommt, die richtigen Schlussfolgerungen und ist flexibel genug, um stets zielgerichtet und effektiv darauf zu reagieren.

Auf andere wirkt der «Meister der Überzeugungskunst» charismatisch und zugewandt. Es fasziniert sie, wie er immer wieder den richtigen Plan fasst, um sein Ziel zu erreichen. Was er ausstrahlt, ist Zuversicht und Selbstsicherheit.

Auch ein «Meister der Überzeugungskunst» ist nicht als solcher vom Himmel gefallen. Wie jeder andere auch, agierte er anfangs unerfahren und ungeschickt. Eines unterschied ihn jedoch: Er erwarb die Fähigkeit, scharf zu beobachten und angemessen zu reagieren. Fähigkeiten wie diese kann man erlernen. Im vorherigen Kapitel haben Sie erfahren, auf welch unterschiedliche Weise Menschen «ticken» können. Aufgrund dieser Informationen wird es Ihnen sehr viel leichter fallen, zu anderen Zugang zu finden. Ein Verständnis der Wahrnehmungsfilter allein wird es uns allerdings nicht ermöglichen, jemanden von unserer Art des Denkens zu überzeugen. In diesem Kapitel werden wir deshalb über die notwendige Flexibilität und Zielgenauigkeit bei der Reaktion sprechen. Es wird eine Weile dauern, bis Sie die damit verbundenen Fähigkeiten beherrschen. Üben Sie sich deshalb auch in Geduld.

Flexibilität ist eine der Schlüsselfähigkeiten im Überzeugungsprozess. Wenn Sie mit jemandem kommunizieren und merken, dass Sie Ihr Ziel nicht erreichen, ist es wichtig, dass Sie so rasch wie möglich einen anderen Ansatz wählen.

Metaprogramme bestimmen

Als «Meister der Überzeugungskunst» besteht eines unserer wichtigsten Ziele darin, in kürzester Zeit so viel wie möglich über unsere Kommunikationspartner in Erfahrung zu bringen.

Leider können wir nicht jedem, den wir begegnen, erst einmal einen psychologischen Persönlichkeitstest in die Hand drücken. Auch können wir nicht für alle unsere Bekannten eine Rangfolge ihrer Wertvorstellungen erstellen. Und erst recht können wir unsere Gesprächspartner nicht um eine Liste ihrer Metaprogramme bitten. Aus all diesen Gründen müssen wir uns darin üben, die richtigen Fragen zu stellen, um möglichst viele hilfreiche Daten zu sammeln.

Kehren wir noch einmal zu einem bereits in Kapitel 9 angeführten Beispiel zurück und versuchen diesmal zu bestimmen, welche Metaprogramme die beteiligten Personen bei der Verarbeitung von Informationen einsetzen.

Ein frisch verheiratetes Paar versucht zu entscheiden, wohin es in den Urlaub fahren will.

Ehemann: Was wünschst du dir von einem Urlaub?

Ehefrau: Hm. Ich möchte einfach mal von allem ausspannen. Die ganze Hausarbeit hinter mir lassen und die Natur genießen.

Ehemann: Was wäre denn der perfekte Urlaubsort für dich?

Ehefrau: Keine Ahnung. Ich habe noch nicht viel darüber nachgedacht. Bisher bin ich immer mit Freunden beim Zelten gewesen.

Ehemann: Und was hat Dir am Zelten so viel Spaß gemacht?

Ehefrau: Ich fand es immer toll, so viel draußen an der frischen Luft zu sein, abends am Lagerfeuer zu sitzen und zu reden. Und was ist mit dir, Liebling? Woran hattest du gedacht?

Ehemann: Na ja, ich würde am liebsten für eine Woche nach Las Vegas fahren, ins Casino gehen, ein paar Shows ansehen und mir eine schöne Zeit machen.

Ehefrau: Ich war noch nie in Las Vegas. Ich weiß nicht, ob es mir gefallen würde. Es hört sich so an, als würde man den ganzen Trubel hinter sich lassen, um sich in einen noch größeren Trubel zu stürzen.

Ehemann: Ich kann gut verstehen, wie du dich fühlst. Ich habe auch so gedacht, bis ich irgendwann mal hingefahren bin und festgestellt habe, wie viel Spaß das macht.

Ehefrau: Ich glaube, ich würde meinen Urlaub lieber nicht in einer Stadt verbringen.

Ehemann: Vielleicht können wir einen Kompromiss schließen. Wärst du dazu bereit?

Ehefrau: Natürlich, ich glaube schon.

Ehemann: Wie wäre es, wenn wir an einen Ort fahren, wo die Luft frisch und sauber ist, wo es viel Wald und wenig Leute gibt, wo ich aber trotzdem meinen Spaß haben könnte? Wie würde sich das für dich anfühlen?

Ehefrau: Sehr gut. Welcher Ort wäre das?

Ehemann: Lake Tahoe.

Ehefrau: Ich bin noch nie dort gewesen. Ich weiß nicht, ob es mir gefallen würde.

Ehemann: Weißt du noch, wie du mit deinen Freunden zum Zelten gegangen bist, wie du am Lagerfeuer gesessen und die frische Luft genossen hast?

Ehefrau: Ja, ja.

Ehemann: So ungefähr musst du es dir dort vorstellen, nur mit Tausenden von prächtigen Kiefern und schneebedeckten Bergen im Hintergrund.

Ehefrau: Oh, ja.

Ehemann: So schön ist es am Lake Tahoe. Liebling, lass uns zum Lake Tahoe fahren, alles andere hinter uns lassen und uns so richtig ausspannen.

Ehefrau: Also gut, ich bin dabei.

Wie Sie sehen können, sind in dem obigen Beispiel mehrere Metaprogramme im Einsatz. Gehen Sie alle im vorigen Kapitel beschriebenen Metaprogramme noch einmal durch und versuchen Sie, diese in dem obigen Dialog wieder zu finden. Ganz offensichtlich ist, dass die beiden Eheleute zu unterschiedlichen Richtungs-Filtern neigen. Wer bewegt sich von etwas weg? Und wer bewegt sich auf etwas zu? Wie schätzen Sie die Ehefrau im Hinblick auf die Filter «Gruppeneinbindung» und «Dynamik» ein? Was können Sie über ihren Kommunikationsstil sagen? Und warum?

Übung 1

Bauen Sie Ihre neu gewonnene Fähigkeit, Wertvorstellungen, Bedürfnisse und Metaprogramme bei sich und anderen zu erkennen, ganz allmählich in Ihren Alltag ein. Konzentrieren Sie sich anfangs darauf, ein Metaprogramm pro Tag aufzuspüren. Lauschen Sie der Kommunikation in Ihrem persönlichen und beruflichen Umfeld besonders sorgfältig und überlegen Sie, welche Metaprogramme dabei zum Einsatz kommen. Schon nach zwei, drei Wochen werden Sie feststellen, dass Sie dies immer häufiger auch unbewusst tun und entsprechend reagieren.

Übung 2

Schauen Sie sich eine Serie Ihrer Wahl im Fernsehen an. Analysieren Sie die Hauptfiguren anhand Ihrer Liste der wichtigsten Metaprogramme und versuchen Sie zu verstehen, wie jede einzelne dieser Figuren bei der Wahrnehmung filtert. Bestimmen Sie zusätzlich den Kommunikationsstil der beteiligten Figuren. Die Übung macht Spaß und wird Ihnen helfen, Metaprogramme noch schneller zu erkennen und darauf zu reagieren.

Präzise Fragen

Will man hilfreiche Informationen für den Überzeugungsprozess gewinnen, sind *Wie/Was*-Fragen allen anderen Frageformen überlegen. In der Regel führen sie zu genau den Informationen, die Sie brauchen, um die Wertvorstellungen und Bedürfnisse Ihres Gegenübers zu bestimmen. Wenden Sie Fragen an, die auf den folgenden Beispielen basieren, und Sie werden sehen, dass Sie damit sehr präzise Ergebnisse erzielen können. Obgleich die meisten dieser Beispiele in Verkaufssituationen angesiedelt sind, lassen sie sich ebenso gut auf private Situationen übertragen.

Fragen nach Wertvorstellungen

– «Was erhoffen Sie sich von _____?»

– «Was ist wichtig für Sie an _____?»

– «Was schätzen Sie besonders an _____?»

– «Was wird _____ Ihnen bringen?»

Fragen nach Entscheidungen

– «Wie haben Sie sich damals für _____ entschieden?»

– «Als Sie sich das letzte Mal für _____ entschieden haben, welche Faktoren waren da für Sie ausschlaggebend?»

Fragen nach Widerständen

Kunde: Ich habe kein Interesse.
«_Meister der Überzeugungskunst_»: Gibt es dafür einen besonderen Grund?
Kunde: Ich habe kein Interesse.
«_Meister der Überzeugungskunst_»: Was könnte Sie dazu bringen, Ihre Meinung zu ändern?
Kunde: Ich habe kein Interesse.
«_Meister der Überzeugungskunst_»: Was müsste ich tun, um Ihr Interesse doch noch zu wecken?
Kunde: Rufen Sie mich in sechs Wochen wieder an.
«_Meister der Überzeugungskunst_»: Sieht die Sache in sechs Wochen denn anders aus?
Kunde: Rufen Sie mich in sechs Wochen wieder an.
«_Meister der Überzeugungskunst_»: Was genau wird in sechs Wochen anders sein?

Wenn Sie diese Fragen mit den im vorigen Kapitel vorgestellten Fragen zur Ermittlung von Metaprogrammen kombinieren, werden Sie zu aussagefähigen Ergebnissen kommen.

Die Programmierung des anderen nutzen

Hat man die Metaprogramme seines Gegenübers erst einmal erkannt, kann man sich dessen Programmierung zunutze machen. Um dies zu verdeutlichen, wollen wir uns einige der häufigsten Metaprogramme anschauen und prüfen, welche Fragen wir nutzen können, um den Überzeugungsprozess erfolgreich abzuschließen. Hier eine fortgeschrittene Version der obigen Urlaubsdiskussion:

Ehemann: [der inzwischen erkannt hat, dass seine Frau «weg von» ihrem Alltag strebt.] du brauchst also Abstand vom Alltag und willst im Urlaub vor allem der Hektik entfliehen. Wo möchtest du dann am allerwenigsten hin?
Ehefrau: Ich möchte auf keinen Fall in irgendeine Großstadt. Ich möchte nirgends sein, wo man mich nicht in Ruhe lässt. Ich möchte keinen Stress.

Der Ehemann führt die Frau wie oben zu seiner Kompromisslösung. Er bietet ihr Lake Tahoe als Urlaubsziel an, und die Frau stimmt zu. Nehmen wir ein anderes Beispiel. Stellen Sie sich vor, die Person, mit der Sie kommunizieren, ist stark außenorientiert (Leserinnen und Leser von «Test»-Zeitschriften sind hierfür gute Beispiele). Das Gespräch könnte etwa wie folgt verlaufen:

«Meister der Überzeugungskunst»: Ich bin immer wieder erstaunt, dass es Menschen gibt, die ganz aus dem Bauch heraus entscheiden, welches Auto sie kaufen. Diese Leute geben eine Menge Geld aus, ohne ihre Entscheidung auf irgendein objektives Kriterium zu stützen. Ist das nicht ein unnötiges Risiko?

Kunde: Auf jeden Fall

«Meister der Überzeugungskunst»: Deshalb bin ich sehr froh darüber, dass ich Ihnen die aktuelle Ausgabe der Test-Zeitschrift zeigen kann, in der unser Modell in seiner Preisklasse als bestes abgeschnitten hat. Es ist einfach toll, wenn man *ganz sicher sein kann*, dass man für sein Geld das Beste bekommt, weil man es schwarz auf weiß gesehen hat.

Was wiederum könnten Sie tun, wenn sich Ihr Gegenüber auf Unterschiede versteift? Nutzen Sie seinen Hang, allem zu widersprechen, was Sie sagen.

«Meister der Überzeugungskunst»: Wahrscheinlich macht es für Sie keinen Sinn, heute noch eine Kaufentscheidung zu treffen?

Kunde: So würde ich das nicht sagen. Es spricht nichts dagegen.

Und was, wenn Ihr Gegenüber allgemeine Informationen bevorzugt? Wenn Sie möchten, dass er Ihren Vorschlag akzeptiert, sollten Sie ihm auf keinem Fall mit Einzelheiten kommen.

«Meister der Überzeugungskunst»: … die Details können wir uns für den Moment ersparen. An diesem Überblick können Sie erkennen, dass die von uns angebotene Lösung den von Ihrer Firma aufgestellten Anforderungen entspricht. Um die Einzelheiten können sich dann die Mitarbeiter kümmern, die mit der Durchführung betraut sind.

Stellen Sie sich vor, Sie haben es mit einer Person zu tun, die sich immer erst mehrmals vergewissern muss, ehe sie glaubt, dass etwas tatsächlich funktioniert.

«Meister der Überzeugungskunst»: Überlegen Sie doch nur einmal, was für einen Vorteil Sie davon hätten, wenn dieses Produkt Ihnen Tag für Tag,

Stunde für Stunde und Minute für Minute 4 bis 7 Prozent Betriebskosten spart.

Kunde: Woher wollen Sie wissen, dass dies tatsächlich der Fall sein wird?

«Meister der Überzeugungskunst»: Ich könnte Ihnen sagen, dass dieses Produkt zwanzig anderen Firmen 4 bis 7 Prozent an Einsparungen gebracht hat. Aber ich erzähle Ihnen lieber von Firma X, die das Produkt 90 Tage lang getestet hat, ehe sie davon überzeugt war, dass es ihnen mindestens 4 Prozent weniger Betriebskosten bringt – was sie allerdings nicht davon abgehalten hat, die Wirksamkeit weiter zu prüfen, da sie sicher gehen will, dass jeder Tag zu konsistenten Ergebnissen führt. Oder von Firma Y. Die sparen mit Hilfe unseres Produkts 6 Prozent ihrer Betriebskosten ein. Es dauerte zwar eine Weile, bis sie überzeugt war, dass dies tatsächlich der Fall sein würde, aber heute könnte sie nicht zufriedener sein. Sie können gern dort anrufen und selbst nachfragen. Und dann gäbe es noch ...

Oder Sie haben jemanden vor sich, der sich nur dafür interessiert, was notwendig ist und getan werden muss.

«Meister der Überzeugungskunst»: ... und heutzutage ist es wirklich notwendig, über eine relativ hohe Summe eine Lebensversicherung abzusichern. Ist es nicht erstaunlich, wie viele Menschen hoffen, es würde schon alles gut gehen, und nicht einmal über *die* Risiken nachdenken, *gegen die man wirklich etwas tun muss*?! Was ist bloß mit diesen Leuten los?

Wenn wir uns die Programmierung unseres Gegenübers zunutze machen, versuchen wir, unseren Standpunkt so zu präsentieren, dass er leichter akzeptiert werden kann. Indem wir unsere Präsentation den beim anderen erkannten Wahrnehmungsfiltern flexibel anpassen, treffen wir auf weniger Widerstände und kommen schneller zu für beide Seiten akzeptablen Ergebnissen. Ignorieren wir dagegen die Metaprogramme unseres Gegenübers oder arbeiten gar gegen sie, müssen wir mit sehr viel größeren Schwierigkeiten rechnen. Mit dem richtigen Verständnis der jeweils aktiven Metaprogramme und den richtigen Fragen können wir unsere Mitmenschen bis zu fast jedem Ergebnis führen, das wir uns vorher vorgenommen haben.

Denken Sie immer daran: Wer die Macht besitzt, andere Menschen zu öffnen und von seiner Art des Denkens zu überzeugen, übernimmt damit auch die Verantwortung, entweder ein WIN/WIN-Ergebnis zu erzielen oder ganz auf ein Ergebnis zu verzichten. Alles andere wäre inakzeptabel.

Auf dieser Grundlage können wir festhalten, was den «Meister der Überzeugungskunst» ausmacht.

Eigenschaften eines «Meisters der Überzeugungskunst»

I. Denkt ergebnisorientiert
  A. Setzt seiner Kommunikation konkrete Ziele
  B. Nimmt sehr bewusst wahr, ob er sich seinem Ziel tatsächlich nähert
  C. Ist flexibel genug, einen nicht funktionierenden Ansatz fallen zu lassen
II. Akzeptiert die Verantwortung für den Verlauf der Kommunikation
  A. Verändert die Richtung, wenn sein Gegenüber Widerstände zeigt
  B. Achtet sorgfältig darauf, welche Reaktion er bekommt
III. Da Geist und Körper eins sind, achtet er sowohl auf die verbale als auch auf die nonverbale Kommunikation
IV. Reagiert flexibel; kommuniziert nicht nur in seinem eigenen Stil, sondern kann sich dem Kommunikationsstil anderer anpassen
V. Ist fähig zu präzisem Denken
  A. Hört: «Das ist toll, schrecklich, wundervoll, scheußlich, gut, schlecht, zuviel, zu teuer, zu häufig ...», und antwortet: «Im Vergleich zu was?»
  B. Hört: «Die Leute sagen, die Kirche sagt, die Regierung sagt ...», und antwortet: «Wer genau sagt das?»
  C. Hört: «Ich kann nicht, ich sollte nicht, ich darf nicht ...», und fragt: «Was würde passieren, wenn Sie es dennoch tun?» Oder: «Was hält Sie wirklich davon ab?»
  D. Hört: «Immer, niemals, alle, niemand ...», und fragt: *«Immer? Niemals? Alle? Niemand? Alle?»*
VI. Tut nicht so, als würde er alles wissen; kann sein Wissen auch zurückhalten, wenn es für den Überzeugungsprozess vorteilhaft ist.
VII. Vermeidet es, mit seinen Kommunikationspartnern in Konkurrenz zu treten
VIII. Lernt aus jeder Begegnung etwas, sei es über den Kommunikations*prozess* oder über den *Inhalt* der Kommunikation; hat daher immer ein echtes Interesse an anderen Menschen.
IX. Lässt sich nie übervorteilen und übervorteilt auch andere nicht. «Entweder ein WIN/WIN-Ergebnis oder GAR KEIN Ergebnis!», ist seine Devise.

15 «Meister der Überzeugungskunst», Teil II

In Teil I dieses Buches haben wir die Grundlagen der Proxemik und der nonverbalen Kommunikation besprochen. Jetzt wollen wir uns einige zusätzliche Techniken und Strategien anschauen, die den Überzeugungsprozess enorm befördern. Dieses kurze, aber wichtige Kapitel wird Ihnen helfen, Ihr bereits beeindruckendes Wissen über die Überzeugungskunst weiter zu vertiefen.

Bewusster Einsatz der eigenen Stimme

Sind an einer Gesprächssituation außer Ihnen nur ein oder zwei andere Personen beteiligt, empfiehlt es sich, Sprechgeschwindigkeit und – lautstärke des oder der anderen nachzuahmen, um gleich von Anfang an «Rapport» herzustellen. In einer größeren Runde in einem Besprechungszimmer oder gar beim Halten einer Rede in einem Versammlungssaal ist dies natürlich nicht möglich, so dass man andere Wege suchen muss, um möglichst viel Glaubwürdigkeit und Respekt zu gewinnen. Die folgenden drei Regeln treffen auf die meisten Situationen zu:

1. *Frauen* sollten ihre Stimme bewusst um etwa eine Oktave senken, damit sie professioneller wirken. Auch eine mäßige Sprechgeschwindigkeit ist in den meisten Situationen angebracht. Eine zu hohe oder gar schrille Stimmhöhe wird rasch als unangenehm empfunden. Mit einer bewusst gesenkten Stimme bekommen Frauen mehr Respekt. Achten Sie auf die mittlere Stimmlage vieler bekannter Radio- und Fernsehmoderatorinnen. Kennen Sie ähnlich erfolgreiche Frauen mit hohen Stimmen? Es gibt nur wenige.

2. *Männer* sollten ihre Stimme bewusst um etwa eine halbe Oktave senken, um als kompetenter wahrgenommen zu werden. Männer mit hohen Stimmen werden weniger respektiert und häufig als «zu feminin» empfunden. Achten Sie auf prominente Männer mit mittlerer bzw. tiefer Tonlage und deren Ausstrahlung. Mit einem bewussten Absenken Ihrer Stim-

me tun Sie viel für Ihre Glaubwürdigkeit und verbessern Ihren Kommunikationsstil.

3. *Frauen und Männer* sollten sich bemühen, in längeren Sätzen zu sprechen. Kurze Sätze mögen gedruckt prägnant und griffig wirken, der Qualität einer mündlichen Präsentation dagegen tun sie starken Abbruch. Achten Sie abends beim Schauen der Nachrichten auf die Länge der Sätze Ihrer Lieblingsmoderatorin oder Ihres Lieblingsmoderators und vergleichen Sie diesen Stil mit anderen Vortragenden, die Sie nicht so gern mögen.

Augenbewegungen richtig interpretieren

Augenbewegungen und ihre Wechselbeziehungen zu subjektiven Repräsentationen sind in den zurückliegenden Jahrzehnten ausführlich erforscht worden. Dabei kam man zu einigen sehr interessanten und vor allem konsistenten Ergebnissen. Die Anfänge dieser Forschungsarbeiten gehen auf die Bemühungen von Dr. Ernest Hildegard in den frühen 1950er Jahren zurück. Als Hypnotiseur interessierte er sich sehr für die Zusammenhänge von Augenbewegungen und Verhalten. In den 1970er Jahren vertiefte das Team um John Grinder und Richard Bandler die Erkenntnisse auf diesem Gebiet.

Zahlreiche Studien haben nachweisen können, dass Menschen ihre Augen tendenziell in bestimmte Positionen bewegen, wenn sie sich an Ereignisse erinnern, Fragen beantworten, einen inneren Dialog führen, bestimmte Gefühle erleben oder zukünftige Ereignisse visualisieren.

Bei den Augenpositionen können wir sechs Bereiche unterscheiden (Oben links, oben rechts, Mitte links, Mitte rechts, unten links, unten rechts). Je nach Position können wir erkennen, welches Repräsentationssystem unser Gegenüber gerade aktiviert hat.

In der Abbildung sind die Positionen so eingezeichnet, wie *Sie* sie bei einem Rechtshänder sehen, wenn Sie ihm direkt gegenüberstehen. Im Text werden Sie aus der Sicht des Betroffenen wiedergegeben.

Was die Position der Augen verrät

Vk – Visuell konstruierte Bilder	Ve – Visuell erinnerte Bilder
Etwas, das noch nie gesehen wurde	Etwas, das bereits gesehen wurde
Augenposition: oben rechts	Augenposition: oben links

(Nicht fokussierte oder scheinbar ins Leere starrende
Augen zeigen visuell erinnerte Bilder an. [Ve])

Ak – Auditiv konstruierte Geräusche/Wörter	Ae – Auditiv erinnerte Geräusche/Wörter
Etwas, das noch nie gehört wurde	Etwas, das bereits gehört wurde
Augenposition: Mitte rechts	Augenposition: Mitte links
K – Kinästhetische Gefühle	A – Auditiv-digital
(auch Geräusche und Geschmacksempfindungen)	weist hin auf Selbstgespräche, inneren Dialog
Wahrnehmen innerer, vergangener Gefühle oder Imaginisieren zukünftiger Gefühle	
Augenposition: unten rechts	Augenposition: unten links

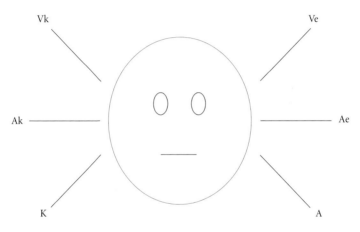

Das Gesicht Ihres Gegenübers (von Ihnen aus gesehen)

Eine sehr gute Möglichkeit, den eigenen Kommunikationsstil zu verbessern, besteht darin, die aus der Beobachtung der Augenbewegungen gewonnenen Informationen in allen kommunikativen Situationen zu verwenden. Nehmen wir z. B. an, Sie würden Neuwagen verkaufen.

«Meister der Überzeugungskunst»: Was genau wünschen Sie sich von einem neuen Auto, Herr Braun?

Kunde: Nun ja [Augenposition: oben links], am liebsten hätte ich natürlich das schicke rote Cabrio, mit dem Sie gerade gekommen sind. [Augen wandern nach unten rechts, dann nach unten links.] Aber ich hätte natürlich gern auch etwas Preisgünstiges, verstehen Sie?

Herr Braun hatte ein Bild von einem Auto im Kopf, das er gern kaufen würde (visuell erinnerte Bilder: Ve). Dann stellte sich bei ihm ein Gefühl (Kinästhetische Gefühle: K) zu dem Auto ein. Abschließend spielte sich ein innerer Dialog ab (Auditiv-digital: A), der wahrscheinlich seine Besorgnis über einen zu hohen Preis zum Inhalt hatte. Die Bedürfnisse dieses Kunden erfüllen wir am besten, indem wir die gleiche Abfolge beachten, ihm also ein attraktives Auto *zeigen*, ihm ein gutes *Gefühl* dafür verschaffen und auf seinen inneren Dialog *antworten*.

$$Ve + K + A \longrightarrow Verkauf$$

«*Meister der Überzeugungskunst*»: Herr Braun, gehen wir doch einmal hier herüber zu dem Cabrio, das Sie vorhin *gesehen* haben. Eine Probefahrt würde Ihnen ganz bestimmt ein gutes *Gefühl* für den Wagen geben. Wenn Sie zurückkommen, werden Sie *sich fragen*: «Warum habe ich mir diesen Wagen nicht schon früher gekauft?»

Wenn Sie Ihren Vorschlag genau in der Reihenfolge der inneren Vorgänge Ihres Gegenübers präsentieren, werden Sie fast immer ein WIN/WIN-Ergebnis erreichen. Am erfolgreichsten lässt sich diese Strategie natürlich in der letzten Phase der Entscheidungsfindung einsetzen.

«*Meister der Überzeugungskunst*»: Frau Miller, was Ihr jetziges Haus betrifft … Was hat damals für den Kauf den Ausschlag gegeben? War es etwas, das Sie gesehen, gehört oder gefühlt haben?
Kundin: [Augenposition: oben links.] Als wir es gesehen haben [Augen unten rechts], haben wir uns sofort in das Haus verliebt. Es sah einfach wunderschön aus [visuell erinnert und kinästhetische Gefühle: Ve + K].
«*Meister der Überzeugungskunst*»: Was war der zweitwichtigste Entscheidungsgrund?
Kundin: [Augenposition: Mitte links] Die Maklerin *sagte* uns, die Schule in der Gegend sei sehr gut, und das war uns natürlich sehr wichtig, schließlich haben wir drei Kinder [auditiv erinnert: Ae].
«*Meister der Überzeugungskunst*»: Und gab es dann noch etwas, das Ihre Entscheidung bekräftigt hat?
Kundin: [Augenposition: oben links.] Ja. Als wir dann auch noch *sahen*, dass das Haus von innen ebenso schön war wie von außen, *sagte* ich zu meinem Mann [Augenposition: Mitte links]: «Lass uns dieses Haus kaufen.» [Visuell und auditiv erinnert: Ve + Ae].

Das Gespräch könnte noch weitergehen, aber der «Meister der Überzeugungskunst» hat alle Informationen, die er braucht:

$$Ve + K + Ae + Ve + Ae \longrightarrow Entscheidung$$

Strategien bestimmen

Für fast alles, was wir im Leben tun, haben wir eine Strategie, z. B. fahren wir jeden Tag auf ähnliche Art und Weise zur Arbeit. Dieses gewohnte Muster ist im Gehirn abgelegt, so dass wir gar nicht mehr bewusst über den Weg nachdenken müssen. Wir steigen ins Auto, stellen den Motor an und finden uns eine gewisse Zeit später bei der Arbeit wieder. Das dazugehörige Muster besteht aus vielen kleinen Elementen, die, wenn man sie kombiniert und bewusst analysiert, eine Strategie dafür bilden, wie wir zur Arbeit kommen. Ähnliche Strategien hat jeder von uns, wenn es darum geht, sich zu verlieben, ein Produkt zu kaufen usw. Um die Strategien zu bestimmen, die uns am anderen interessieren, müssen wir Fragen stellen. Die folgenden Fragen machen die Strategien unseres Gegenübers erkennbar:

1. Können Sie sich an eine Zeit erinnern, als Sie vollständig X (z. B. glücklich mit dem Kauf Ihres Hauses, glücklich über eine neue Beziehung, verliebt, ...) waren?
2. Können Sie sich an den genauen Zeitpunkt erinnern?
3. Was war das Allererste, das Sie X sein ließ?
   a. War es etwas, das Sie sahen?
   b. War es etwas, das Sie hörten?
   c. War es etwas, das Sie fühlten?
   d. Was war das Allererste, das Sie vollständig X sein ließ?
4. Was war das Nächste, das Sie X sein ließ?
   a. War es etwas, das Sie sahen?
   b. War es etwas, das Sie hörten?
   c. War es etwas, das Sie fühlten?
   d. Was war es?
5. Waren Sie zu dem Zeitpunkt vollkommen X?
   a. Falls ja, ist die Befragung abgeschlossen.
   b. Falls nicht, weiter mit Punkt 4.

Natürlich können Sie nicht in allen Situationen genau diese Formulierungen verwenden. Damit Sie in jedem Kontext die gewünschten Informationen bekommen, müssen Sie Ihre Fragen entsprechend anpassen.

Versuchen Sie, bei mindestens drei Personen, die Sie gut kennen, mehrere Strategien (z. B. dafür, sich zu verlieben, glücklich zu sein, eine Entscheidung zu finden) zu bestimmen. Schreiben Sie alles auf, was Sie über die Strategien dieser Personen in Erfahrung bringen konnten, und setzen

Sie die oben aufgeführten Fragen ein. Sollte Ihnen dies anfangs schwer fallen, machen Sie sich keine Sorgen. Die Fragen sind dazu da, Sie zu erinnern, dass jede Strategie verschiedene Phasen hat. Wichtig ist auch, sich stets vor Augen zu halten, dass letztlich nicht nur ein sensorischer Eindruck (ein Bild, ein Geräusch o. ä.) den Ausschlag gibt. Tatsächlich sind eine ganze Reihe unterschiedlicher Komponenten und gedanklicher Prozesse mit im Spiel. Gehen Sie erst zum nächsten Abschnitt über, wenn Sie diese Übung vollständig abgeschlossen haben.

Übungen

1. Stellen Sie eine Videokamera auf die Position eines Zuhörers, der Ihnen am Tisch gegenübersitzt, und versuchen Sie, falls Sie allein sind, der Kamera Ihr Produkt zu verkaufen. Besser: Verkaufen Sie einer Freundin oder einem Freund Ihr Produkt mit Hilfe einer Präsentation, die Sie aufgrund des aus diesem Buch gewonnenen Wissens schriftlich entworfen haben. Stellen Sie «Rapport» her, bestimmen Sie die Bedürfnisse und Wertvorstellungen Ihres Gegenübers, überwinden Sie Widerstände und bringen Sie den Verkauf erfolgreich zum Abschluss.
2. Richten Sie die Kamera anschließend auf Ihr Gegenüber, während Sie ihm einen anderen Vorschlag machen.
3. Schauen Sie sich zunächst die erste Videoaufnahme an und nehmen Sie beide zu den folgenden Punkten Stellung: War Ihr Auftreten stimmig? Passte Ihre Stimme zu Ihren Worten, oder haben Sie widersprüchliche Botschaften ausgesendet? Achten Sie auf die Bewegungen Ihrer Augen. Stehen Sie in Beziehung zu den gewählten (auf visuelle, auditive oder kinästhetische Inhalte anspielenden) Worten? Lassen sich Ihre Formulierungen eher auf Ihre eigenen subjektiven Repräsentationen zurückführen, oder haben Sie Ihre eigenen Worte «übersetzt», um sich den subjektiven Repräsentationen Ihres Gegenübers anzupassen?
4. Schauen Sie nun die zweite Videoaufnahme an und überlegen Sie, wie Ihr Gegenüber auf Sie reagierte. Wirkt er eher defensiv oder gibt es Anzeichen für «Rapport»? Warum? Was offenbaren seine Augenbewegungen? Gibt es Worte oder Verhaltensweisen, mit denen Sie Ihr Gegenüber so beeinflussen konnten, dass es Sie selbst überraschte? Wieso?
5. Bitten Sie abschließend Ihre Freundin oder Ihren Freund, Ihnen möglichst genau zu schildern, was er in beiden Gesprächen erlebte und wie er sich dabei gefühlt hat.

6. Was können Sie nach diesem Feedback tun, um Ihr Auftreten noch zu verbessern?

7. Machen Sie immer wieder einmal Videoaufnahmen, um Feedback über Ihre Fortschritte zu bekommen. Mindestens einmal im Monat sollten Sie ein bis zwei Stunden auf Video aufzeichnen. Je mehr unterschiedliche Blickwinkel Sie dabei mit Hilfe der Kamera einnehmen können, desto besser.

8. Nehmen Sie sich bei den monatlichen Videoaufzeichnungen auch jedes Mal etwa zehn bis zwanzig Minuten lang ein kontroverses Thema (z. B. Abtreibung, Religion, Politik usw.) vor und versuchen Sie, eine Freundin oder einen Freund von dem Standpunkt zu überzeugen, den Sie eigentlich ablehnen. Ihre Freundin oder Ihr Freund sollte dabei den Standpunkt verteidigen, den Sie normalerweise einnehmen.

Sie haben nun die Chance, die in beiden Teilen dieses Buches beschriebenen Techniken und Strategien anzuwenden. Damit haben wir zugleich ein Ende als auch einen wichtigen Anfang erreicht. Beginnen Sie noch heute, die Richtung Ihres Lebens zu verändern. Machen Sie Ihre Träume wahr!

Anhang A
Ethische Fragen

Die in diesem Buch propagierte WIN/WIN-Philosophie ist ein Ideal und damit etwas, das sich nie in völliger Perfektion erreichen lässt. «Ethik» wiederum definiert man meist als «System moralischer Prinzipien» – eine Definition die geradezu nach einer Frage schreit: «Wessen Prinzipien?»
Ein religiöser Mensch würde antworten: «Gottes Prinzipien.»
Die Gegenfrage müsste dann lauten: «Wessen Definition von Gottes Prinzipien?»
Wäre ich ein orthodoxer Jude, würden sich meine Prinzipien von denen der meisten Christen unterscheiden. So würde ich z. B. um keinen Preis Schweinefleisch essen und am Sabbat ohne Ausnahme ruhen. Wäre ich ein Baptist aus den Südstaaten der USA, würde ich auf keinen Fall Karten spielen oder tanzen gehen, aber ich würde Schweinefleisch essen und am Sabbat meinen Garten umgraben. Als gläubiger Katholik dagegen würde ich Karten spielen und tanzen gehen, aber freitags nur Fisch und kein Fleisch essen und jedes Jahr in der Fastenzeit bewusst auf etwas verzichten.
Religiöse Überzeugungen sind die Grundlage vieler unserer Verhaltensgrundsätze. Wir meinen, dass Menschen, die sich nicht an unsere Regeln halten, uns unterlegen sind. Was ethische Fragen angeht, möchte ich Sie deshalb vor allem zum Nachdenken anregen. Der Autor dieses Buches hat kein größeres Recht Ihnen zu sagen, was richtig oder falsch ist, als Ihr Nachbar oder Ihr Kollege. Zwar ist man sich in den meisten Kulturen einig, dass bestimmte Dinge (z. B. Mord, Vergewaltigung, Kindesmissbrauch …) schlecht und bestimmte andere Dinge (ehrenamtliche Arbeit, Wohltätigkeit, Höflichkeit …) gut sind. Aber was ist mit all den Verhaltensweisen und sozialen Interaktionen, die sich nicht so eindeutig der einen oder anderen Kategorie zuweisen lassen?
Nehmen wir an, Sie gehen zu einem Autohändler und handeln für ein neues Auto einen ansehnlichen Rabatt aus. Ist das ein WIN/WIN-Ergebnis oder sieht es für Sie so aus, als würden nur Sie Vorteil aus diesem Handel ziehen? Was Sie in der Regel nicht wissen, ist, dass der Händler selbst von dem Hersteller einen kräftigen Rabatt bekommt. Selbst wenn

er einen Teil dieses Rabatts an Sie weitergibt, macht er immer noch ein sattes Plus – und kann am Ende des Jahres für sein Gesamt-Verkaufsergebnis mit einer zusätzlichen Prämie rechnen. Der Händler hat sich also nicht ins eigene Fleisch geschnitten. Hat er im Gegenteil Sie übervorteilt? An welcher Stelle steht die Waage im Gleichgewicht? Das würde natürlich jeder anders beantworten.

Stellen Sie sich vor, Sie lebten in einem Land ohne ausreichende soziale Absicherung, seien unverschuldet verarmt und könnten Ihren Kindern nichts zu essen kaufen. Ihre Kinder würden hungern, Sie hätten kein Geld, keinen Kredit und niemanden, von dem Sie Geld borgen könnten. Wäre es unter diesen Umständen ethisch korrekt, Lebensmittel für Ihre Kinder zu stehlen? Und wäre es umgekehrt ethisch vertretbar, *keine* Lebensmittel für Ihre Kinder zu stehlen und dadurch den Tod der Kinder in Kauf zu nehmen? Was wäre wichtiger: Das Prinzip «Du sollst nicht stehlen» oder das Leben der Kinder?

Und wie ist es mit körperlicher Gewalt? Ich gehe einmal davon aus, dass Sie Ihre Partnerin oder Ihren Partner nie schlagen würden. Aber wie würden Sie sich entscheiden, wenn Ihnen jemand 1000 Euro dafür gäbe? Was wäre, wenn Ihnen jemand 100.000 Euro dafür anböte, dass Sie Ihre Partnerin oder Ihren Partner nur ein einziges Mal schlagen? Was, wenn es um 1.000.000 Euro ginge? Und wenn Ihre Partnerin oder Ihr Partner sagen würde, es wäre okay – wäre es dann tatsächlich okay? Gibt es überhaupt irgendein Argument, durch das Schlagen ethisch vertretbar werden könnte?

Oder wie ist das mit den Steuern, die wir bezahlen? Schon jetzt fressen die Steuern einen beträchtlichen Teil unseres Einkommens auf. Werden wir uns weigern, Steuern zu zahlen, wenn uns die Regierung mehr als die Hälfte unseres Gehaltes nimmt? Oder wenn sie 75 Prozent verlangt? Was wäre, wenn sie uns alles wegnehmen und entscheiden würde, wie und wo wir leben sollen? Wäre es ethisch vertretbar, sich dem eigenen Staat gegenüber illoyal zu verhalten? Woher will man dies wissen? Wo liegen die *genauen* Grenzen?

Oberflächlich gesehen wirken ethische Fragen einfach. Betrüge niemanden, und du wirst nicht betrogen. Leider handelt jedoch jeder aus seiner eigenen Realität heraus. Betrachten wir z. B. die Frage, ab welchem Punkt wir eine Kirchenabspaltung als «Sekte» bezeichnen können? Ist nicht im Grunde jede Religion eine Sekte? Wo genau liegt der Unterschied? Viele ehrliche und rechtschaffene Menschen gehören Gruppen an, die die meisten von uns als «Sekte» oder «politische Randgruppe» bezeichnen würden. Ab welchem Punkt ist es ethisch korrekt, Vorurteile gegen Menschen zu haben, die anders sind als wir?

Jeder von uns hat seine eigenen Antworten auf diese Fragen. Auf einige mögen wir gar keine Antwort finden. Dennoch neigen wir zu der Sichtweise, dass unsere eigene Moral den Grundsätzen anderer Menschen überlegen ist. Es ist meine Hoffnung, dass Sie sich hohe moralische Standards setzen und dennoch stets bewusst machen, dass es auch ganz andere Moralsysteme gibt und die Menschen, die diesen anderen Systemen anhängen, es ebenso ernst meinen wie Sie.

Und nun denken Sie noch einmal darüber nach, an welchem Punkt der Autohändler und der Autokäufer von einem WIN/WIN-Ergebnis sprechen können.

Anhang B
Gehirnwäsche

Tag für Tag werden wir mit Tausenden von Botschaften der verschiedensten Medien konfrontiert. Diese Botschaften prägen die Art und Weise, wie wir denken. Macht man sich den *Zweck* hinter all den Reklametafeln, Anzeigen und Werbespots nicht ständig bewusst, wird man rasch Teil des «Mainstreams».

Politikerinnen und Politiker wollen jedenfalls nicht, dass Ihnen eine große Bandbreite an Verhaltensweisen und Auswahlmöglichkeiten zur Verfügung steht. Warum nicht? Je größer die Bandbreite, desto schwieriger wird es, Ihr Verhalten vorherzusagen. Und je schwieriger es wird, Ihr Verhalten vorherzusagen, desto weniger Chancen hat die Politik, Sie zu überzeugen. Politikerinnen und Politiker wollen, dass Sie vorhersehbar sind. Umso leichter wird es für sie, die Überzeugungskunst auf Sie anzuwenden, um ihre Ziele zu erreichen. Leider gibt es viele Menschen, die wissen, wie man Einfluss nimmt, sich aber der WIN/WIN-Philosophie nicht verpflichtet fühlen.

Wenn jemand will, dass Sie Ihre Denkweise an seine anpassen, ohne dabei Rücksicht auf Ihre Bedürfnisse und Wertvorstellungen zu nehmen, will er Gehirnwäsche betreiben. Nach Meinung des Autors ist Gehirnwäsche in den allermeisten Fällen als unethisch zu betrachten, doch auch dies gilt nicht für jede Situation. Wie die «Ethik», muss auch die «Gehirnwäsche» im Kontext der jeweiligen Wertvorstellungen bewertet werden. Was genau geht eigentlich vor sich, wenn Regierungen, Führungsgremien, Religionen oder politische Organisationen «Mind Control» betreiben? Spielen wir anhand von zwei Beispielen, einer Armee und einer religiösen Gruppe, einmal die verschiedenen Schritte durch.

1. In den meisten Fällen wird zunächst ein *Ortswechsel* angestrebt, die Betroffenen werden aus ihrer gewohnten Umgebung herausgenommen. Wenn Sie sich freiwillig zum Wehrdienst melden oder dazu eingezogen werden, müssen Sie zur so genannten Grundausbildung in eine Kaserne einrücken. Dies ist der erste Schritt der «Neuorientierung». Innerhalb kurzer Zeit werden Ihnen neue Werte und Verhaltensrichtlinien eingeflößt, die wesentlichen Elemente aber sind die Loslösung aus der alten

und die Integration in eine neue Umgebung. Die alten Verhaltensweisen des jungen Menschen, der am Ende eines Schul- oder Arbeitstages nach Hause kommt, sind rasch hinfällig. Der junge Rekrut lebt und arbeitet in der Kaserne. Dies ist eine wichtige Voraussetzung dafür, ihm neue Werte und Denkweisen einzuflößen.

Könnte der Rekrut in der Grundausbildung am Ende jeden Tages nach Hause gehen und die täglichen Ereignisse mit seinen Angehörigen und Freunden besprechen, würde die Indoktrination mit neuen Werten und Denkinhalten unter Umständen ewig dauern. In der Grundausbildung wird deshalb in den meisten Armeen angestrebt, dass die Rekruten möglichst nur mit anderen Soldaten sprechen. Nach der Grundausbildung werden sie dann meist noch weiter weg von zu Hause stationiert. Auf diese Weise werden sie auf die «Armee als Zuhause» geprägt.

Kommt jemand in der neuen Umgebung gar nicht klar, was selten ist, aber durchaus vorkommen kann, wird er meist an diesem Punkt entlassen. Man geht davon aus, dass er kein guter Soldat sein, Befehle nicht blind befolgen und seine Werte nicht an denen seiner Einheit und der militärischen Hierarchie ausrichten wird. Unter diesen Umständen kann er für das Militär zur Belastung werden.

Ähnlich kann es einem Menschen gehen, der mit seiner Kirche oder Religion unzufrieden ist, sich auf die Suche nach der Wahrheit begibt und sich dabei an andere religiöse Gruppen oder Organisationen wendet. Geht es ihm nicht nur um neue Erkenntnisse, sondern vor allem um eine neue zwischenmenschliche Anbindung, kann er leicht manipuliert werden. In den meisten Fällen wird man ihn bitten, so häufig wie möglich zu den Versammlungen zu kommen, damit er die Glaubenssätze der Organisation kennen lernen (und von ihnen indoktriniert werden) kann. Der enge Kontakt ist notwendig, damit der «Novize» sich in der Welt der Gruppe zurechtfinden kann. Jede Kirche, jede Sekte oder religiöse Gruppe hat ihre eigene Sprache, die Mitgliedern anderer Gruppen nicht geläufig ist. Wer z. B. kein Katholik ist, hat wahrscheinlich Probleme damit, die genaue Bedeutung des Begriffes «Fegefeuer» zu erklären. Ähnlich ginge es Nichtbuddhisten mit der Bedeutung des Begriffes «Karma».

2. Die *Gruppensprache* zu erlernen ist das nächste bindende Element zwischen Neuling und Gruppe. Der junge Rekrut in der Grundausbildung lernt nicht nur, seine neuen Lebensbedingungen zu akzeptieren (jeden Tag zur gleichen Zeit geweckt zu werden, sich einem streng geregelten Tagesablauf anzupassen, sich an die Abfolge der Mahlzeiten zu gewöhnen usw.), er lernt auch den Fachjargon der Menschen, mit denen er von nun

an tagtäglich zusammenarbeiten wird. Im Militär besteht dieser Fachjargon z. B. aus den genauen Bezeichnungen der unterschiedlichen militärischen Ränge, neuen Wörtern für bestimmte Abkürzungen usw. Nach und nach findet eine völlige Umstellung statt. Spricht der Rekrut nach einer Weile mit seinen alten Freunden über seine neue Umgebung, verspüren diese eine deutliche Distanz. Sie verstehen ihn nicht mehr so wie früher. Er hat begonnen, sich zu verändern.

Auch in religiösen Gruppen oder Kirchen wird rasch eine eigene Begrifflichkeit vermittelt. Je mehr Zeit der «Novize» mit der neuen Gruppe verbringt, desto schneller übernimmt er die neuen Ausdrücke. Dies verstärkt den «Rapport» mit der Gruppe, die Gruppenmitglieder mögen ihn, und er mag sie. Die alten Freunde außerhalb der Gruppe sprechen jetzt nicht mehr die gleiche Sprache wie er und sind für ihn daher nicht so interessant wie der neue Bekanntenkreis. Die alten Freunde wiederum haben das Gefühl, dass der «Novize» sich verändert. Sie fühlen sich in seiner Gegenwart nicht mehr so ganz wohl. Er ist anders geworden.

3. Das *Deprogrammieren* alter Überzeugungen und Wertvorstellungen ist der nächste logische Schritt, den eine Gruppe mit ihren neuen Mitgliedern veranstaltet. Meist geht es sehr subtil vonstatten, ist für den weiteren Verlauf jedoch äußerst wichtig.

Im Militär, wo unmittelbar Strafen angedroht werden können, geht das «Deprogrammieren» meist sehr schnell vonstatten. Der Ausbilder wird zur dominanten Leitfigur des Rekruten. Die alten Leitfiguren, z. B. die Eltern des Rekruten, sind unerreichbar und rücken in den Hintergrund. Selbst für willkürliche oder unsinnige Entscheidungen wird Gehorsam eingefordert. Als Erstes gerät die Vorstellung ins Wanken, dass man seinen Tagesablauf, die Aufstehens- und Bettzeiten, die Abfolge der Mahlzeiten usw. selbst bestimmen kann. Darauf aufbauend werden neue Programmierungen geschaffen. Weil der Rekrut den Gehorsam nicht verweigern kann und ihm im Ernstfall eine Bestrafung droht, muss er der «Deprogrammierung» zustimmen. Seine alten Bezugssysteme stehen ihm nicht mehr zur Verfügung. Er ist der neuen Situation voll und ganz ausgesetzt.

Anders als das Militär können religiöse Gruppen in der Regel keine direkten Bestrafungen (z. B. Arrest) androhen. Dafür stehen jederzeit emotionale Bestrafungen (z. B. Freundschaftsentzug) im Raum. Dennoch geht die «Deprogrammierung» etwas langsamer vonstatten. Zunächst werden dem Gruppenneuling keinerlei Verpflichtungen auferlegt. Er ist da, um die «Wahrheit» kennen zu lernen. Immer öfter wird er darauf hingewiesen, wie sehr seine alten Bezugspersonen irrten. Ihm wird vor

Augen geführt, dass seine alten Überzeugungen und Wertvorstellungen sich mit der «Wahrheit» nicht vertragen. Nach einer Weile wird man ihn darin bestärken, die Distanzierung von alten Bedingungen in Worte zu fassen, zu beteuern, wie sehr er irrte und sich von der «Wahrheit» entfernt hatte. Die Abgrenzung von alten Bindungen dient der intensiven Integration in die neue Gruppe. Kontakte zu Menschen außerhalb der Gruppe werden in ihrer Bedeutung abgewertet. Manchmal werden Gruppenneulinge nach einer Weile direkt aufgefordert, Kontakte nach außen für immer aufzugeben. Häufiger wird ihnen indirekt zu verstehen gegeben, dass der fortdauernde Kontakt mit dem «Bösen», «Unwahren» oder «Unreinen» für sein Seelenheil gefährlich sein kann.

Durch das «Deprogrammieren» entsteht ein Vakuum, das für das «Reprogrammieren» genutzt werden kann.

4. Beim *Reprogrammieren* werden dem Einzelnen neue Überzeugungen und Wertvorstellungen eingepflanzt. Wir alle haben einige sehr grundlegende Bedürfnisse. Wir brauchen Essen, Kleidung und ein Dach über dem Kopf. Außerdem wollen wir uns sicher fühlen. Wir brauchen eine reale oder imaginäre «Leitfigur», die sich um uns kümmert und zu der wir eine dauerhafte Bindung aufbauen. Durch die Trennung oder Entfremdung von den Eltern, der Partner oder der Partnerin, Angehörigen oder Freunden entsteht eine Leere, die durch den Anführer der neuen Gruppe und die enge Anbindung an die anderen Gruppenmitglieder gefüllt werden kann. Dies geschieht häufig schon sehr früh.

Alte Wertvorstellungen werden jetzt durch neue ersetzt. An die Stelle alter Autoritätsfiguren treten neue Vorbilder. Statt des alten «Irrtums» gilt jetzt die «Wahrheit». «Richtiges Verhalten» wird belohnt, um das neue Mitglied so zu konditionieren, dass es Gehorsam zeigt und sich gruppenkonform verhält.

Der junge Rekrut wird auf seinen Ausbilder als neue Leitfigur geprägt. Er lernt, dass seine Mitrekruten die Menschen sind, die ihm im Ernstfall beistehen und sein Leben retten werden. Seine Angehörigen und Freunde werden sich zu Hause im warmen Bett räkeln, während er in einem Schützenloch in der Wüste liegt. Die Einheit, deren Teil er jetzt ist, ersetzt seine Familie. Auch alle anderen Anbindungen werden durch das Korps ersetzt. Dass er sich jederzeit auf seine Kameraden verlassen kann und in ihnen seine besten Freunde sieht, ist für die Sicherheit aller Beteiligten notwendig. Leider bleibt es häufig auch nach der Entlassung aus der Armee bei dieser Einstellung. Sich wieder in die zivile Gemeinschaft einzugliedern, fällt vielen ehemaligen Soldaten schwer. Viele bleiben deshalb so lange wie möglich beim Militär oder bei dem Militär ähnlichen Organisationen. In religiösen Gruppen fungiert die «Gemeinde» als Dreh- und Angelpunkt. Ohne den Rückhalt der Gruppe fühlt sich der Einzelne hilflos und isoliert. Seine alten Wertvorstellungen und Überzeugungen wurden durch die «Wahrheit» ersetzt. Dieser «Wahrheit» den Rücken zu kehren, nachdem er sie einmal erkannt hat, und sich wieder den alten Denkweisen zuzuwenden, würde die größte aller Strafen nach sich ziehen: Die Mitglieder der neuen Gruppe würden verständnislos reagieren und sich konsequent von ihm zurückziehen. Unabhängig von allen inzwischen entstandenen zwischenmenschlichen Bindungen würden sie die Abkehr von der «Wahrheit» als unverzeihlich ansehen.

5. Am Ende werden aus Schülern Lehrer. Ist der ehemalige Neuling vollständig «reprogrammiert» und indoktriniert, geht es an die *Weitergabe der neuen Lehre*. Wenn er mit Menschen außerhalb der Gruppe kommuniziert, ist er erstaunt, dass nicht alle die «Wahrheit» so klar sehen wie er. Im Militär wird ihn dies möglicherweise dazu bringen, neue Rekruten zu werben. Oder er gibt im Gespräch mit anderen sein positives Bild vom Militär weiter. Als Mitglied einer religiösen Gruppe wird er versuchen, andere von seinem neuen Glauben zu überzeugen. Die beste Möglichkeit, etwas zu lernen, besteht bekanntlich darin, es anderen zu lehren. Denken Sie auch an das Gesetz der Konsequenz, dass es jemandem sehr schwer macht, einmal mit Überzeugung vorgetragene Wertvorstellungen später zu widerrufen. Ist jemand erst einmal in Phase 5 angekommen, findet eine Rückkehr nur noch selten statt.

An dieser Stelle findet der Kreislauf der Gehirnwäsche seinen Abschluss. Der Prozess wird täglich bestärkt und mit jedem Tag klarer und realer wahrgenommen. Je mehr Zeit die betroffene Person mit der neuen Gruppe verbringt, desto weniger Widerstand von außen wird sie erleben. Und da sie sich immer seltener mit möglichen Widerständen konfrontiert, können ihre neuen Wertvorstellungen immer wieder neu bestätigt werden.

Aber unsere Armee betreibt nicht wirklich «Gehirnwäsche», oder? Oder muss sie im Interesse der Sicherheit ihrer Mitglieder bewusst «Gehirnwäsche» einsetzen? Doch selbst wenn sie nachweisbar zum Nutzen aller Beteiligten wäre, wäre sie dann wirklich akzeptabel? Ich kann diese Frage nicht beantworten. Viele junge Menschen gehen freiwillig zum Militär, und das Gleiche kann man über die meisten politischen, religiösen oder sonstigen Organisationen sagen, denen man eine gewisse «Gehirnwäsche» unterstellen mag. Die Antwort liegt bei Ihnen und Ihren moralischen Prinzipien.

Viele Menschen sind der Meinung, dass Sekten «Gehirnwäsche» betreiben. Schauen Sie sich die folgende Liste christlicher Kirchen an und kreuzen Sie alle an, die Sie für Sekten halten.

Katholische Kirche	Zeugen Jehovas
Evangelische Kirche	Adventisten vom Siebenten Tag
Pfingstbewegung	Christian Science
Methodisten	

Welche Kriterien haben Sie Ihrer Einschätzung zugrunde gelegt? Wendet eine der Kirchen, die Sie *nicht* angekreuzt haben, «Gehirnwäsche» als Methode an?

In der tagtäglichen Beschäftigung mit Schulen, Kirchen, Regierungen, Interessensgemeinschaften, Bürgerrechtsgruppen und anderen Gemeinschaften werden Sie immer wieder auf interessante Inhalte stoßen. Sie *alle* setzen in einem gewissen Maße «Gehirnwäsche» ein. Ist dies gut oder schlecht? Warum? Und wie könnten wir zu einem besseren System gelangen?

Glossar

Deprogrammieren – außer Kraft setzen alter Wertvorstellungen und Überzeugungen.

Einfluss – die potenzielle oder tatsächliche Wirkung auf eine Zielperson oder –gruppe. Unterschieden wird zwischen «Einfluss haben» (passiv und evtl. unbewusst) und «Einfluss nehmen» oder «ausüben» (aktiv und bewusst). Bewusst ausgeübter Einfluss beabsichtigt die Veränderung von Einstellungen bzw. die Herbeiführung bestimmter Entscheidungen oder Verhaltensweisen. Einfluss haben kann man auch unbewusst und sogar ungewollt (z. B. heimliche Vorbilder oder längst verstorbene Klassiker).

Ethik – System moralischer Prinzipien. Die Ethik stellt Kriterien für gutes und schlechtes Handeln auf und bewertet Motive und Konsequenzen des Handelns.

Gehirnwäsche – psychologische Manipulation. Gezielte Veränderung von Wertvorstellungen und der Selbstauffassung einer Person in mehreren Phasen, darunter De- und Reprogrammierung.

Kinästhetisch – auf Körperempfindungen, taktile Empfindungen und innere Gefühle konzentrierte Wahrnehmung.

Kommunikation – (lat. *communicare*, «mitteilen, gemeinsam machen») gemeinschaftliches Handeln, bei dem Gedanken, Ideen, Wissen, Erkenntnisse und Erlebnisse ausgetauscht werden und zugleich neu entstehen. Kommunikation beruht auf der Verwendung von verbalen und nonverbalen Signalen wie Sprache, Gestik, Mimik, Schrift oder Bild.

Manipulation – (lat. «Handhabung, Handgriff») gezielte und verdeckte Einflussnahme, die auf eine Steuerung des Erlebens und Verhaltens von Einzelnen oder Gruppen zielen und diesen verborgen bleiben soll. Am Ende steht meist der Vorteil des Manipulierenden, d. h. die Manipulation steht im Widerspruch zur WIN/WIN-Philosophie.

Metaprogramme – Konzept zur Analyse menschlicher Verhaltensweisen im Rahmen des Neuro-Linguistischen Programmierens (NLP). Metaprogramme gehören zu den am tiefsten verankerten «Wahrnehmungsfiltern». Sie entstehen in unserer frühesten Kindheit und laufen später systematisch und gewohnheitsmäßig ab. Es sind innere Sortierungsmuster, die uns innerhalb kürzester Zeit unbewusst entscheiden lassen, welchen Aspekten wir Aufmerksamkeit schenken und welchen nicht. Metaprogramme sind im

Allgemeinen inhaltsfrei. Wie ein Computerprogramm, das die Abläufe steuert, aber nicht selbst Informationen speichert, entscheidet unser jeweiliger Zustand darüber, was in unser Metaprogramm eingeht und woraus dann unsere subjektiven Repräsentationen entstehen.

Neuro-Linguistisches Programmieren (NLP) – Anfang der 1970er Jahre in Kalifornien entstandene psychologische Richtung, die sich vor allem mit der zwischenmenschlichen Kommunikation befasst und dazu durch Beobachtung gewonnene Regeln zu sprachlichen und nonverbalen Verhaltensmustern formuliert. Wie andere psychologische Ansätze geht das NLP davon aus, dass menschliches Verhalten durch innere Prozesse strukturiert wird. Beeinflusst werden diese Prozesse laut NLP dadurch, dass äußere Reize bestimmte Empfindungen auslösen, die wiederum durch innere Bilder oder Gefühle überlagert sind. Die Verarbeitung von Informationen wird von «Wahrnehmungsfiltern» wie «Metaprogrammen» gesteuert. Anschließend werden sie in Form «subjektiver Repräsentationen» im Gehirn abgelegt.

Insbesondere Menschen, die beruflich viel mit Kommunikation zu tun haben, können von den Erkenntnissen des NLP profitieren.

Placeboeffekt – Placebos (lat. «ich werde gefallen») im engeren Sinne sind «Scheinmedikamente» ohne pharmazeutische Wirkstoffe, die somit per Definition keine durch einen solchen Stoff verursachte pharmazeutische Wirkung haben können. Im allgemeinen Sprachgebrauch werden heute im erweiterten Sinne auch alle anderen therapeutischen Maßnahmen als Placebos bezeichnet, die ohne naturwissenschaftlich erwiesenen Wirkungsnachweis trotzdem eine positive Reaktion, den «Placeboeffekt» bewirken können. Erklärt wird der Placebo-Effekt heute mit einer Wechselwirkung zwischen Psyche und Immunsystem.

Proxemik – ein ursprünglich in den 1960er Jahren von dem Anthropologen Edward T. Hall geprägter Begriff. Gegenstand ist das Raumverhalten eines jeden Individuums als Teil seiner nonverbalen Kommunikation. Die in verschiedenen Situationen gehaltene körperliche Distanz spielt dabei ebenso eine Rolle wie der Blickkontakt und die körperliche Berührung. Welche Signale in diesem Zusammenhang als angenehm oder unangenehm empfunden werden, kann je nach Kultur sehr verschieden sein.

Rapport – verbale und nonverbale Bezogenheit von Menschen aufeinander; gegenseitiges Einverständnis durch meist unbewusste Anpassung der verbalen und nonverbalen Kommunikation. Bei bestehendem «Rapport» neigen Menschen dazu, einander positiver zu bewerten, sich eher zu vertrauen und Gesagtes weniger kritisch aufzunehmen.

Repräsentationen, subjektive – subjektive Repräsentationen sind «Abbilder» von Informationen, die im Gehirn abgelegt wurden, nachdem sie mehrere innere Verarbeitungsfilter durchlaufen haben. Wenn Sie an Ihr «Zuhause» oder an Ihr «Büro» denken, *erinnern* Sie eine subjektive Repräsentation. Wenn Sie sich etwas vorstellen, das Sie noch nie gesehen haben, *konstruieren* Sie eine subjektive Repräsentation.

Reprogrammieren – Einpflanzen neuer Überzeugungen und Wertvorstellungen.

Überzeugen – die Fähigkeit, andere zu bestimmten Werten und Einstellungen zu bewegen, indem man mit Hilfe ganz bestimmter Strategien auf ihr Denken und Handeln Einfluss nimmt.

Wahrnehmungsfilter – Im Rahmen des Kommunikationsmodells des Neuro-Linguistischen Programmierens (NLP) sorgen individuell ausgeprägte, jedoch bestimmten Mustern nachgebildete Wahrnehmungsfilter dafür, wie wir Informationen aufnehmen und verarbeiten. Zu den wichtigsten Wahrnehmungsfiltern gehören die «Metaprogramme».

Wertvorstellungen – Vorstellungen über Eigenschaften, die Dingen, Ideen, Beziehungen u. ä. von Individuen, Gruppen oder ganzen Gesellschaften beigelegt werden und ihnen wichtig und wünschenswert sind. Unterschieden wird oft zwischen «äußeren Werten», die ihre Bedeutung durch ihre Funktion erhalten (z. B. Geld, Werkzeug, Gesetze), und «inneren Werten» die auf Werterfahrungen beruhen und sich aufgrund verarbeiteter Erlebnisse im Gefühl verankert haben (z. B. Freundschaft, Liebe, Gerechtigkeit).

WIN/WIN-Philosophie – Handlungsmaxime, die es sich zum Ziel setzt, jedes Problem so zu lösen, dass alle Beteiligten sich als Gewinner fühlen können. Die WIN/WIN-Philosophie beruht auf der Erkenntnis, dass sich für die Zukunft tragfähige Lösungen nur dann schaffen lassen, wenn sie nicht auf Kosten eines oder mehrerer Beteiligten gehen.

Zustand, innerer – Kombination subjektiver Repräsentationen und physiologischer Gegebenheiten. Der innere Zustand filtert und beeinflusst unsere Interpretation und unser Verständnis einer in diesem Augenblick gemachten Erfahrung.

Empfehlenswerte Bücher

Andreas, Steve & Andreas, Connirae: *Gewusst wie. Arbeit mit Submodalitäten und weitere NLP-Interventionen nach Maß*. Paderborn: Junfermann, 2004.

Bagley, Dan & Reese, Edward J.: *Beyond Selling – Die neue Dimension im Verkauf*. Freiburg: VAK Verlag, 1990.

Bandler, Richard & Grinder, John: *Neue Wege der Kurzzeit-Therapie. Neurolinguistische Programme. Frogs into Princes. 13. Auflage*. Paderborn: Junfermann, 2002.

Bandler, Richard & Grinder, John: *Metasprache & Psychotherapie. Struktur der Magie I*. Paderborn: Junfermann, 1994

Birdwhistell, Ray: *Kinesik*. In: Scherer, Klaus (Hg.): *Non-verbale Kommunikation*. Weinheim: Beltz, 1979, S. 201 ff.

Blanchard, Kenneth H. & Johnson, Spencer: *Der Minuten-Manager. 7. Auflage*. Hamburg: Rowohlt, 2002.

Carnegie, Dale: *Wie man Freunde gewinnt. Die Kunst beliebt und einflussreich zu werden*. Frankfurt a. Main: Fischer Verlag, 2006.

Cialdini, Robert B.: *Die Psychologie des Überzeugens. Ein Lehrbuch für alle, die ihren Mitmenschen und sich selbst auf die Schliche kommen wollen. 5., korr. Auflage*. Bern: Huber, 2007.

Cohen, Herb: *Negotiate this! Sie können alles erreichen*. München: Heyne, 1994.

Dilts, Robert B.: *Die Veränderung von Glaubenssystemen. NLP Glaubensarbeit. 4. Auflage*. Paderborn: Junfermann, 2006.

Dyer, Wayne W.: *Der wunde Punkt. Die Kunst nicht unglücklich zu sein. 12 Schritte zur Überwindung unserer seelischen Problemzonen*. Hamburg: Rowohlt, 2005.

Hall, Edward T.: *Die Sprache des Raumes*. Berlin: Cornelsen Verlag, 1994.

Hill, Napoleon: *Denke nach und werde reich. Die 13 Gesetze des Erfolgs. Überarb. Auflage*. München: Hugendubel, 2006

Hoffer, Eric: *Der Fanatiker. Eine Pathologie des Parteigängers*. Hamburg: Rowohlt, 1965.

Hopkins, Tom: *Einfach verkaufen. Der Intensivkurs*. München: Heyne, 2002.

Hopkins, Tom: *Erfolgreich verkaufen für Dummies*. Weinheim: Wiley-VCA, 2000.

James, Tad & Woodsmall, Wyatt: *Time Line. NLP-Konzepte. 6. Auflage*. Paderborn: Junfermann, 2006.

Jung, Carl G.: *Psychologische Typen*. In: *Gesammelte Werke. Bd. 6*. Düsseldorf: Patmos, 1998.

Keirsey, David & Bates, Marilyn: *Versteh mich bitte. Charakter- und Temperament-Typen*. Del Mar, Kalifornien: Prometheus Nemesis-Book Company, 1990.

Lewis, David: *Die Geheime Sprache des Erfolgs: Mimik und Gestik verstehen und bewusst einsetzen*. München: Heyne, 1993.

McGinnis, Alan Loy: *Aus Freude am Erfolg. Wie Sie aus sich und anderen das Beste herausholen*. Gütersloh: Gütersloher Verlagshaus, 2006.

Maltz, Maxwell: *Erfolg kommt nicht von ungefähr. Psychokybernetik.* Düsseldorf: Econ-Verlag, 1964.

Maslow, Abraham H.: *Motivation und Persönlichkeit.* Hamburg: Rowohlt Taschenbuch, 2002.

Ogilvy, David: *Geständnisse eines Werbemannes. Das Kultbuch vom Vater der modernen Werbung.* München: Econ-Verlag, 2000.

Ogilvy, David: *Ogilvy über Werbung.* München: Econ-Verlag, 1984.

Overstreet, H. A.: *Einfluß gewinnen.* Leipzig: Felix Meiner, 1933.

Richardson, Jerry: *Erfolgreich kommunizieren: eine praktische Einführung in die Arbeitsweise von NLP.* München: Kösel, 1992.

Robbins, Anthony: *Grenzenlose Energie. Das Power Prinzip. Wie Sie Ihre persönlichen Schwächen in positive Energie verwandeln.* Berlin: Ullstein, 2004.

Stone, William Clement: *Der unfehlbare Weg zum Erfolg. Selbstsicherheit, mehr Leistung, Wohlstand.* München: Ariston, 1995

Tracy, Brian: *Die Psychologie des Verkaufens: Die Kunst, abschlusssicher zu verkaufen. 13. Auflage.* Schriesheim: Bornhorst, 1997. 1 Tonkassette.

Waitley, Denis: *Nur wer handelt, kann gewinnen.* Zürich: Conzett Verlag/Oesch Verlag, 1999.

Wilson, Robert A.: *Der neue Prometheus. Die Evolution unserer Intelligenz.* München: Hugendubel, 2003.

Ziglar, Zig: *Ziglar on Selling. Meisterstrategien für Verkäufer.* Heidelberg: MVG, 2002.

Register

Anzeigen

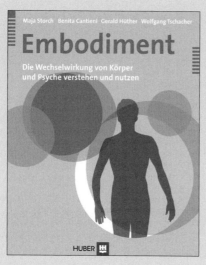

Maja Storch / Benita
Cantieni / Gerald Hüther /
Wolfgang Tschacher

Embodiment
Die Wechselwirkung
von Körper und Psyche
verstehen und nutzen

2006. 164 S., 50 Abb., Gb
€ 26.95 / CHF 43.50
ISBN 978-3-456-84323-0

Warum fällt es vielen Menschen so schwer, achtsam mit dem eigenen Körper umzugehen? Warum ist das Befassen mit dem eigenen Körper oft mit Peinlichkeit besetzt? Warum geben Menschen die Autorität für ihren physischen Körper so bereitwillig ab an eine Wissenschaft, die ihn aufteilt in scheinbar unzusammenhängende Einzelteile?

Maja Storch, Benita Cantieni, Gerald Hüther und Wolfgang Tschacher gehen in «Embodiment» diesen Fragen nach und kommen einmütig zum Schluss: Es ist höchste Zeit, das wichtigste Erfahrungsinstrument des Menschen zurückzuerobern: den Körper. Wer Menschen berät, therapiert, erforscht, muss immer auch den Körper einbeziehen.

Richten Sie sich auf – mit Körper und Psyche.

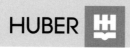

Erhältlich im Buchhandel oder über
www.verlag-hanshuber.com

HUBER ⊞

Mathis Wissemann

Wirksames Coaching
Eine Anleitung

2006. 256 S., 18 Abb., 14 Tab., Kt
€ 26.95 / CHF 43.50
ISBN 978-3-456-84384-1

Im vorliegenden Buch werden Erkenntnisse aus der Beratungs- und Therapieforschung auf den Fachbereich des Coachings angewandt.

Marcel Allenspach
Andrea Brechbühler

Stress am Arbeitsplatz
Theoretische Grundlagen, Ursachen, Folgen und Prävention

2005. 160 S., 4 Abb., Kt
€ 19.95 / CHF 34.90
ISBN 978-3-456-84192-2

In Zeiten, in denen an Arbeitgebende und Arbeitnehmende hohe Anforderungen gestellt werden und der Leistungsdruck täglich steigt, ist dieses kompakte Handbuch eine wertvolle Hilfe zur Verbesserung der persönlichen Arbeitssituation.

HUBER